河南省
高速公路养护技术
系列丛书

河南省公路路基应急养护专项工程设计通用图集及文件编制示例

郝孟辉　李立元　主　编
张　浩　刘　娜　冯禄卿　副主编
常兴文　张长林　刘东旭　主　审

人民交通出版社
北　京

内 容 提 要

本书对河南省公路路基专项养护、应急抢修、灾后重建工程的设计文件汇编进行了总结，主要介绍了河南省公路路基应急养护专项工程设计文件的编制，并形成通用图集。全书分为两个部分，分别是设计文件编制示例和设计通用图集。

本书可供行业内相关设计、施工技术人员参考使用。

图书在版编目(CIP)数据

河南省公路路基应急养护专项工程设计通用图集及文件编制示例/郝孟辉，李立元主编. —北京：人民交通出版社股份有限公司，2024.5

ISBN 978-7-114-18993-7

Ⅰ.①河… Ⅱ.①郝… ②李… Ⅲ.①公路路基—公路养护—工程设计—河南—图集 Ⅳ.①U418.5-64

中国国家版本馆 CIP 数据核字(2023)第 178693 号

Henan Sheng Gonglu Luji Yingji Yanghu Zhuanxiang Gongcheng Sheji Tongyong Tuji ji Wenjian Bianzhi Shili

书　　名：河南省公路路基应急养护专项工程设计通用图集及文件编制示例
著 作 者：郝孟辉　李立元
策划编辑：李　瑞
责任编辑：陈虹宇
责任校对：赵媛媛　魏佳宁
责任印制：刘高彤
出版发行：人民交通出版社
地　　址：(100011)北京市朝阳区安定门外外馆斜街 3 号
网　　址：http://www.ccpcl.com.cn
销售电话：(010)59757973
总 经 销：人民交通出版社发行部
经　　销：各地新华书店
印　　刷：北京建宏印刷有限公司
开　　本：880×1230　1/16
印　　张：12.25
字　　数：426 千
版　　次：2024 年 5 月　第 1 版
印　　次：2024 年 5 月　第 1 次印刷
书　　号：ISBN 978-7-114-18993-7
定　　价：86.00 元

本书编审委员会

主　　编：郝孟辉　李立元

副 主 编：张　浩　刘　娜　冯禄卿

参编人员：康存利　李　崇　李大杰　郑亚坤　何超群　张鸿志　李　俊　周姗姗　李　庆　杨素通　郭　函　余顶杰　赵　旭　梅世浩　陈振平　张宏涛　郭红涛　韩永超　郑　晨　刘保珠　江一川　冯锦龙　潘广钊　司风雷　郭晶晶　职子涵　蒋浩浩　刘津源

主　　审：常兴文　张长林　刘东旭

前　言

PREFACE

“十四五”时期是河南省开启全面建设社会主义现代化强省新征程的第一个五年，也是全面推进交通强国建设的第一个五年。为适应新形势的要求，更好地服务交通强国建设、服务公共安全便捷出行，支持黄河流域生态环境保护和高质量发展，规范公路路基专项养护、应急抢修方案设计、文件汇编，特编制《河南省公路路基应急养护专项工程设计通用图集及文件编制示例》。

路基是承载路面结构的基础，病害的隐蔽性较强，是路面病害产生和发展的重要因素，也是已运营公路养护工作的重点之一。现有文献对于公路路基专项养护设计、应急抢修及灾后重建设计方案等研究涉及较少，对于灾后的病害检测、方案设计等仍缺乏系统性的论述，本书结合河南省“7·20”特大暴雨灾害引发的一系列公路路基水毁灾害，针对公路路基专项养护、应急修复、灾后重建等工程的设计内容、特点、施工工艺及材料进行统筹分析，提出一套完整的、标准化的方案设计、文件汇编，供公路养护、应急从业人员参考，并促进公路路基养护、应急抢修等工程设计、实施的标准化发展。

本书由河南省交通规划设计研究院股份有限公司公路养护分院的全体技术人员共同完成，由郝孟辉、李立元、张浩、刘娜、冯禄卿主持编写，并得到了河南省交通运输厅、河南交通投资集团股份有限公司的大力支持，特别是公司刘东旭正高、杜占军正高、王笑风正高提出了关键的意见和建议，在此深表感谢！

本书对河南省公路路基专项养护、应急抢修、灾后重建工程的设计文件汇编进行了总结，但因仅局限于河南省域，且编者经验有限，疏漏与不足在所难免，恳请广大读者批评指正，以便进一步修改完善。

联系地址：河南省郑州市郑东新区泽雨街9号，邮政编码：450046，联系电话：0371-62037501。

编　者

2024年3月

目　录

CONTENTS

第一部分　河南省公路路基应急养护专项工程设计文件编制示例

第二部分　河南省公路路基应急养护专项工程设计通用图集

第一部分　河南省公路路基应急养护专项工程设计文件编制示例

绪　论

近年来,随着经济及交通设施的快速发展,公路运输承担着越来越重要的作用,是国家交通运输的主动脉。公路在通车运营后,承受着行车荷载的反复作用和自然因素的侵蚀破坏,各类病害和破坏现象随之出现。

路基是公路的重要组成部分,路基的强度和稳定性是保证路面平整度、强度和稳定性的重要基础,因此为保障公路的使用性能、使用者的行车安全,必须对路基进行周期性且科学合理的养护修复,使其经常处于良好的技术状态。路基养护工作主要围绕路堤与路床、边坡、既有防护及支挡结构物、排水设施及特殊路基等病害处治及修复养护。其中路基各结构部位的病害以水毁病害最为常见,路基水毁是已运营公路路基养护工作的重点,路基水毁是指短时间内暴雨冲刷或持续降雨引起路基本体及其附属设施失稳的现象。2021 年 7 月,河南省遭遇了千年一遇的特大暴雨灾害,省内部分公路因降水量的急剧增加,公路及沿线附属设施遭遇水毁灾害,导致公路断行,严重影响了生命财产安全。其中公路路基也出现了大范围的水毁灾害,如路基大面积积水和沉陷、路堑边坡坍塌、滑坡、排水系统破坏、路堤垮塌、冲沟形成等典型的路基病害。各管养单位联合河南省交通规划设计研究院股份有限公司成立路基水毁灾害应急抢修项目组,深度参与河南省高速公路水毁灾害应急抢修、保通救援的专项行动,开展现场病害调查、病害原因分析、应急措施制定、治理方案设计等工作。

本图集在编写过程中,充分参考了河南省公路“7・20”水毁应急处治、灾后重建项目设计资料及工程方案研究报告,针对路基及其附属设施的各类病害调查、评估及方案设计、材料及施工工艺等内容进行标准化文件及通用图集编制,供公路养护技术管理、路基应急养护、施工、检测及科研等方面的技术人员借鉴学习。

表 0-1 统计了河南省“7・20”公路路基典型水毁灾害及治理方案示例表,图 0-1 ~ 图 0-12 为河南省“7・20”部分公路路基典型水毁病害照片。

河南省"7·20"公路路基典型水毁灾害及治理方案示例表

表0-1

序号	路段	位置类型	路堤/路堑/桥下	主要病害描述	主要工程方案	病害发生时间
1	菏宝高速	收费站匝道	路堑	路堑边坡防护及截水沟损坏	(1)增设浆砌片石护面墙； (2)增设急流槽和截水沟	2021.7
2	菏宝高速	隧道出口处	路堑	路堑边坡防护损坏	(1)边坡卸载放缓； (2)完善排水设施	2021.7
3	菏宝高速	路基	路堑	路堑边坡滑塌	(1)修复开裂垮塌的挡土墙； (2)边坡冲刷严重的坡面新增护面墙； (3)完善排水设施	2021.9
4	二广高速	槐树口大桥	桥下	桥下冲沟	(1)袋装土加筋回填冲沟； (2)完善排水设施	2021.7
5	宁洛高速	路基	路堑	路堑挡土墙垮塌	(1)增设现浇混凝土护脚墙支挡； (2)增设急流槽和截水沟	2021.7
6	大广高速	天桥	路堤	天桥引线路堤垮塌	增设扶壁式挡土墙	2021.7
7	洛栾高速	路基	路堑	截水沟损坏	(1)恢复边坡防护； (2)坡顶设置截水沟，与急流槽连接进行引排； (3)对天桥锥坡采用浆砌片石进行硬化防护	2021.7
8	郑少高速	路基	路堑	一级边坡水毁坍塌，原喷浆防护脱落，局部未坍塌位置的防护出现大面积风化坡损、网片裸露，无截水设施，长度128m	(1)刷坡； (2)增设窗孔式浆砌片石护面墙； (3)完善截排水设施	2021.7
9	连霍高速	高架桥桥下	桥下	边沟损坏，形成冲沟	(1)修复防护； (2)完善排水系统； (3)更换桥梁泄水管	2021.7

图 0-1　某收费站积水

图 0-2　某收费站路基水毁沉陷

图 0-3　某国道路面塌陷断行

图 0-4　桥梁锥坡塌陷

图 0-5　截水沟冲沟

图 0-6　路堑护面墙坍塌

图 0-7　边坡浆砌片石下沉、裂缝

图 0-8　路肩掏空

图 0-9　路堤边坡水毁

图 0-10　路堤脱空沉陷

图 0-11　挡土墙脱空

图 0-12　路堑挡土墙变形位移

1 总　　则

1.0.1 本书可作为编制河南省公路路基专项养护、应急抢修、灾后修复等工程设计文件的参考。

1.0.2 设计文件是组织专项养护、应急抢修及灾后修复等工程项目投资控制、招标文件编制、专项施工和交竣工验收的依据。

1.0.3 设计文件的编制，必须贯彻国家、河南省有关政策方针，按照公路应急或养护项目的基本建设程序和相关规范、规程及标准，做到科学、公正及准确。

1.0.4 路基工程设计必须遵循规范管理、安全运行、预防为主、防治结合、因地制宜、经济适用、节约资源、环境保护的原则，结合河南省经济、技术条件，吸取国内外先进经验，积极采取新技术、新材料、新设备、新工艺，重视环境保护，合理确定养护工程类别和规模，及时治理公路路基病害和隐患，保证公路路基处于良好的技术水平，取得经济、社会和环境的综合效益。

1.0.5 路基工程专项养护设计应在公路技术状况检测、评定的基础上进行方案比选，对投资有较大影响的方案，应进行同等深度的技术、经济比选，确定合理的设计方案。

1.0.6 路基工程定额的采用和概算、预算编制，根据设计阶段的不同要求，按交通运输部现行《公路工程建设项目概算预算编制办法》《公路工程预算定额》《公路工程概算定额》《河南省高速公路养护预算编制办法》《河南省普通公路养护工程预算定额及编制办法》以及其他相关规定办理。

1.0.7 路基工程设计文件的编制，必须由具有相应资质、资格的设计单位或个人完成，并对设计文件质量负责。

2 养护工程设计阶段

2.0.1 本书中所涉公路路基养护专项工程按其养护目的、规模大小、工程性质及技术复杂程度进行划分。

2.0.2 公路路基养护工程范围包含路堤与路床、边坡、既有防护及支挡结构物、排水设施及特殊路基等病害处治及修复养护。

2.0.3 路基养护工程工作内容应包括路况调查与评定、养护决策、设计、施工及质量验收和技术管理。

2.0.4 路基养护工程应在路基技术状况调查与评定的基础上编制立项报告申请立项，一般采用一阶段施工图设计。

2.0.5 采用一阶段施工图设计应根据立项批复文件、合同、定点勘察及详细勘察资料编制，并编制施工图预算。采用两阶段施工图设计时，初步设计应根据立项批复文件、合同、初步勘察资料编制，同时编制设计概算；施工图设计应根据初步设计批复、合同、定点勘察及详细勘察资料编制，同时编制施工图预算。

3　工程方案立项报告

3.1　概述

3.1.1　路基养护工程方案立项研究,是对公路路基专项养护、应急养护工程的必要性、项目类别、项目适用性、技术方案可行性、经济合理性及社会效益进行综合论证,是公路路基养护工程的前期工作,是路基养护工程决策及实施的重要依据。

3.1.2　路基养护工程方案研究报告,是在初步病害现场调查、检测及评定的前提下,结合项目性质,充分研究项目建设的必要性和可行性;并在论证项目范围、规模、标准及资金的基础上,推荐工程方案、明确规模及项目投资,编制立项报告。

3.2　组成与内容

3.2.1　工程方案立项报告组成

(1)概述
(2)项目现状调查与评定
(3)项目类别及适应性分析
(4)工程方案及规模
(5)工程概算及资金筹措
(6)工程实施方案
(7)社会评价
(8)问题及建议
(9)附件

3.2.2 概述

(1)项目概况

简述项目路段概况,包括项目路段的通车年限、工程规模、建设标准、管养里程、交通量、养护工程的起点和终点等情况。

(2)项目背景

简述路基养护工程实施的背景,应遵循的主要原则,是否符合项目所在地区中远期规划需求,并分析实施必要性。

(3)编制依据

①国家现行公路工程相关规范、规程及标准等;

②河南省现行公路工程规范、规程及标准等;

③项目建设期施工图、竣工图及历年养护资料;

④沿线调查资料、地质勘察资料等。

(4)研究内容及过程

详述路基养护工程立项研究的编制过程,包括数据收集、现状踏勘、方案比选等。

详述路基养护工程立项研究内容,包括必要性分析、项目类别、项目适用性分析、技术方案可行性、经济合理性及社会效益评价等。

(5)主要结论

简述立项方案研究结论,包括工程类别、工程方案及规模、投资估算等。

3.2.3 项目现状调查与评定

(1)项目养护标准

明确项目依据的现行公路技术标准和养护标准。

(2)项目基本情况及技术状况

详述项目技术标准、路段信息及当前公路技术状况。

(3)项目养护历史

收集项目路面历年养护资料,梳理与本项目相关的养护维修历史。

(4)现状调查、检测与评定

详述现状调查方法、病害统计结果、试验检测手段及结果、病害原因分析。

3.2.4 项目类别及适应性分析

(1)项目适应性分析

针对路基病害类别、病害原因、所在项目重要性、影响交通等方面开展项目适应性分析。

(2)项目类别

简述路基养护工程的类别。

3.2.5 工程方案及规模

(1)工程方案

根据《公路养护技术规范》(JTG H10—2009)、《公路路基养护技术规范》(JTG 5150—2020),针对各类路基病害的具体情况,进行2~3个治理方案比选,从方案的实施条件、效果、影响范围及投资造价等方面论证优缺点,最终提出推荐方案。

对于结构物加固方案,需在原设计标准上进行加固验算。

(2)工程规模

列表汇总项目主要工程规模。

3.2.6 工程概算及资金筹措

(1)编制依据

①豫交计〔2008〕76号《河南省高速公路养护工程预算定额及编制办法》。

②《河南省公路建设(养护)工程预算补充定额(2014)》。

③《公路工程建设项目概算预算编制办法》(JTG 3830—2018)、《公路工程预算定额》(JTG/T 3832—2018)(上、下册)、《公路工程机械台班费用定额》(JTG/T 3833—2018)。

④豫交规划〔2011〕118号《关于调整河南省公路工程人工费单价的通知》。

⑤豫交文〔2016〕381号《河南省公路养护工程营业税改征增值税计价依据调整方案》。

⑥豫交文〔2017〕140号《河南省交通运输厅关于发布河南省公路建设养护工程施工扬尘污染防治专项增加费费率标准的通知》。

⑦豫交文〔2019〕274号《河南省交通运输厅关于发布河南省公路工程建设项目估算概算预算编制办法补充规定的通知》。

⑧检测报告及有关工程数量。

……

(2)编制范围

本项目为×××公司路基修复养护工程,概算包括项目处理工程的全部费用、工程建设其他费用、预备费及保通费。

(3)取费标准

明确人工单价,材料价格,机械台班,冬季、雨季、夜间、特殊地区、行车干扰施工增加费,施工标准化与安全文明施工措施费,扬尘防治费,临时设施费,施工辅助费,工地转移费,主副食运费补贴,利润及税金等费用计取原则。

(4)资金筹措

项目总投资为×××万元,其中建安费×××万元,占总费用的××%。

资金来源于×××公司养护资金。

3.2.7 工程实施方案

根据路基病害类别，按照工点治理原则，明确各参与单位职责，确定项目实施方案。

(1)施工期环境保护措施

为保护生态平衡，防止环境污染，环保工作要做到全面规划，合理布局，创造一个合理的施工环境。应明确项目实施期间在防尘、防噪、防雨等方面的措施。

(2)工期安排

充分考虑项目的紧急程度、水文地质条件的影响，明确项目立项、评审、施工图及施工等各阶段工作的时间节点。

(3)施工保通方案

明确项目实施期间的交通组织方案；对于严重影响公路运营的项目，应明确保通方案的可行性以及交通疏导对策，提出合理可行的保通方案。

3.2.8 项目实施目标及社会评价

(1)项目实施目标

明确项目实施后及项目恢复后对路基稳定及延长路基使用寿命、避免重大事故、确保行车安全、保护生命财产安全等方面的提升目标。

(2)社会评价

归纳总结项目实施对所在地社会的正、负面影响，进行社会评价。

3.2.9 问题及建议

明确路基养护工程实施过程中存在的土地、协调及技术问题，并提出建议。

3.2.10 附件

附件主要包括典型病害示意图、工程方案附图及附表、地质勘察附图及图表、工程估算附表等。

4　施工图设计

4.1　概述

4.1.1　路基专项养护、应急养护工程一般采用一阶段施工图设计。

4.1.2　一阶段施工图设计应在工程方案立项报告及其批复意见的基础上,根据合同约定,编制施工图设计说明书、方案设计图及工程量计算、交通组织设计、施工图预算,满足施工要求。

4.2　组成与内容

4.2.1　路基养护工程施工图设计文件组成

(1)总体设计

(2)交通组织设计

(3)施工图预算

(4)附件

4.2.2　总体设计

(1)项目地理位置图

需明确项目周边路网情况、显示项目在路网中位置并明确项目与周边路网关系,标注项目路线走向及名称。

(2)设计说明书

①立项批复执行情况:详细说明立项批复意见、批复方案及施工图评审意见等的执行情况。

②项目概况:说明项目的基本情况、地理位置、工程范围及内容、测设过程及依据。

③路段基本情况：说明主要养护技术标准、沿线自然地理概况、路段养护历史等。

④路基病害调查、评估及设计方案：说明病害调查、工程地质勘察、病害分析评估结果，根据病害评估情况进行病害处治方案设计与比选，推荐设计方案。

⑤材料性能及要求：说明材料性能及参数，并对各项材料指标及验收标准进行详细说明。

⑥注意事项。

4.2.3 交通组织设计

根据项目具体情况，编制路段施工交通组织或路网交通组织设计说明。

4.2.4 施工图预算

(1)预算编制说明

①编制依据。

②编制范围。

③人工、材料、机械台班单价及各项费率确定。

④预备费。

⑤保通费。

⑥预算总金额。

(2)预算图表

施工图预算应根据国家现行的公路工程预算编制规范、定额和河南省相关的公路养护预算编制办法及定额的相关规定进行编制，并形成预算图表。

4.2.5 附件

(1)立项报告批复文件

(2)测设合同

(3)病害专项检测报告(若有)

(4)地质勘察资料

(5)其他资料

第二部分　河南省公路路基应急养护专项工程设计通用图集

××××年×××公路路基养护专项工程
施工图设计(示例)

第×册　共×册

测设单位名称

××××年××月

××××年×××公路路基养护专项工程施工图设计(示例)

项目负责人	
公司主管负责人	
总工程师	
总经理	
编制单位	
设计证书编号	
编制日期	

××××年×××公路路基养护专项工程施工图设计(示例)

第一册　共二册

总目录
第一册　施工图设计
第二册　施工图预算

部门负责人	
总体路线负责人	
安全设施负责人	
路基路面负责人	
桥梁涵洞负责人	
预算负责人	

目录(示例)

工程名称　　　　第1页　共2页

工程名称 第2页 共2页

序号	图表名称	图号	页数	备注
8	菱形骨架护坡设计图	S4–8	1	
9	人字形骨架护坡设计图	S4–9	4	
10	窗式护面墙设计图	S4–10	1	
11	实体护面墙设计图	S4–11	1	
12	主动防护网设计图	S4–12	2	
13	被动防护网设计图	S4–13	2	
14	挂网喷混凝土设计图	S4–14	1	
15	锚杆结构设计图	S4–15	1	
16	锚杆框架植草设计图	S4–16	1	
17	锚索结构设计图	S4–17	1	
18	锚索框架梁设计图	S4–18	1	
19	锚墩结构设计图	S4–19	1	
20	仰斜排水孔设计图	S4–20	1	
21	浆砌片石护坡设计图	S4–21	2	
22	浆砌六棱块护坡设计图	S4–22	1	
23	浆砌空心六棱块护坡设计图	S4–23	1	
24	……			
五	**结构物修复设计**			
1	结构物修复工程数量表	S5–1	2	
2	俯斜式路肩挡土墙设计图	S5–2	3	
3	仰斜式路肩挡土墙设计图	S5–3	3	

序号	图表名称	图号	页数	备注
4	衡重式路肩挡土墙设计图	S5–4	4	
5	浸水衡重式路肩挡土墙设计图	S5–5	3	
6	护肩挡土墙设计图	S5–6	3	
7	衡重式路堤挡土墙设计图	S5–7	12	
8	护脚挡土墙设计图	S5–8	3	
9	仰斜式路堑挡土墙设计图	S5–9	3	
10	抗滑桩设计图	S5–10	4	
11	……			
六	**排水设施修复设计**			
1	排水设施修复工程数量表	S6–1	4	
2	边沟设计图	S6–2	2	
3	排水沟设计图	S6–3	1	
4	截水沟设计图	S6–4	2	
5	急流槽设计图	S6–5	6	
6	超高排水设计图	S6–6	14	
7	路基顶管设计图	S6–7	1	
8	……			
七	**交通组织**			
1	交通组织临时设施工程数量表	S7–1	1	
2	施工临时标志标牌平面布置图	S7–2	2	
3	……			

一、总 体 设 计

测设单位	工程名称	项目地理位置图(示例)	设计		复核		审核		图号	S1-1	日期	

说明书(示例)

1 立项批复执行情况说明

1.1 立项批复情况

本项目由×××公司《关于××××年代管路段×××分公司水毁处治应急养护工程方案的批复》进行批复,批复工程方案及工程量如下所示。

1.2 立项批复执行情况

施工图设计文件按照立项批复范围及总体方案执行,根据专家意见及路基病害实际发展情况进行优化调整,施工图预算在立项报告批复概算范围内。(示例)

1.3 施工图审查意见及执行情况

(1)总体意见

①施工图设计基本执行了立项批复意见,设计方案基本可行,设计深度基本达到了编制办法要求。按照审查意见对《施工图设计》修改完善后,可以批准实施。(示例)

②建议在实施过程中加强对水毁病害发展情况的核对及新增病害的调查分析,按照动态设计原则对《施工图设计》进行必要的修改和完善。参建各方应共同在现场核实处治范围和处治工程量。(示例)

(2)具体意见

2 项目概况

2.1 项目基本情况

简述项目路段在路网中的重要性。

简述项目路段的通车年限、工程规模、建设标准、管养里程、交通量,养护工程的起、终点等情况。

简述项目背景及建设必要性。

2.2 项目地理位置

简述项目的地理位置。

附项目地理位置图,见图 S1-1。

2.3 工程范围及内容

2.3.1 工程范围

详述路基养护工程范围。本项目共计处治路基病害××处,分别位于……

2.3.2 工作内容

详述主要工作内容。

路基养护应急工程项目的主要工作内容如下。

(1)现场调查及测量(对病害区域进行详细调查及测量,包含病害位置、范围……)

(2)勘察(对路基具体病害区域进行钻孔勘察及试验检测)

(3)施工图设计(含修复工程方案设计、施工图预算、工程量清单编制等)

(4)勘察设计及设计文件汇总

(5)工程后续服务

2.3.3 测设过程

2021 年 7 月以来,河南遭遇连续强降雨,灾害发生后,为积极响应《河南省交通运输系统抗洪救灾倡议书》的倡议,树牢“人民至上、生命至上”理念,我司主动对接了解××道路运营情况,收集道路建设期相关资料,为灾后养护重建工作做好技术储备。(示例)

2021 年 7 月 26 日,灾害发生后,我司与管养公司共同踏勘灾毁现场,成立专项项目组,针对严重灾毁工点提出临时应急处治方案。(示例)

……

2.4 测设依据

详列本次勘察设计采用和遵循的标准、规范、规程,以及项目相关设计文件、养护历史资料、地质勘察报告、病害调查报告及历史交通量资料等。

(1)《公路工程技术标准》(JTG B01—2014)
(2)《公路路基设计规范》(JTG D30—2015)
(3)《公路路基养护技术规范》(JTG 5150—2020)

3 项目路段基本情况

3.1 养护工程技术标准

3.1.1 主要技术指标

列述本项目的技术标准。本项目维持原公路等级标准。主要技术指标见表3-1。

主要技术指标表(示例) 表3-1

序号	指标名称	单位	指标值	备注	序号	指标名称	单位	指标值	备注
1	设计速度	km/h			7	土路肩宽度	m		
2	路基宽度	m			8	路面类型			
3	路面宽度	m			9	路面设计标准轴载			
4	中间带宽度	m			10	汽车荷载			
5	行车道宽度	m			11	路基设计洪水频率			
6	硬路肩宽度	m			12	……			

3.1.2 路基标准横断面

简述项目路段路基标准横断面布置概况,详述各类型路基标准横断面路段分布、标准横断面布置等情况,并附不同类型路基标准横断面图。路基标准横断面统计表见表3-2。

路基标准横断面统计表(若仅一种可不列此表) 表3-2

序号	起讫桩号	段落长度(km)	路基宽度(m)	备注	序号	起讫桩号	段落长度(km)	路基宽度(m)	备注
1	K0+000~K2+310	2.31	16	示例	2	……			

3.2　沿线自然地理概况

3.2.1　地形地貌

简述项目路段地形地貌,可分段描述,并附项目沿线地形地貌图。

3.2.2　水文地质

简述项目路段水文地质,并附项目沿线水系分布图。

3.2.3　工程地质

简述项目路段工程地质,并附项目区域工程地质图。

3.2.4　气象、气候分区

简述项目位置的气温、降雨、日照、蒸发量、主导风向风速、冻深等;
简述项目路段自然区划和气候分区,并附项目区域气候分区图。

3.3　路基养护历史

简述项目路段路基的养护历史,应详细介绍与本项目重复路段的养护历史。

4　路基病害调查、评估及设计方案

路基病害应按照工点进行治理设计,主要包括路堤(路床)或地基、路基修复、坡面防护、结构物等病害治理方案设计,对零星工程(亏坡修复、排水修复等)进行分类治理方案设计。

4.1　路堤(路床)或地基病害(示例)

4.1.1　病害调查

(1)现状描述

详述病害所在位置;详述病害处的边坡全长、最大高度、分级情况、每级高度、坡率、防护形式、平台宽度、现有截排水情况;抢险已实施情况。

附病害全局照片。

(2)病害描述

详述路基病害发生的具体位置、影响范围、病害特征。

附病害典型照片,包括所有提到的病害特征。

(3)地质情况

无工程地质勘察时,根据现场调查记录或查阅原设计资料,详述病害位置的地质情况。

对存在的软土、膨胀土、湿陷性黄土、盐渍土、多年冻土、岩溶、顺层边坡、炭质岩等不良岩土以及古滑坡、崩塌体、泥石流、采空区等不良地质进行重点介绍。

附地质详情照片。

4.1.2 工程地质勘察

详述病害处工程地质勘察详情,根据最新地质勘察报告,选取勘察结论。

4.1.3 病害评估

根据现场调查、地质勘察、气象、水文分析路基病害产生的原因。

4.1.4 病害治理设计方案

方案比选,分别详述方案一、方案二,从方案特点、实施效果、施工难度及工程造价等方面进行方案比选,给出推荐方案并说明推荐理由。

根据施工顺序,详述推荐的病害设计方案及要求,包括:临时措施、拆除、开挖工程、地基处理、支挡工程、路基填筑、路面恢复、防护工程、排水工程、交通安全设施工程、施工方案及注意事项、动态设计及监控方案。

4.2 坡面防护病害

详述坡面防护病害调查情况、工程地质勘察结果、病害评估结论、病害治理方案设计及比选、施工工艺及注意事项、动态设计及监控方案等。

4.3 既有结构物病害

详述既有结构物(挡土墙、抗滑桩等)病害调查情况、工程地质勘察结果、病害评估结论、病害治理方案设计及比选、施工工艺及注意事项、动态设计及监控方案等。

4.4 路基亏坡病害

4.4.1 ×××(桩号)亏坡调查

详述路基亏坡路段所在位置,分析边坡亏损原因。

列表描述亏坡路段的起讫桩号、位置、边坡高度、坡率、边坡亏损宽度、防护形式等。路基亏坡段落统计表见表4-1。

附典型亏坡病害照片。

路基亏坡段落统计表

表4-1

序号	起讫桩号	长度(m)	位置	边坡高度(m)	坡率	亏损宽度(m)	备注
1	K1+000~K1+300	300	上行	20	1:1.5	50	示例
2	……						

4.4.2 ×××(桩号)亏坡修复设计方案

根据施工顺序,详述路基亏坡修复设计方案及设计要求、施工工艺及注意事项、动态设计及监控方案等。

4.5 排水设施病害

4.5.1 ×××(桩号)排水设施病害调查

详述排水设施损坏路段所在位置(表4-2)、排水设施类型、使用的材料,分析损坏原因。

列表描述排水设施损坏的起讫桩号、位置,排水设施类型,排水设施材料、尺寸等。

附排水设施损坏典型病害照片。

排水设施病害路段统计表

表4-2

序号	起讫桩号	长度(m)	位置	排水形式	材料	尺寸(m)	病害	备注
1	K1+000~K1+300	300	上行	边沟	混凝土	0.6×0.6	淤积	示例
2	K2+550~K2+800	250	下行	急流槽	浆砌片石	—	断裂	示例
3	……							

4.5.2 ×××(桩号)排水设施修复设计方案

根据施工顺序,详述路基排水设施修复设计方案及设计要求、施工工艺及注意事项、动态设计及监控方案等。

5 材料及施工技术要求

5.1 材料性能及施工工艺要求

材料要求。(采用新材料的项目,需对各项材料指标及验收标准进行详细说明)
施工工艺要求。(采用新技术的项目,需对各项材料指标及验收标准进行详细说明)
注意事项。
质量检查与验收。

5.2 其他

在本次工程中用到的少量其他材料应符合相关规范、标准要求。
采用新材料的项目,需对各项材料指标及验收标准进行详细说明。

6 交通组织方案

根据项目具体情况,编制路段施工交通组织或路网交通组织设计说明。

7 注意事项

详列项目实施过程中应注意的问题及事项。

路基典型病害治理一览表(示例)

工程名称

序号	位置桩号	现状	现场调查及原因分析	治理方案	主要工程量	造价	典型病害图片
1	工点具体位置,表述应具备唯一性	描述病害位置的原有边坡坡率、主要支挡防护形式	现状描述:依据周边未破坏路基情况,详细描述路基、边坡的全长,边坡的分级情况,并分别描述每一级的高度、坡率、防护形式、平台宽度、截排水情况;描述边坡外是否临河、塘、崖等不利因素,是否存在积水、淤泥等不利因素。 病害描述:具体描述路基病害的长度、宽度、高度等尺寸;描述病害发生的位置;描述支挡、防护结构破坏的形式;描述病害产生对周边的影响。 地质情况:查阅原设计资料、勘察资料或现场地质调查资料,描述病害区域的地质情况,包含岩性、产状、节理、土质、含水率、地表水、地下水,及其变化情况。 原因分析:根据病害产状、地质情况等分析病害发生的原因	描述主要的治理方案,一般包括保通、临时场地清理、主要工程措施、主要注意事项等,按施工前后顺序,逐条进行表述	统计主要工程量	根据预算统计工点造价,包含建安费、赔偿费、临时用地费、保通费等	附照片2张,1张全局照片,1张典型病害照片
2	×××左幅路堑边坡(示例)	全长约90m,总高约34m,两级边坡。第一级边坡高约23m,坡率1:0.3,采用主动防护网防护;第二级边坡高约11m,坡率1:0.5,采用主动防护网防护 (示例)	现状描述:该处为××××左幅路堑边坡,全长约90m,总高约34m,两级边坡。第一级边坡高约23m,坡率1:0.3,采用主动防护网防护;第二级边坡高约11m,坡率1:0.5,采用主动防护网防护。 病害描述:该断裂岩层风化严重,节理发育,不同方向的节理及岩层结构将岩石分割为小块,易掉落、垮塌。另第一级边坡内有两处红黏土夹层,在雨水冲刷下流至碎落台及路面上,现一处冲沟坡脚已采用6m台阶挡土墙防护,但上部仍有泥土随雨水流出。 原因分析:岩石风化严重,节理发育,坡面危岩较多,易发生落石现象。另坡面灰岩夹层内的红黏土随雨水流出,边坡上的主动防护网无法对此进行防护 (示例)	(1)拆除溶沟槽影响范围内的主动防护网,并清理边坡上的危石,一级及二级边坡松散的岩石采用人工清除,大范围开裂的岩石采用机械破除。 (2)将溶沟槽内的泥土清除干净,必要时可采用高压水枪冲洗。 (3)在溶沟槽内安装6m长锚杆,间距2m×2m,最小不少于2列,挂钢筋网,再分层支模板浇筑C20混凝土,嵌补岩溶沟。 (4)对坡顶面有黏性土的区段砌筑0.6m×0.4m的矮墙支护,防止雨水冲刷黏性土而漫顶。 (5)嵌补施工完成后,恢复该段主动防护网防护 (示例)	(1)拆除主动防护网671.1 m^3。 (2)清理危岩(人工清理危岩46.0m^3,机械清理危岩230.0m^3)。 (3)溶沟槽嵌补(25砂浆锚杆273m,6.5钢筋网片574.6kg,C20混凝土88.4m^3)。 (4)主动防护网671.1m^3。 (5)C20混凝土矮墙7.4m^3 (示例)	27.5万元 (示例)	 

编制: 复核: 审核: 图号:S1-3

1/2
泥土冲沟
岩石破碎，节理发育
泥土冲沟
危岩
测设单位
工程名称
典型病害示例
设计
复核
审核
图号
S1-4
日期

岩石破碎松散

危岩悬空

冲积物堆积在坡脚

测设单位	工程名称	典型病害示例	设计		复核		审核		图号	S1-4	日期	

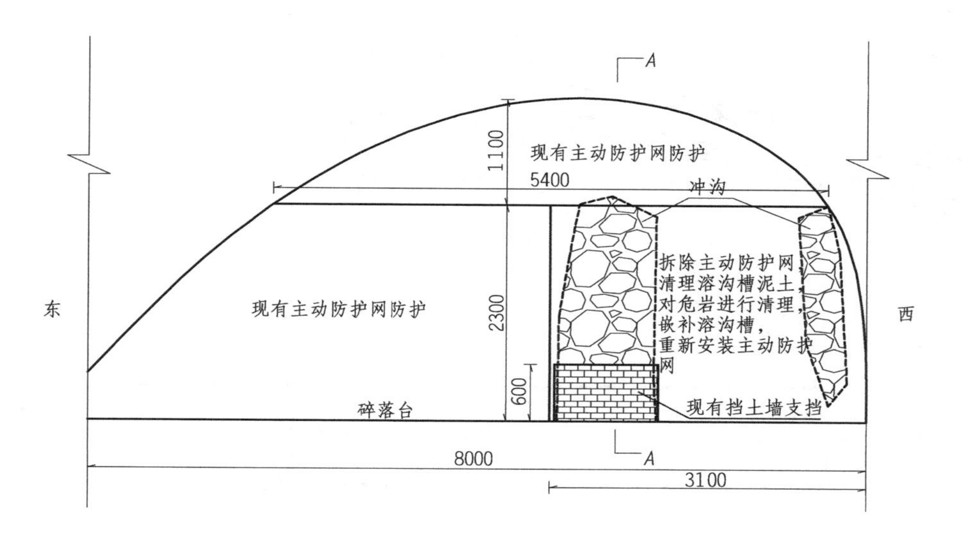

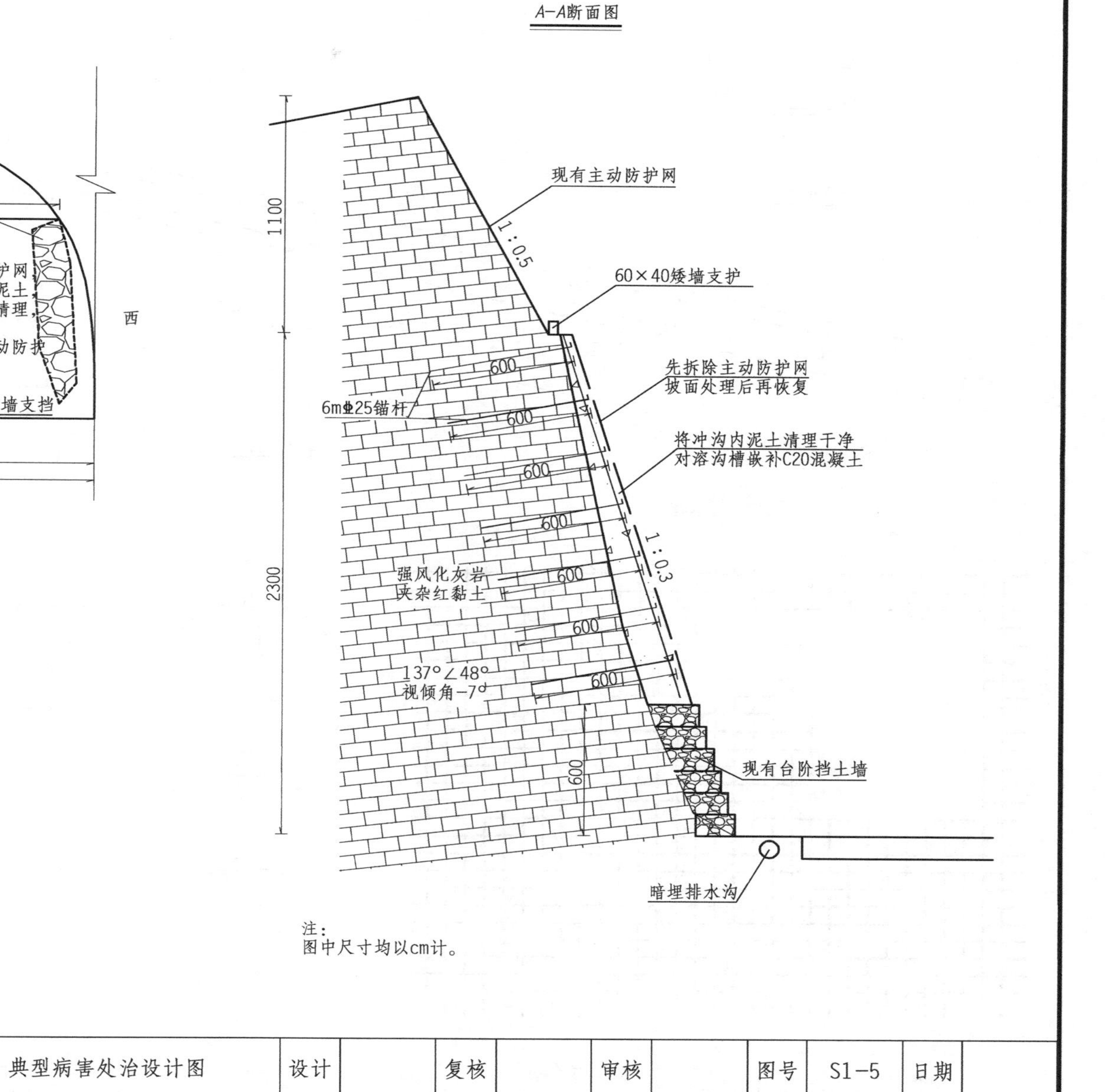

处治措施：

1. 拆除溶沟槽影响范围内的主动防护网，并清理边坡上的危石，一级及二级边坡松散的岩石采用人工清除，大范围开裂的岩石采用机械破除。
2. 将溶沟槽内的泥土清除干净，必要时可采用高压水枪冲洗。
3. 在溶沟槽内安装6m长锚杆，间距2m×2m，最小不少于2列，挂钢筋网，再分层支模板浇筑C20混凝土，嵌补岩溶沟。
4. 对坡顶面有黏性土的区段砌筑0.6m×0.4m的矮墙支护，防止水雨冲刷黏性土而漫顶。
5. 嵌补施工完成后，恢复该段主动防护网防护。

注：
图中尺寸均以cm计。

测设单位	工程名称	典型病害处治设计图	设计		复核		审核		图号	S1-5	日期	

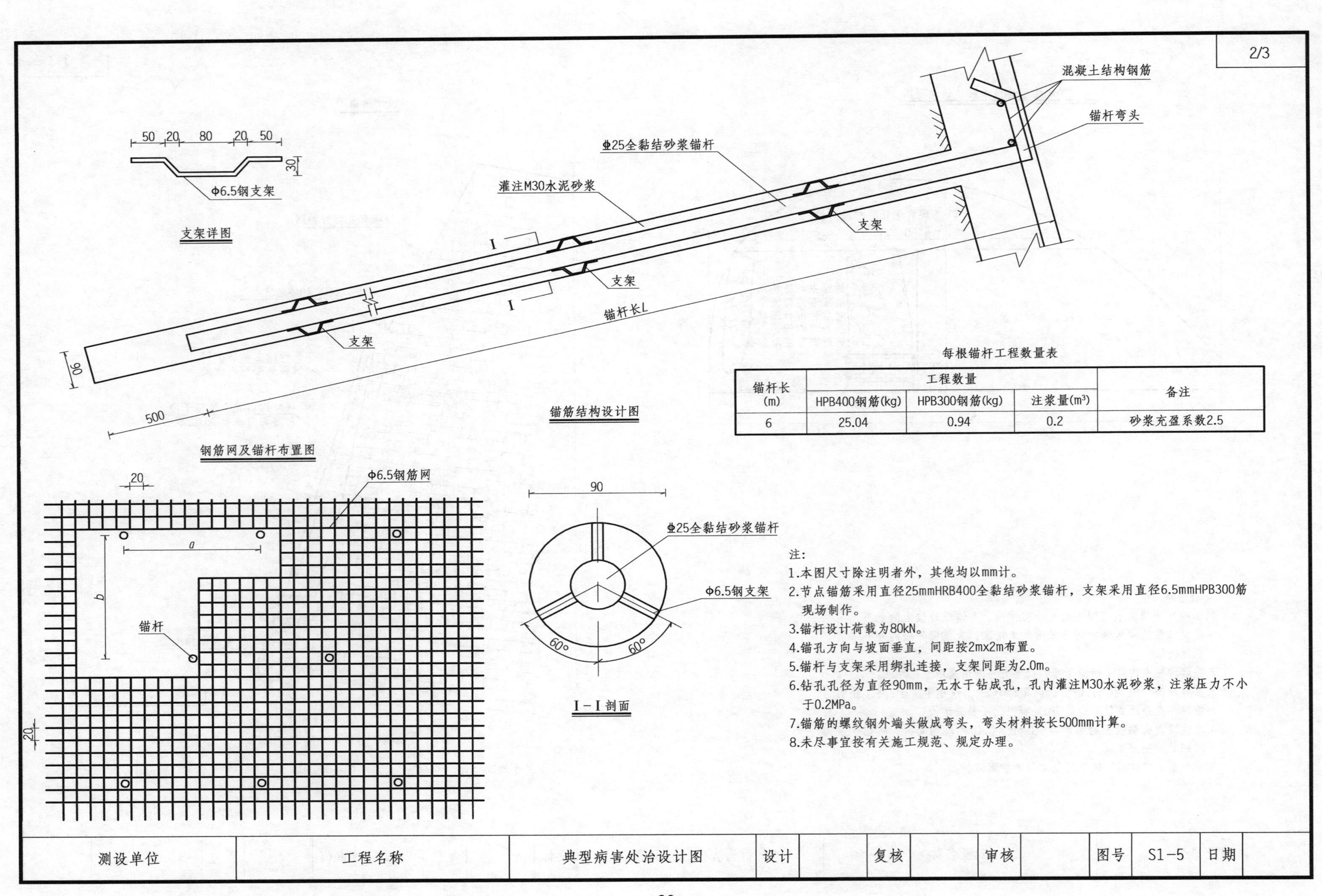

每根锚杆工程数量表

锚杆长(m)	工程数量			备注
	HPB400钢筋(kg)	HPB300钢筋(kg)	注浆量(m^3)	
6	25.04	0.94	0.2	砂浆充盈系数2.5

注：
1.本图尺寸除注明者外，其他均以mm计。
2.节点锚筋采用直径25mmHRB400全黏结砂浆锚杆，支架采用直径6.5mmHPB300筋现场制作。
3.锚杆设计荷载为80kN。
4.锚孔方向与坡面垂直，间距按2mx2m布置。
5.锚杆与支架采用绑扎连接，支架间距为2.0m。
6.钻孔孔径为直径90mm，无水干钻成孔，孔内灌注M30水泥砂浆，注浆压力不小于0.2MPa。
7.锚筋的螺纹钢外端头做成弯头，弯头材料按长500mm计算。
8.未尽事宜按有关施工规范、规定办理。

测设单位		工程名称		典型病害处治设计图	设计		复核		审核		图号	S1-5	日期	

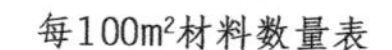

每100m²材料数量表

3/3

序号	材料名称及规格		单位	数量
1	D0/08/300钢绳网	4m×4m	m²	66.67
		4m×2m	m²	11.11
2	S0/2.2/50格栅网	10.2m×2.25m	m²	110.00
3	⌀16横向支撑绳	—	m	35.00
4	⌀16纵向支撑绳	—	m	27.00
5	2⌀16钢绳锚杆	—	根	6.00
6	绳卡	ϕ8mm	个	22.22
		⌀16	个	15.05
7	ϕ8mm缝合绳	用于4m×4m	m	126.39
		用于4m×2m	m	31.94
8	ϕ1.5mm扎丝		kg	1.00

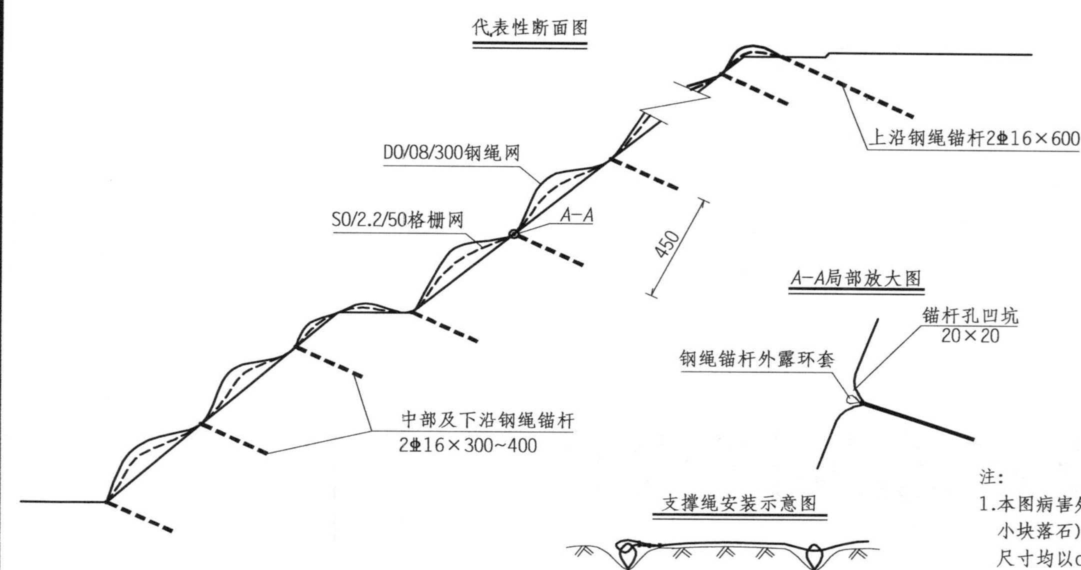

支撑绳安装示意图

系统标准布置及缝合图

D0/08/300钢绳网
S0/2.2/50格栅网
ϕ8mm
缝合绳
⌀16纵向支撑绳
钢绳锚杆
⌀16横向支撑绳
250
450
450
450

注：

1.本图病害处治采用SNS主动防护网，主要抑制坡面局部崩塌、风化剥落及坍塌的发生，限制局部或少量落石（含小块落石)的运动范围，对于顺层岩石边坡的处治一般不适用。图中尺寸除钢绳直径和网孔规格以mm计，其余尺寸均以cm为单位。

2.系统说明：主动防护系统系以柔性钢绳网系统防护堑坡节理发育密集或者路堑外侧陡崖发育有崩塌落石的段落，用于防止落石、飞石的发生。其纵横交错的直径16mm纵、横向支撑绳与4.5m×4.5m或2.5m×4.5m （在实际施工中可根据地形条件及锚杆位置在±0.3m作适当调整）模式布置的锚杆相连接，支撑绳构成的每个4.5m×4.5m或2.5m×4.5m网格内铺设一张或两张(根据设计的单层或双层钢绳网确定)4m×4m或4m×2m的D0/08/300型钢绳网,每张钢绳网与四周支撑绳间用缝合绳缝合连接并进行预张拉，该张拉工艺能使系统对坡面施以一定的法向预紧压力，从而提高表层危岩体的稳定性，并在钢绳网下铺设小网孔的S0/2.2/50型格栅网，阻止小尺寸岩块的塌落。

3.施工安装方法：

(1)对坡面防护区域内的浮土及浮石进行清除或局部加固。

(2)放线确定锚杆孔位,并在每一孔位处凿一深度不小于锚杆外露环套长度的凹坑，一般口径20cm，深20cm。

(3)按设计深度钻凿锚杆孔并清孔，孔深应比设计锚杆长度长5cm以上，孔径为ϕ70cm。

(4)插入锚杆并注浆，浆液强度不低于M30，宜用灰砂比1：1~1：1.2、水灰比0.45~0.50的水泥砂浆或水灰比0.45~0.50的水泥净浆，水泥宜采用42.5级普通硅酸盐水泥,优先选用粒径不大于3mm的中细砂，确保浆液饱满，在进行下一道工序前注浆体养护不少于三天。

(5)安装纵横向支撑绳，张拉紧后两端各用三个或四个(支撑绳长度小于30m时用三个，大于30m时用四个)绳卡与锚杆外露环套固定连接。

(6)从上向下铺挂格栅网，格栅网间重叠宽度不小于5cm，两张格栅网间的缝合以及格栅网与支撑绳间用ϕ1.2mm铁丝按1m间距进行扎结。

(7)铺设格栅网的同时,从上向下铺设钢绳网并缝合，缝合绳为ϕ8mm钢绳，每张4m×4m(或4m×2m)钢绳网均用一缝合绳与长31m(或23m)的四周支撑绳进行缝合并预张拉，缝合绳两端各用两个绳卡与网绳均用一缝合绳与长31m(或23m)的四周支撑绳进行缝合并预张拉，缝合绳两端各用两个绳卡与网绳进行固定连接。

(8)用ϕ1.5mm铁丝对钢绳网和格栅网间进行相互扎结，扎结点纵横间距1m左右。

测设单位	工程名称	典型病害处治设计图	设计		复核		审核		图号	S1-5	日期	

二、路基及基础加固设计

地基加固处治工程数量表

工程名称

序号	起讫桩号	位置	处治方案	处治尺寸			灰砂桩							碎石桩							经济指标		备注
				长度	宽度	高度	桩径	桩间距	平均桩长	根数	总桩长	灰砂	C15 素混凝土封顶	桩径	桩间距	平均桩长	根数	总桩长	碎石	砂砾石垫层	单位	费用	
				m	m	m	cm	m	m	根	m	m^3	m^3	cm	m	m	根	m	m^3	m^3		元	
1	K0 + 100 ~ K0 + 200	全幅	灰砂桩	100.0	26.0																m		示例
2	K0 + 100 ~ K0 + 200	全幅	碎石桩	100.0	26.0															元	m		示例
合计																							

编制：　　　　复核：　　　　审核：　　　　图号：S2-1

地基加固处治工程数量表

工程名称

序号	起讫桩号	位置	处治方案	处治尺寸		干拌水泥碎石桩							素混凝土桩									经济指标		备注
				长度	宽度	桩径	桩间距	平均桩长	根数	总桩长	干拌水泥碎石	砂砾石垫层	桩径	桩间距	平均桩长	根数	总桩长	C20混凝土	HRB400钢筋	钢塑土工格栅	碎石垫层	单位	费用	
				m	m	cm	m	m	根	m	m^3	m^3	cm	m	m	根	m	m^3	kg	m^2	m^3		元	
1	K0 +100 ~ K0 +200	全幅	干拌水泥碎石桩	100.0	26.0																	m		示例
2	K0 +100 ~ K0 +200	全幅	素混凝土桩	100.0	26.0																	m		示例
	合计																							

编制：　　　　复核：　　　　审核：　　　　图号：S2-1

地基加固处治工程数量表

工程名称

序号	起讫桩号	位置	处治方案	处治尺寸		钢筋混凝土微型桩												经济指标		备注
				长度	宽度	桩径	桩间距	平均桩长	根数	总桩长	ϕ200mm钻孔	微型桩			系梁			单位	费用	
												C30 混凝土	HRB400 钢筋	HPB300 钢筋	C30 混凝土	HRB400 钢筋	HPB300 钢筋			
				m	m	cm	m	m	根	m	m	m^3	kg	kg	m^3	kg	kg		元	
1	K0 + 100 ~ K0 + 160	硬路肩	钢筋混凝土微型桩															m		示例
合计																				

编制：　　　　复核：　　　　审核：　　　　图号：S2-1

地基加固处治工程数量表

工程名称

序号	起讫桩号	位置	处治方案	处治尺寸		钢管微型桩												经济指标		备注
				长度	宽度	桩径	桩间距	平均桩长	根数	总桩长	φ250mm钻孔	微型桩			系梁			单位	费用	
												C30 混凝土	M30 水泥砂浆	无缝钢管	C30 混凝土	HRB400 钢筋	HPB300 钢筋			
				m	m	cm	m	m	根	m	m	m^3	m^3	kg	m^3	kg	kg		元	
1	K0 + 100 ~ K0 + 160	硬路肩	钢管微型桩	60.0	3.0													m		示例
	合计																			

编制：　　　　复核：　　　　审核：　　　　图号：S2-1

地基加固处治工程数量表

工程名称

序号	起讫桩号	位置	处治方案	处治尺寸		水泥注浆						经济指标		备注
				长度	宽度	钻孔平均深度	间距	钻孔数量	钻孔总长度	φ48mmPVC 注浆管	水泥注浆	单位	费用	
				m	m	m	m	个	m	m	m^3		元	
1	K0+100~K0+200	全幅	水泥注浆	100.0	26.0							m		
合计														

编制：　　　　复核：　　　　审核：　　　　图号：S2-1

灰砂桩设计图

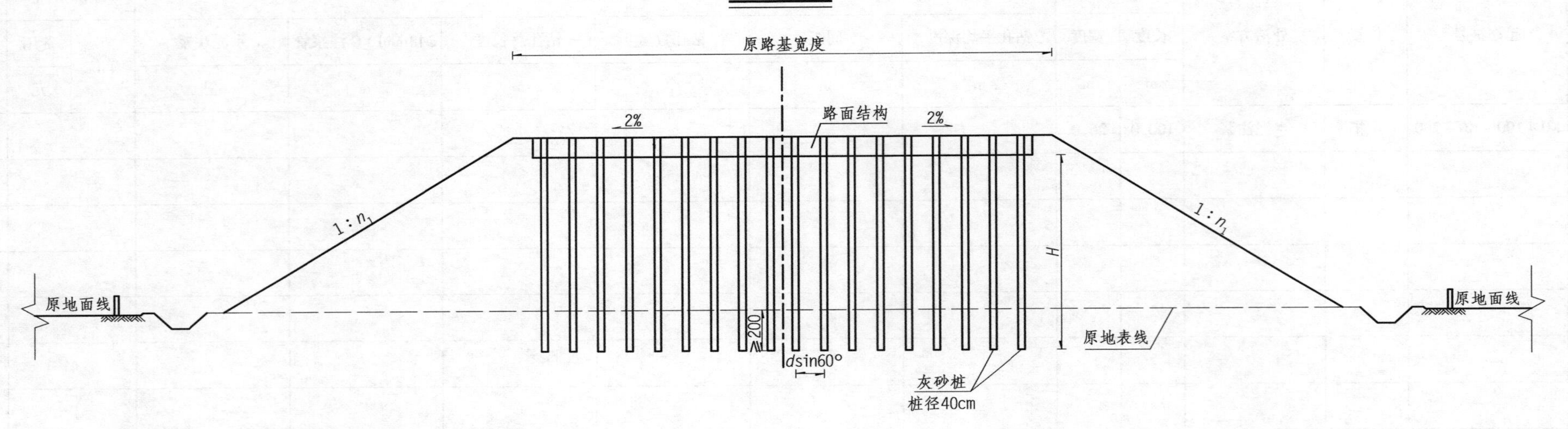

灰砂桩平面布置图

L

d

d

θ

注：

1.本图为灰砂桩设计图，适用于路基压实度不足、含水率高或重度翻浆等路基深层病害加固处治，图中尺寸均以cm计。

2.施工工艺:道路封闭→确定病害范围→施工放线→机具设备安装→布孔→取芯→钻孔→配置石灰砂混合料→分层填料→夯实→封孔→养护。

3.现场施工时，施工单位应同监理现场确认施工段落及桩位，可根据病害发展情况适当调整。

4.灰砂桩设计配合比为生石灰：中粗砂=3：7，设计桩径为40cm，桩间距1.5m，采用梅花形布设。灰砂桩桩长详见工程数量表，现场可根据钻孔地质资料情况，适当调整桩长，一般应穿过软弱地层不小于2m。

5.灰砂桩施工顺序宜由外向内实施，大量实施前应先进行试桩，根据试桩情况适当调整材料配合比。

6.为避免对路面结构层产生较大破坏，先采用取芯机对路面结构层钻取引导孔，然后使用螺旋钻、机械洛阳铲等机械干钻成孔，钻孔深度应超出设计桩长不小于50cm，并采用夯孔机将孔底夯实。

7.每灌注250~400mm使用夯孔机进行夯实，夯锤质量120~150kg，落距一般不小于2m，夯实次数不少于10锤，前后两次沉降差不超过5mm。可根据试桩试验适当调整填料高度及夯击次数，灰砂的压实度不应低于96%。

8.灰砂桩桩顶高程以基层底控制，待桩体稳定后，对路面结构层范围内的钻孔采用C15素混凝土或水泥砂浆进行封孔，孔顶面宜高于路面3~5mm。

9.灰砂桩施作完成后，根据路面处治方案对路面结构进行恢复。

10.其他未尽事宜严格按照说明和相关规范执行。

测设单位	工程名称	灰砂桩设计图	设计		复核		审核		图号	S2-2	日期	

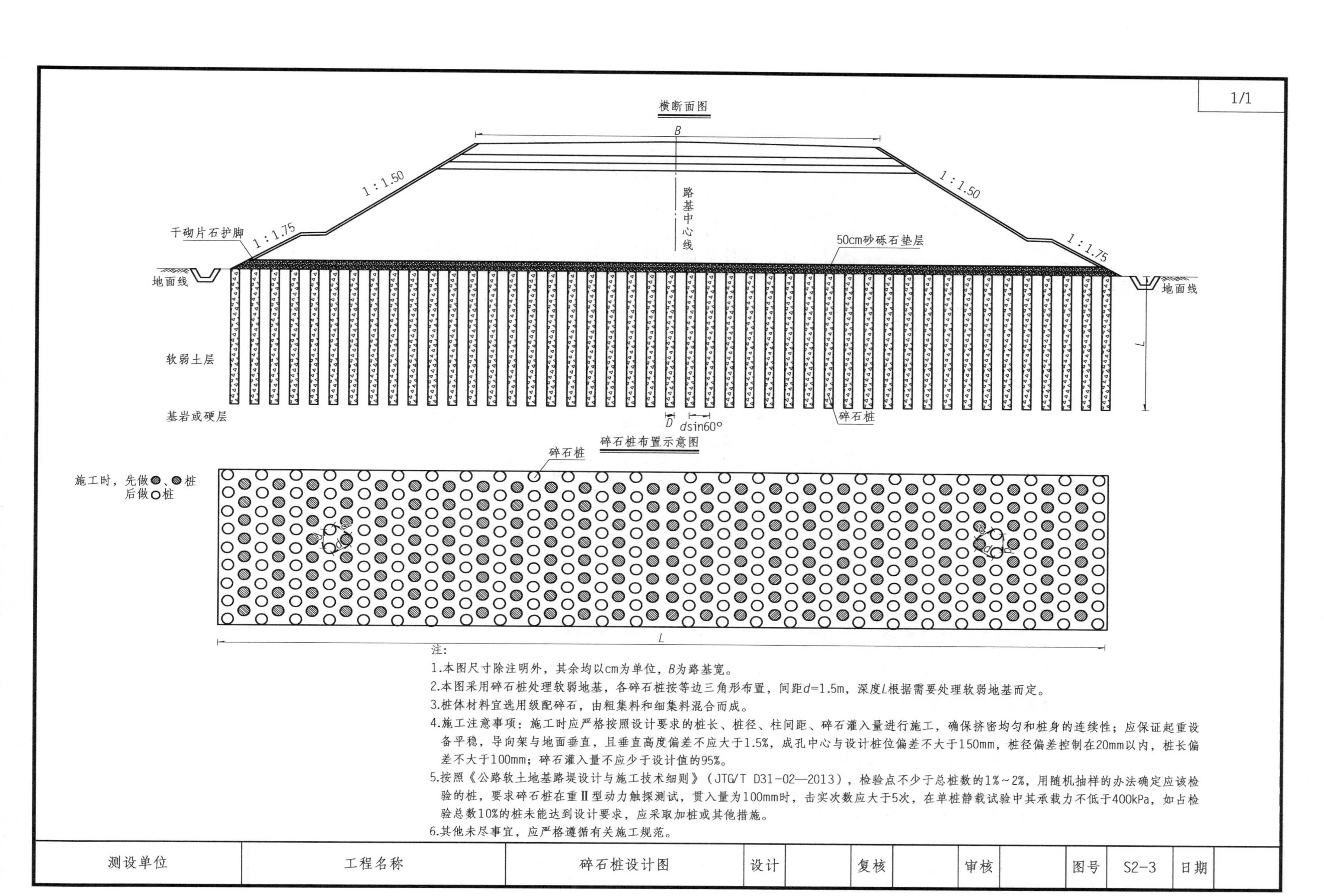
1/1
横断面图
B
1：1.50
1：1.50
路基中心线
干砌片石护脚
1：1.75
1：1.75
50cm砂砾石垫层
地面线
地面线
软弱土层
L
基岩或硬层
D
dsin60°
碎石桩
碎石桩布置示意图
碎石桩
施工时，先做●、●桩
后做○桩
L
注：
1.本图尺寸除注明外，其余均以cm为单位，B为路基宽。
2.本图采用碎石桩处理软弱地基，各碎石桩按等边三角形布置，间距d=1.5m，深度L根据需要处理软弱地基而定。
3.桩体材料宜选用级配碎石，由粗集料和细集料混合而成。
4.施工注意事项：施工时应严格按照设计要求的桩长、桩径、柱间距、碎石灌入量进行施工，确保挤密均匀和桩身的连续性；应保证起重设备平稳，导向架与地面垂直，且垂直高度偏差不应大于1.5%，成孔中心与设计桩位偏差不大于150mm，桩径偏差控制在20mm以内，桩长偏差不大于100mm；碎石灌入量不应少于设计值的95%。
5.按照《公路软土地基路堤设计与施工技术细则》（JTG/T D31-02—2013），检验点不少于总桩数的1%~2%，用随机抽样的办法确定应该检验的桩，要求碎石桩在重Ⅱ型动力触探测试，贯入量为100mm时，击实次数应大于5次，在单桩静载试验中其承载力不低于400kPa，如占检验总数10%的桩未能达到设计要求，应采取加桩或其他措施。
6.其他未尽事宜，应严格遵循有关施工规范。
测设单位
工程名称
碎石桩设计图
设计
复核
审核
图号
S2-3
日期

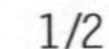

横断面图

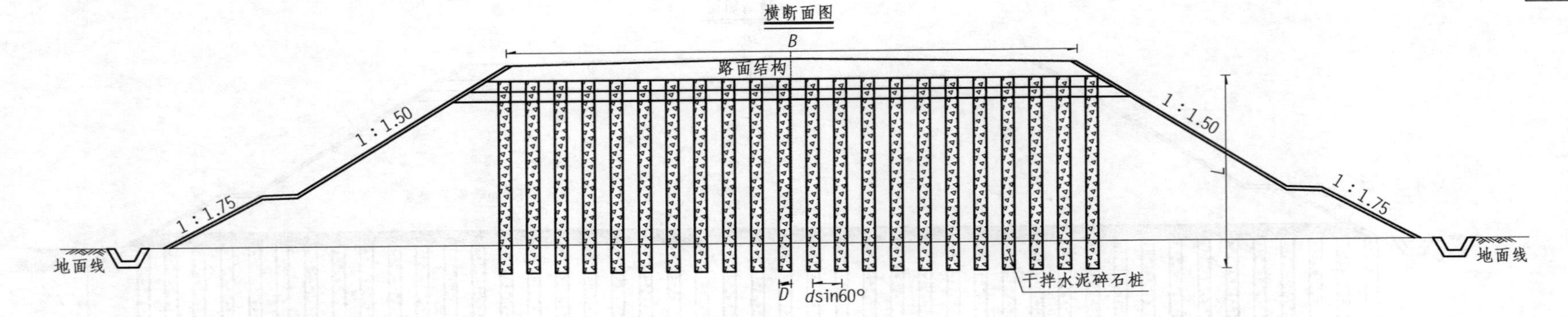

干拌水泥碎石桩布置示意图

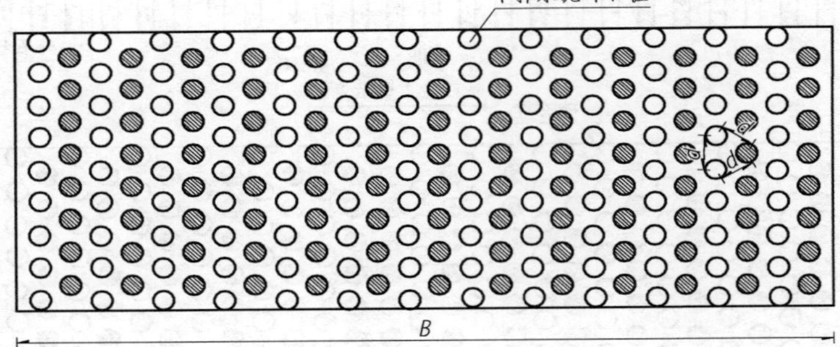

施工时，先做●桩
后做○桩

注：

1.本图尺寸除注明者外，其余均以cm为单位，B为路基宽。

2.本图采用干拌水泥碎石桩处理软弱地基，各桩按等边三角形布置，间距d=1.0m，孔深根据设计桩长确定，一般保证桩底部深入原地面以下2~3m范围。

3.桩体材料宜采用5%~8%水泥干拌碎石混合料。

4.干拌水泥碎石桩施工顺序宜由外向内施作，大量施作前应先进行试桩，根据试桩情况适当调整材料配合比。

5.为避免对路面结构层产生较大破坏，先采用取芯机对路面结构层钻取引导孔，然后使用螺旋钻、机械洛阳铲等机械干钻成孔，钻孔深度应超出设计桩长不小于50cm,并采用夯孔机将孔底夯实。

6.每灌注250~400mm使用夯孔机进行夯实，夯锤质量120~150kg，落距一般不小于2m，夯实次数不少于10锤，前后两次沉降差不超过5mm。可根据试桩试验适当调整填料高度及夯击次数，压实度不应低于96%。

7.干拌水泥碎石桩桩顶高程以基层底控制，待桩体稳定后，对路面结构层范围内的钻孔采用热拌沥青混合料、路面冷补料、C15素混凝土或水泥砂浆进行封孔，孔顶面宜高于路面3~5m。

8.干拌水泥碎石桩施作完成后，根据路面处治方案对路面结构进行恢复。

9.其他未尽事宜严格按照说明和相关规范执行。

测设单位	工程名称	干拌水泥碎石桩设计图	设计		复核		审核		图号	S2-4	日期	

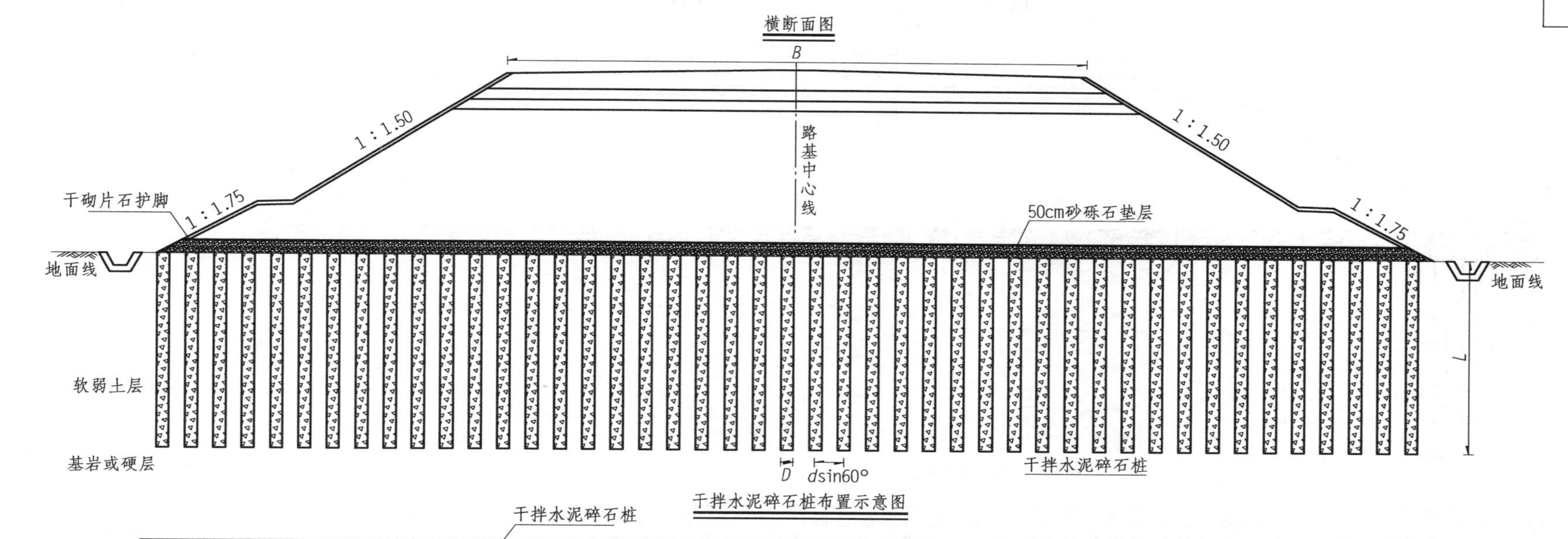

干拌水泥碎石桩布置示意图

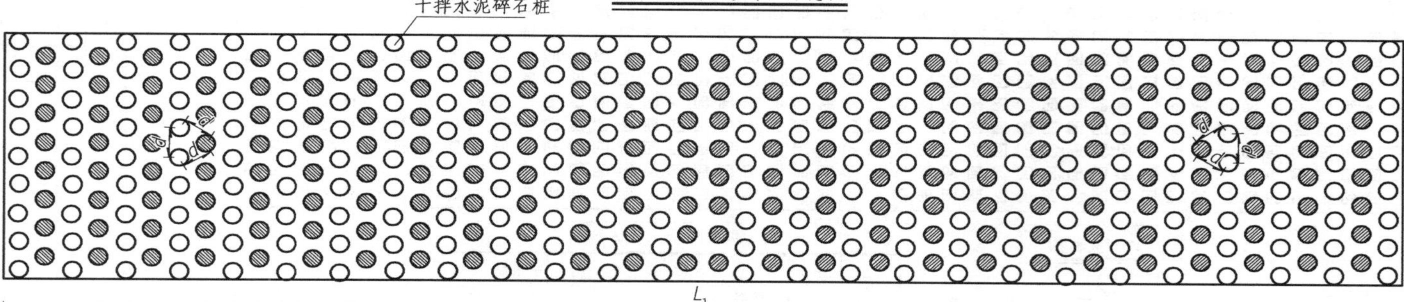

注：

1.本图尺寸除注明者外，其余均以cm为单位，B为路基宽。

2.本图采用干拌水泥碎石桩处理软弱地基，各桩按等边三角形布置，间距d=1.0m，孔深根据设计桩长确定，一般保证桩底部深入持力层以下2~3m范围。

3.桩体材料宜采用5%~8%水泥干拌碎石。

4.施工注意事项：施工时应严格按照设计要求的桩长、桩径、桩间距、碎石灌入量进行施工，确保挤密均匀和桩身的连续性；应保证起重设备平稳，导向架与地面垂直，且垂直高度偏差不应大于1.5%，成孔中心与设计桩位偏差不大于150mm，桩径偏差控制在20mm以内，桩长偏差不大于100mm；拌和采用混凝土拌和机集中拌和，在不加水的条件下按配合比要求拌和均匀，在运输和施工时防止混合料离析。干拌水泥碎石灌入量不应少于设计值的95%。

5.按照《公路软土地基路堤设计与施工技术细则》（JTG/T D31-02—2013），检验点不少于总桩数的1%~2%，用随机抽样的办法确定应该检验的桩，要求碎石桩在重Ⅱ型动力触探测试，贯入量为100mm时，击实次数应大于5次，单桩静载试验中其承载力不低于400kPa，如占检验总数10%的桩未能达到设计要求，应采取加桩或其他措施。

6.其他未尽事宜，应严格遵循有关施工规范。

测设单位	工程名称	干拌水泥碎石桩设计图	设计		复核		审核		图号	S2-4	日期	

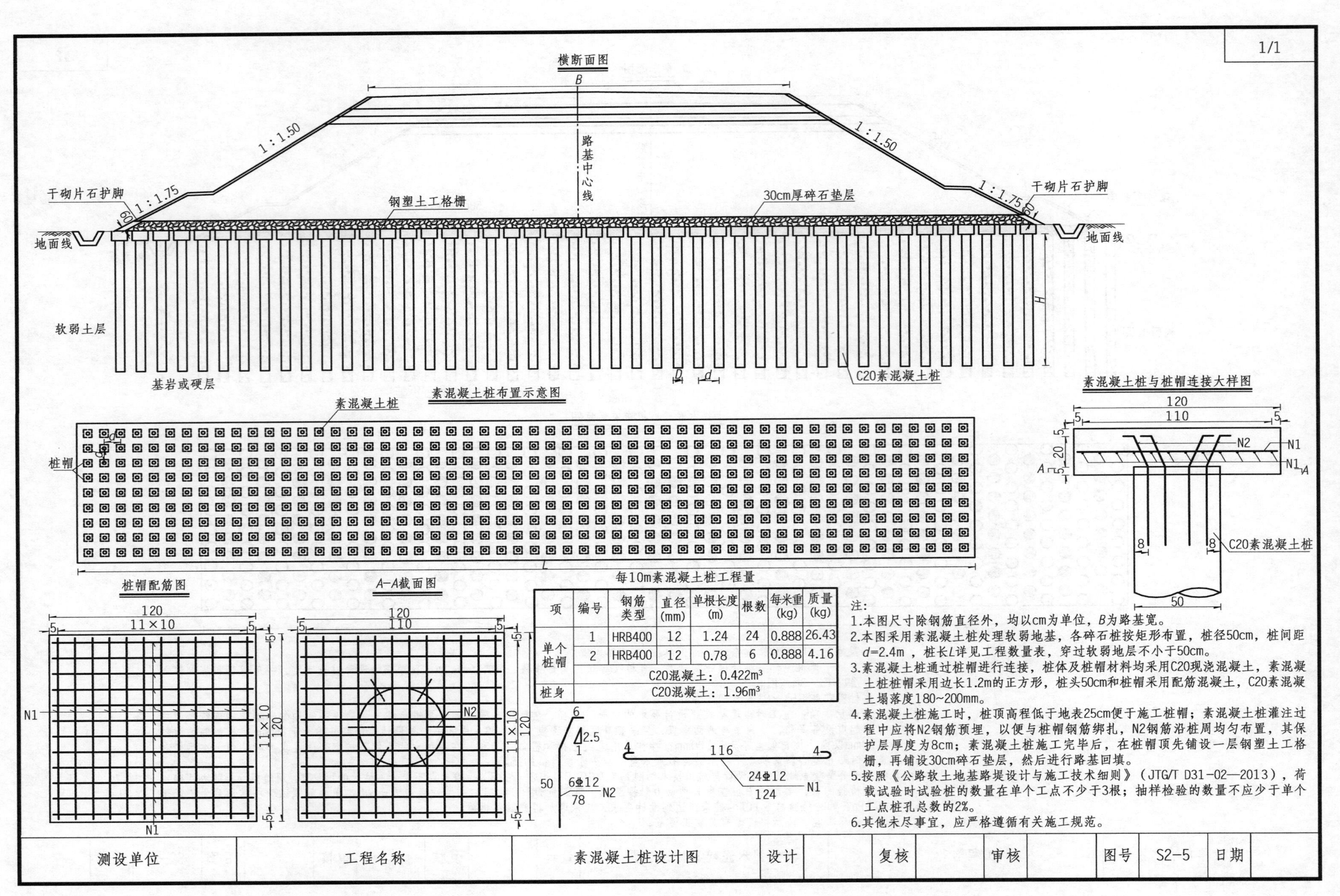

每10m素混凝土桩工程量

项	编号	钢筋类型	直径(mm)	单根长度(m)	根数	每米重(kg)	质量(kg)
单个桩帽	1	HRB400	12	1.24	24	0.888	26.43
	2	HRB400	12	0.78	6	0.888	4.16
	C20混凝土：0.422m³						
桩身	C20混凝土：1.96m³						

注：

1.本图尺寸除钢筋直径外，均以cm为单位，*B*为路基宽。

2.本图采用素混凝土桩处理软弱地基，各碎石桩按矩形布置，桩径50cm，桩间距*d*=2.4m，桩长*L*详见工程数量表，穿过软弱地层不小于50cm。

3.素混凝土桩通过桩帽进行连接，桩体及桩帽材料均采用C20现浇混凝土，素混凝土桩桩帽采用边长1.2m的正方形，桩头50cm和桩帽采用配筋混凝土，C20素混凝土塌落度180~200mm。

4.素混凝土桩施工时，桩顶高程低于地表25cm便于施工桩帽；素混凝土桩灌注过程中应将N2钢筋预埋，以便与桩帽钢筋绑扎，N2钢筋沿桩周均匀布置，其保护层厚度为8cm；素混凝土桩施工完毕后，在桩帽顶先铺设一层钢塑土工格栅，再铺设30cm碎石垫层，然后进行路基回填。

5.按照《公路软土地基路堤设计与施工技术细则》（JTG/T D31-02—2013），荷载试验时试验桩的数量在单个工点不少于3根；抽样检验的数量不应少于单个工点桩孔总数的2%。

6.其他未尽事宜，应严格遵循有关施工规范。

测设单位	工程名称	素混凝土桩设计图	设计		复核		审核		图号	S2-5	日期	

钢筋混凝土微型桩布置示意图

桩位布置示意图

微型桩配筋图

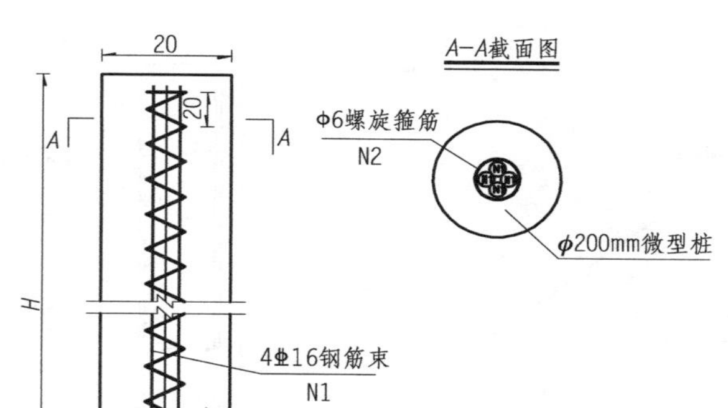

A—A截面图

Φ6螺旋箍筋 N2

ϕ200mm微型桩

每10m微型桩工程量

编号	钢筋类型	直径(mm)	单根长度(m)	根数	每米重(kg)	质量(kg)
N1	HRB400	16	10	4	1.578	63.12
N2	HPB300	6	15.5	1	0.222	3.44
C30混凝土：0.314m³						

每10m系梁工程量

编号	钢筋类型	直径(mm)	单根长度(m)	根数	每米重(kg)	质量(kg)
N3	HRB400	16	10	12	1.578	189.36
N4	HPB300	8	6.78	40	0.395	107.13
N5	HPB300	8	0.56	160	0.395	90.00
C30混凝土：15m³						

系梁配筋图

钢筋大样图

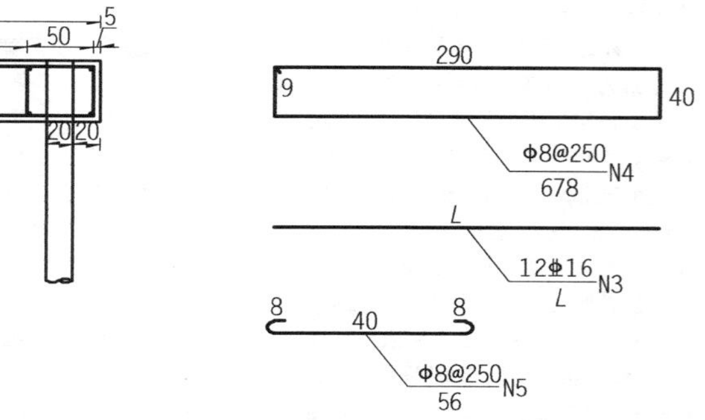

注：

1.图中尺寸除钢筋直径外，均以cm计。

2.本图适用于高填路堤路段路基压实度低、含水率高等路基强度不足微型桩加固处治。

3.微型桩处治时一般设置3排ϕ200mm微型桩，桩位呈梅花形交错布置，桩径0.2m，桩间距1.2m，桩长需穿过软弱地层不小于50cm，桩长H详见工程数量表。

4.微型桩桩顶设置3m×0.5mC30混凝土配筋系梁进行连接，横梁宽度可根据实际情况进行调整。

5.微型桩的桩体材料采用泵送C30细石混凝土，塌落度180~220mm，其和易性良好，无泌水、无离析现象。微型桩主筋在钻孔中央设置四根Φ16钢筋束，由Φ8螺旋箍筋通过点焊或扎丝绑扎固定，螺旋箍筋间距20cm。

6.为防止地质钻孔过程中因含水率高塌孔，可采用泥浆护壁或钢护筒护壁进行辅助实施。

7.纵向受力钢筋拼接时应采用机械连接，钢筋接驳器应符合《钢筋机械连接技术规程》(JGJ 107—2016)的要求，性能等级为1级，在接头处35d范围内，有接头的受力钢筋面积不得大于该截面钢筋面积的50%。

8.未尽事宜参照《混凝土结构设计规范》(GB 50010—2010)、《混凝土结构工程施工质量验收规范》(GB 50204—2015)的有关规定。

测设单位		工程名称		微型桩设计图	设计		复核		审核		图号	S2-6	日期	

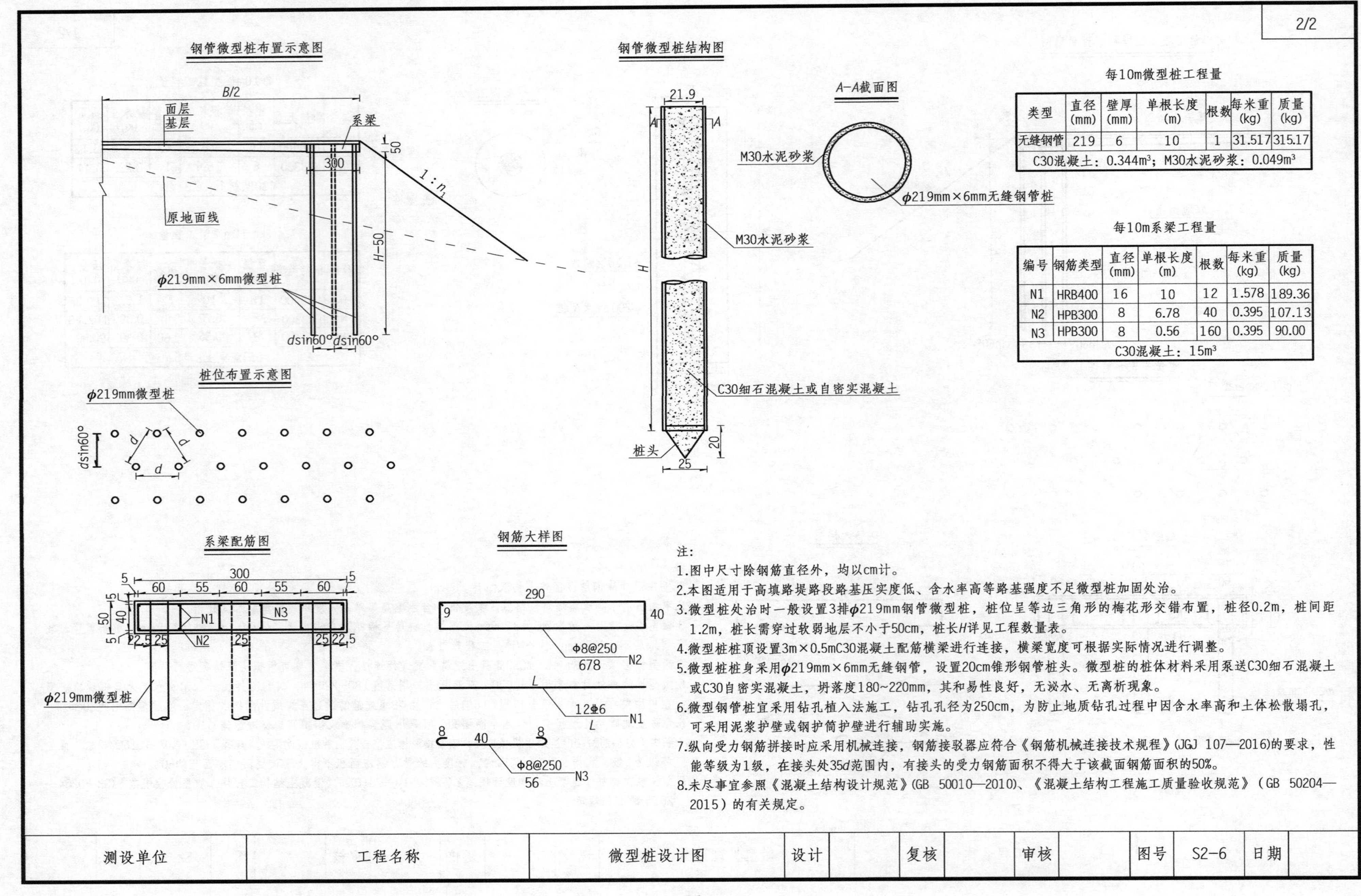

每10m微型桩工程量

类型	直径(mm)	壁厚(mm)	单根长度(m)	根数	每米重(kg)	质量(kg)
无缝钢管	219	6	10	1	31.517	315.17
C30混凝土：0.344m³；M30水泥砂浆：0.049m³						

每10m系梁工程量

编号	钢筋类型	直径(mm)	单根长度(m)	根数	每米重(kg)	质量(kg)
N1	HRB400	16	10	12	1.578	189.36
N2	HPB300	8	6.78	40	0.395	107.13
N3	HPB300	8	0.56	160	0.395	90.00
C30混凝土：15m³						

注：

1.图中尺寸除钢筋直径外，均以cm计。

2.本图适用于高填路堤路段路基压实度低、含水率高等路基强度不足微型桩加固处治。

3.微型桩处治时一般设置3排ϕ219mm钢管微型桩，桩位呈等边三角形的梅花形交错布置，桩径0.2m，桩间距1.2m，桩长需穿过软弱地层不小于50cm，桩长H详见工程数量表。

4.微型桩桩顶设置3m×0.5mC30混凝土配筋横梁进行连接，横梁宽度可根据实际情况进行调整。

5.微型桩桩身采用ϕ219mm×6mm无缝钢管，设置20cm锥形钢管桩头。微型桩的桩体材料采用泵送C30细石混凝土或C30自密实混凝土，坍落度180~220mm，其和易性良好，无泌水、无离析现象。

6.微型钢管桩宜采用钻孔植入法施工，钻孔孔径为250cm，为防止地质钻孔过程中因含水率高和土体松散塌孔，可采用泥浆护壁或钢护筒护壁进行辅助实施。

7.纵向受力钢筋拼接时应采用机械连接，钢筋接驳器应符合《钢筋机械连接技术规程》(JGJ 107—2016)的要求，性能等级为1级，在接头处35d范围内，有接头的受力钢筋面积不得大于该截面钢筋面积的50%。

8.未尽事宜参照《混凝土结构设计规范》(GB 50010—2010)、《混凝土结构工程施工质量验收规范》（GB 50204—2015）的有关规定。

测设单位	工程名称	微型桩设计图	设计	复核	审核	图号	S2-6	日期

水泥注浆布置示意图

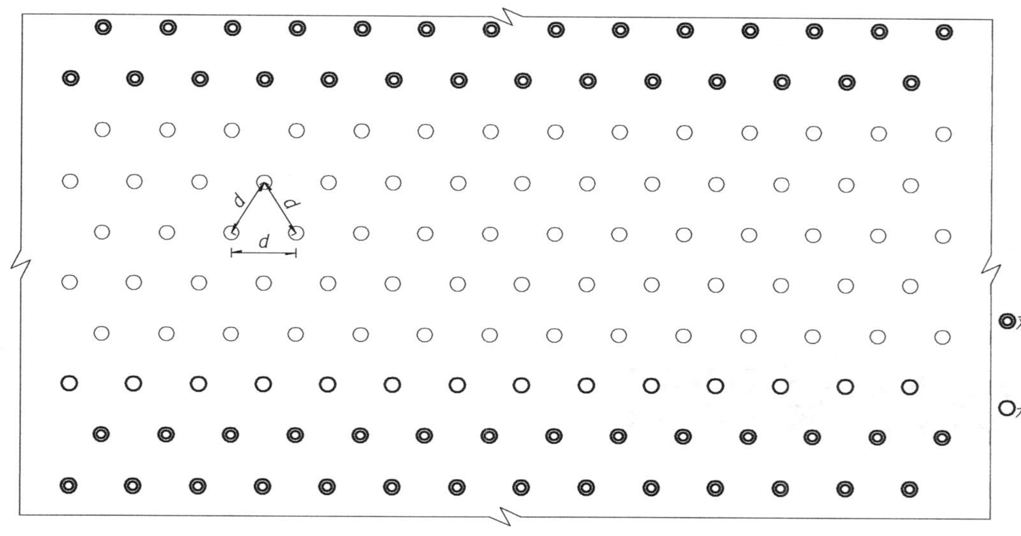

◎双浆液注浆孔或外围水泥注浆孔

○水泥浆注浆孔

袖阀管水泥注浆处治剖面图

路面结构层厚H
路面
封孔
注浆内管
钻孔
孔径9~11cm
ϕ48mm袖阀管
钻孔深度h
路基
橡皮圈
出浆孔
套壳料
橡皮帽(阻浆塞)

注:

1.本图适用于路基填料为填石或透水性材料和路基含水率高等深层路基病害水泥注浆加固处治(袖阀管注浆),图中尺寸均以cm计。

2.袖阀管注浆施工工艺:道路封闭→确定病害范围→施工放线→机具设备安装→注浆孔布置→钻孔→安装袖阀管→制备套壳料并注入孔内→注浆→封堵袖阀管管口→养护。

3.应根据深层病害位置情况综合考虑注浆孔的布置位置,注浆孔采用梅花形布置,注浆孔间距1.5m,成孔直径9~11cm,注浆孔钻孔深度宜钻至原地表为宜,处理范围纵向宜各向两侧延伸5~10m。

4.袖阀管采用ϕ48mmPVC管,主要包括PVC外管、橡胶套、出浆孔和袖阀管堵头等;注浆内管和注浆器采用不锈钢材质,不锈钢注浆器包括输浆管、上端阻浆塞、出浆孔和下端阻浆塞;套壳料的主要材料为水泥与膨润土,水泥一般采用32.5级普通硅酸盐水泥或矿渣硅酸盐水泥,为提高套壳料的脆性,可掺入细砂或煤粉,应对袖阀管注浆的套壳料进行配合比试验和养生。

5.钻孔时要保证钻机与路面垂直,避免左右晃动。钻至设计深度后应将钻杆上下抽动几次,将钻孔内的废渣排出,移至下一孔位,重复钻孔工序。为防止深度不足或过深,可在钻杆上设置深度标记,钻孔完成后对深度进行检查,深度不足的进行二次加深,保证达到设计孔深。

6.为减小大面积钻孔造成的路基沉降,钻孔完成后立即安装袖阀管,先对袖阀管的一端进行封口,为了防止下管过程中发生弯曲,还需往管内注入一定量的水。

7.安插好袖阀管后,立刻将制配好的套壳料压入孔内,替换孔中的土浆,套壳料采用膨润土和水泥现场配制,配合比(质量比)为水:膨润土:水泥=1.6:1:1。发现上部涌出套壳料时,停止灌浆。静置养护3天后进行下一道工序。

8.待套壳料达到设计要求时,进行下一道工序,根据施工要求配置合适的注浆液,调整注浆速度以达到预期效果,注浆方式采用后退式分段注浆,注浆速度7~10L/min。每孔首次注浆完毕后立即用清水冲洗注浆管,确保再次注浆时管道畅通。

9.对于注浆脱空和渗透性系数大的路基,注浆采用先外围后内部的次序进行间隔注浆,可先采用水泥-水玻璃双浆液处理区域的外围,形成注浆帷幕封闭圈后,从中心部位先间隔后加密注浆,对含水率高和渗透性系数小的路基,注浆采用先内部后外围的次序进行间隔注浆,从中心部位先间隔后加密注浆,确保路基内水分的有效排出。其中外围注浆水泥浆:水玻璃溶液=1:0.1~1:1(体积比)。

10.本次浆液的参考配合比为水:水泥:膨润土:膨胀剂:早强剂=1:0.6:0.08:0.06:0.04,水泥应选用P·O42.5号普通硅酸盐水泥,为提升浆液强度需加入膨润土和早强剂,膨润土可采用粉煤灰和水玻璃替代。

11.注浆压力根据设计要求控制,一般控制在0.25~0.8MPa,正式注浆前进行试验性注浆,确定最佳的浆液配合比和注浆压力,注意观察附近排水设施和相邻注浆孔是否有浆液流出。

12.注浆时应先启动注浆设备,调整压力进行注浆。终止注浆以压力控制为主、注浆量控制为辅。

13.注浆结束后封堵袖阀管管口,对施工区域进行封闭养生,养生时间需满足注浆材料的终凝时间,养生结束后方可对路面结构层进行处治,铣刨原沥青路面上面层,然后按照铣刨加铺处治设计要求,找平恢复沥青路面。

14.其他未尽事宜严格按照说明和相关规范执行。

测设单位	工程名称	水泥注浆地基处理设计图	设计		复核		审核		图号	S2-7	日期	

三、边坡修复设计

边坡修复工程数量表

工程名称

第 1 页　共 2 页

序号	起讫桩号	位置	处治方案	处治尺寸			边坡修复											经济指标		备注
				长度	宽度	高度	挖土方	挖石方	弃方运距	填土方	填 5% 石灰土	填 5% 水泥土	袋装土	生态土工袋	借方运距	开挖台阶	土工格栅	单位	费用	
				m	m	m	m^3	m^3	km	m^3	m^3	m^2	m^3	m^2	km	m^2	m^2		元	
1	K0 + 100 ~ K0 + 200	路堑	边坡修复	100.0		6.0														示例
合计																				

编制：　　　　复核：　　　　审核：　　　　图号：S3-1

边坡修复工程数量表

工程名称

序号	起讫桩号	位置	处治方案	处治尺寸			泡沫轻质土浇筑						经济指标		备注
				长度	宽度	高度	预制混凝土挡板			角钢立柱	泡沫轻质土	钢筋网	单位	费用	
							C30 混凝土	HRB400 钢筋	HPB300 钢筋						
				m	m	m	m^3	kg	kg	kg	m^3	kg		元	
1	K0 + 100 ~ K0 + 200	路基	泡沫轻质土浇筑	100.0	6.0	4.0							m^3		示例
	合计														

编制：　　　　复核：　　　　审核：　　　　图号：S3-1

边坡修复设计图(一)

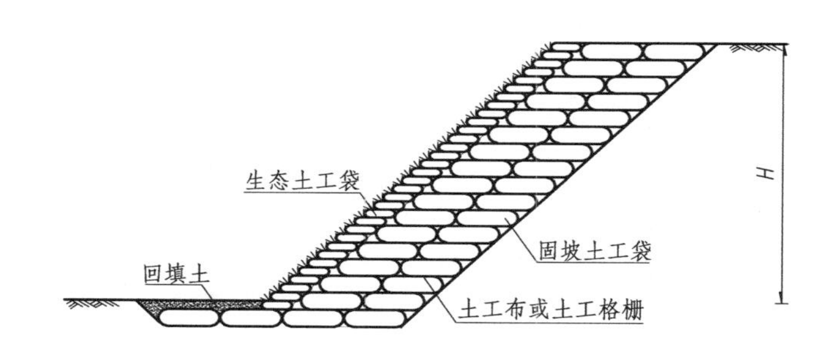

边坡修复设计图(二)

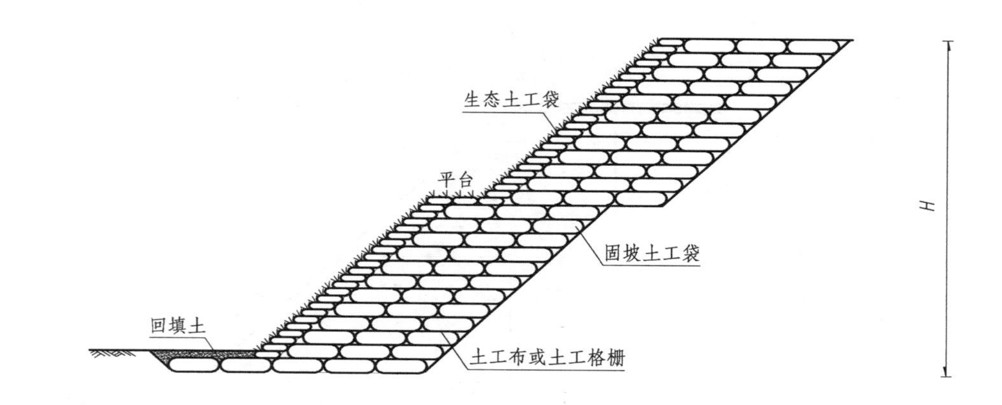

土工袋袋体材料技术指标要求

土工袋类型	单位面积质量	径向断裂(拉伸)强度	纬向断裂(拉伸)强度	断裂伸长率(纵、横向)	CBR顶破强度	抗紫外线老化(Ⅱ型荧光紫外灯照射150h)断裂强度保持率	耐冻融处理(-40℃,120h)断裂强度保持率	等效孔径O_{95}(mm)
固坡土工袋	≥80m²	≥20kN/m		28%	≥1.6kN	≥75%	—	0.07~0.15
生态土工袋	≥50m²	≥12kN/m	≥12kN/m	28%	≥1.4kN	≥70%	≥80%	0.07~0.15

注:

1.本图适用于填方或挖方段用地受限路侧采用土工袋固坡路基边坡修复处治，图中尺寸均以cm计，其中图一适用于边坡高度H小于5m的边坡；图二适用于高度大于5m ，且设置平台宽度不小于1m的边坡。

2.袋体材料应根据工程安全等级、施工方法、使用条件以及袋体尺寸等进行选择，土袋采用比重轻、耐酸碱、耐腐蚀、渗透性好、整体连续性好、强度高的土工织物，以保证使用寿命。固坡土工袋袋体材料宜采用强度较高的有纺土工织物，固坡土工袋袋体材料应具有较高的强度与良好的耐久性能；生态土工袋袋体材料宜采用一般强度的无纺土工织物或有纺土工织物，应对植物友善、透水但不透土。

3.固坡土工袋的袋内填充材料宜优先采用现场开挖的无腐殖性土或土石混合料，也可采用水泥土或石灰土，最大粒径应小于土工袋成形厚度的1/3。生态土工袋的袋内材料应就地选择适于植物生长的无污染土料、应结合边坡工程周边环境、植被防护类型、土质、施工季节等选择易成活的多年生草本植物种子。土工袋充填率一般控制在75%~85%。

4.固坡土工袋根据尺寸大小采用人工铺设或机械铺设，生态土工袋一般采用人工铺设。机械铺设为主的土工袋尺寸一般为长1m×1m×0.3m；对于以人工铺设为主的土工袋，每个土工袋的质量不宜超过50kg，袋体摊平尺寸一般为长0.75m，宽0.55m。

5.施工工艺为:施工前基面清理→土工袋制备→土工袋铺设→袋口缝合→土袋铺设→修整找平→验收。

6.土工袋自下而上逐层铺设，每层土工袋袋体短边应顺水流（道路轴线）方向，上下层土工袋应错缝铺设，先铺设固坡土工袋，后铺设生态土工袋，二者应交错上升铺设。

7.生态土工袋应无间隙铺设，铺设后整平压实。对于坡度大于1：1的边坡，应采取嵌入等措施使生态土工袋与固坡土工袋形成整体。

8.若陡边坡需设置反包土工布或土工格栅，裁剪长度应不小于土工袋固坡水平宽度、反包坡面长度与折回包裹长度之和，折回包裹的长度应符合设计要求，且不小于2m。沿护坡水平方向的搭接长度应符合设计要求，且不小于0.5m。在铺设好的土工布或土工格栅上，按设计要求铺设固坡土工袋，达到反包高度时．应人工拉紧反包土工布或土工格栅，并采用顶层第2列土工袋压紧。

测设单位	工程名称	边坡修复设计图	设计		复核		审核		图号	S3-2	日期	

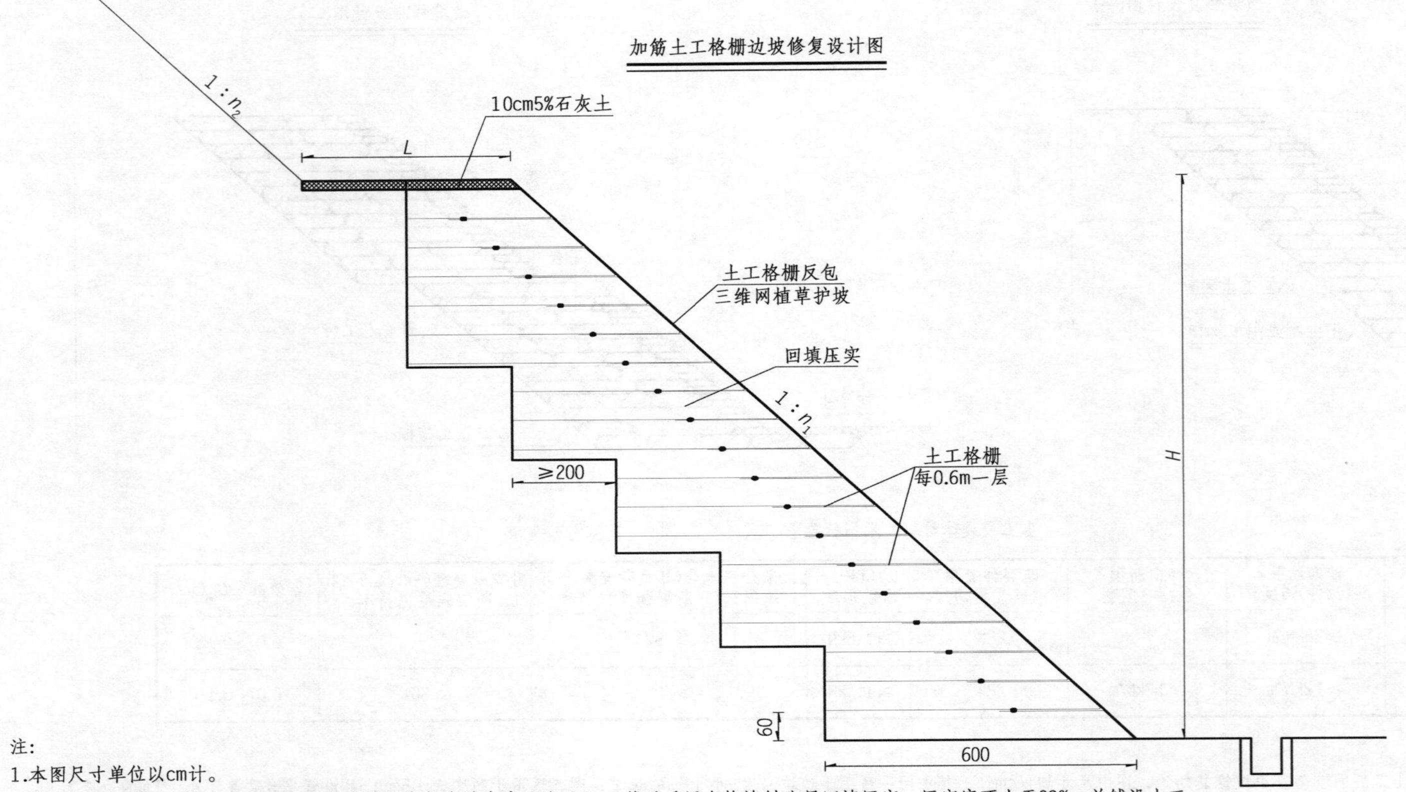

注：

1.本图尺寸单位以cm计。

2.对边坡损坏范围开挖宽度不小于2m的台阶，底部台阶宽度不小于4m，然后采用合格填料分层回填压实，压实度不小于93%，并铺设土工格栅。

3.土工格栅层间距为60cm，向上反包长度应不小于2m，相邻两层格栅通过连接棒连接,需保证等强度连接。

4.土工格栅采用聚丙烯土工格栅，土工格栅应采用整体性和耐久性好、强度高、变形小的双向土工格栅，用于生产格栅的材料必须采用全部新的原始粒状原料，严禁采用粉状和再造粒状颗粒原料，且炭黑含量≥2.5%；土工格栅极限抗拉强度≥50kN/m，2%伸长率时的抗拉强度≥20kN/m。

5.在清除非适用土层的平整地基上铺设土工格栅，其上下层填料应无刺坏土工格栅的杂物。在距土工格栅8cm以内的路提填料,其最大粒径不得大于6cm。铺设时,将强度高的方向垂直于挡墙轴线方向布置，应绷紧、拉挺，避免折皱、扭曲或坑洼。土工格栅沿纵向拼接采用搭接法，搭接宽度不小于30cm。

6.土工格栅铺设好后,应及时回填上层填料，并完成碾压，避免长期暴晒，防止土工格栅老化。

7.土工格栅技术指标严格执行交通运输部颁布的《公路土工合成材料应用技术规范》(JTG/T D32—2012)的规定。

8.施工应严格按设计要求和有关规范执行。

测设单位	工程名称	边坡修复设计图	设计		复核		审核		图号	S3-2	日期	

四、坡面防护修复设计

坡面修复工程数量表

工程名称

序号	起讫桩号	位置	处治方案	处治尺寸			人工植草		液压喷播植草		三维网植草		挂网厚层基材植草						经济指标		备注
				长度	宽度(斜长)	高度	撒草籽	植草根	填方喷播植草	挖方喷播植草	挂三维植被网	喷播植草	ϕ25mm锚杆	ϕ16mm锚杆	ϕ16mm加强钢筋	ϕ2.6mm机编镀锌钢丝网	M30膨胀水泥砂浆	10cm喷混植草	单位	费用	
				m	m	m	m^2	m^2	m^2	m^2	m^2	m^2	kg	kg	kg	m^2	m^3	m^2		元	
1	K0+100~K0+200	左侧	人工植草	100.0	10.0														m^2	m^2	示例
合计																					

编制：　　　　复核：　　　　审核：　　　　图号：S4-1

坡面修复工程数量表

工程名称

序号	起讫桩号	位置	处治方案	处治尺寸			土工格室植草				拱形骨架植草								经济指标		备注
				长度	宽度(斜长)	高度	10cm 高土工格室	ϕ1.4mm 机编镀锌钢丝网	锚杆	10cm 喷混植草	M7.5 浆砌片石拱圈	C25 混凝土预制块边石	C25 预制混凝土拱圈	C20 现浇混凝土基础	挖基	回填种植土	喷播植草	检修踏步 C25 预制混凝土	单位	费用	
				m	m	m	m^2	m^2	kg	m^2	m^3	m^3	m^3	m^3	m^3	m^3	m^2	m^3		元	
1	K0 + 100 ~ K0 + 200	右侧	土工格室植草	100.0	10.0														m^2		示例
2	K0 + 100 ~ K0 + 200	右侧	拱形骨架植草	100.0	15.0														m^2		示例
合计																					

编制：　　　　复核：　　　　审核：　　　　图号：S4-1

坡面修复工程数量表

工程名称

序号	起讫桩号	位置	处治方案	处治尺寸			菱形骨架植草						人字形骨架植草								经济指标		备注
				长度	宽度（斜长）	高度	M7.5浆砌片石	C25 预制混凝土	挖基	HPB300固定钢筋	回填种植土	挂三维植被网	喷播植草	M7.5浆砌片石	C25 预制混凝土	C25 现浇混凝土	挖基	回填种植土	挂三维植被网	喷播植草	单位	费用	
				m	m	m	m^3	m^3	m^3	kg	m^3	m^2	m^2	m^3	m^3	m^3	m^3	m^3	m^2	m^2		元	
1	K0 + 100 ~ K0 + 200	右侧	拱形骨架植草	100.0	15.0																m^2		示例
2	K0 + 100 ~ K0 + 200	右侧	人字形骨架植草	100.0		10.0															m^2		示例
合计																							

编制： 复核： 审核： 图号：S4-1

坡面修复工程数量表

工程名称

序号	起讫桩号	位置	处治方案	处治尺寸			窗式护面墙					实体护面				主动防护网			经济指标		备注
				长度	宽度（斜长）	高度	M7.5 浆砌片石	C25 现浇混凝土	挖基	回填种植土	喷播植草	M7.5 浆砌片石	砂砾垫层	ϕ10mm PVC 泄水管	挖基	ϕ16mm 钢绳锚杆		主动防护网	单位	费用	
				m	m	m	m^3	m^3	m^3	m^3	m^2	m^3	m^3	m	m^3	根	kg	m^2		元	
1	K0 + 100 ~ K0 + 200	右侧	窗式护面墙	100.0		10.0													m^2		示例
2	K0 + 100 ~ K0 + 200	右侧	实体护面	100.0		10.0													m^2		示例
合计																					

编制：　　　　复核：　　　　审核：　　　　图号：S4-1

坡面修复工程数量表

工程名称

序号	起讫桩号	位置	处治方案	处治尺寸			被动防护网						挂网喷混凝土				经济指标		备注
				长度	宽度（斜长）	高度	ϕ16mm 钢绳锚杆		钢立柱	被动防护网	C25 混凝土基础	HRB400 基础钢筋	ϕ25mm 锚杆	HPB300 钢筋网	C20 喷射混凝土	ϕ10mm PVC 泄水管	单位	费用	
				m	m	m	根	kg	kg	m^2	m^3	kg	根	kg	kg	m^3		元	
1	K0 + 100 ~ K0 + 200	右侧	主动防护网	100.0	15.0												m^2		
2	K0 + 100 ~ K0 + 200	右侧	被动防护网	100.0		3.0											m^2		
3	K0 + 100 ~ K0 + 200	右侧	挂网喷混凝土	100.0	15.0												m^2		
合计																			

编制：　　　　　　复核：　　　　　　审核：　　　　　　图号：S4-1

坡面修复工程数量表

工程名称

序号	起讫桩号	位置	处治方案	处治尺寸			锚杆框架植草									经济指标		备注
				长度	宽度(斜长)	高度	ϕ32mm 锚杆		ϕ80mm 钻孔	M30 水泥砂浆	地梁			ϕ1.4mm 机编镀锌钢丝网	10cm 喷混植草	单位	费用	
											C30 混凝土	HPB300 钢筋	HRB400 钢筋					
				m	m	m	根	kg	m	m^3	m^3	kg	kg	m^2	m^2		元	
1	K0+100~K0+200	右侧	锚杆框架植草	100.0	15.0											m^2		示例
合计																		

编制：　　　　复核：　　　　审核：　　　　图号：S4-1

坡面修复工程数量表

工程名称　　　第7页　共9页

序号	起讫桩号	位置	处治方案	处治尺寸			锚索框架									经济指标		备注
				长度	宽度(斜长)	高度	5ϕ15.2mm 锚索		ϕ130mm 钻孔	M40 水泥砂浆	锚座		锚具	地梁		单位	费用	
											C30 混凝土	HRB400 钢筋		C30 混凝土	HRB400 钢筋			
				m	m	m	根	kg	m	m^3	m^3	kg	套	m^3	kg		元	
1	K0+100~K0+200	右侧	锚索框架	100.0	15.0											m^2		示例
	合计																	

编制：　　　　　　　　　　　　复核：　　　　　　　　　　　　审核：　　　　　　　　　　　　图号：S4-1

坡面修复工程数量表

工程名称

序号	起讫桩号	位置	处治方案	处治尺寸			锚杆锚墩						锚索锚墩							仰斜排水孔			经济指标		备注
				长度	宽度(斜长)	高度	ϕ32mm 锚杆		ϕ80mm 钻孔	M30 水泥砂浆	锚墩		5ϕ15.2mm 锚索		ϕ130mm 钻孔	M40 水泥砂浆	锚墩		锚具	ϕ130mm 钻孔	ϕ100mm PVC 管	黏土封口	单位	费用	
											C30 混凝土	HRB400 钢筋					C30 混凝土	HRB400 钢筋							
				m	m	m	根	kg	m	m^3	m^3	kg	根	kg	m	m^3	m^3	kg	套	m	m	m^3		元	
1	K0 + 100 ~ K0 + 200	右侧	锚杆锚墩	100.0	15.0																		m^2		示例
2	K0 + 100 ~ K0 + 200	右侧	锚索锚墩	100.0	15.0																		m^2		示例
合计																									

编制：　　　　复核：　　　　审核：　　　　图号：S4-1

坡面修复工程数量表

工程名称

序号	起讫桩号	位置	处治方案	处治尺寸			浆砌片石护坡		浆砌六棱块护坡			浆砌空心六棱块护坡				经济指标		备注
				长度	宽度（斜长）	高度	M7.5 浆砌片石	砂砾垫层	C30 预制混凝土块	M7.5 浆砌片石	挖土方	C30 预制混凝土块	M7.5 浆砌片石	植草根	挖土方	单位	费用	
				m	m	m	m^3	m^3	m^3	m^3	m^3	m^3	m^3	m^2	m^3		元	
1	K0 + 102 ~ K0 + 202	右侧	浆砌片石护坡	100.0		6.0										m^2		示例
2	K0 + 103 ~ K0 + 203	右侧	浆砌六棱块护坡	100.0		6.0										m^2		示例
3	K0 + 104 ~ K0 + 204	右侧	浆砌空心六棱块护坡	100.0		6.0										m^2		示例
合计																		

编制：　　　　复核：　　　　审核：　　　　图号：S4-1

喷播植草断面设计图

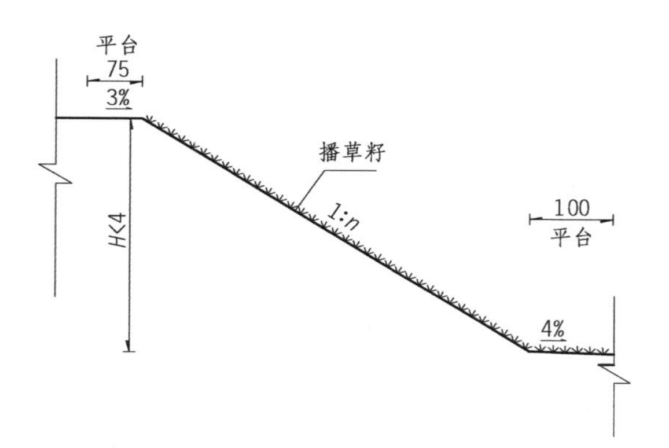

填方喷播植草护坡平面图

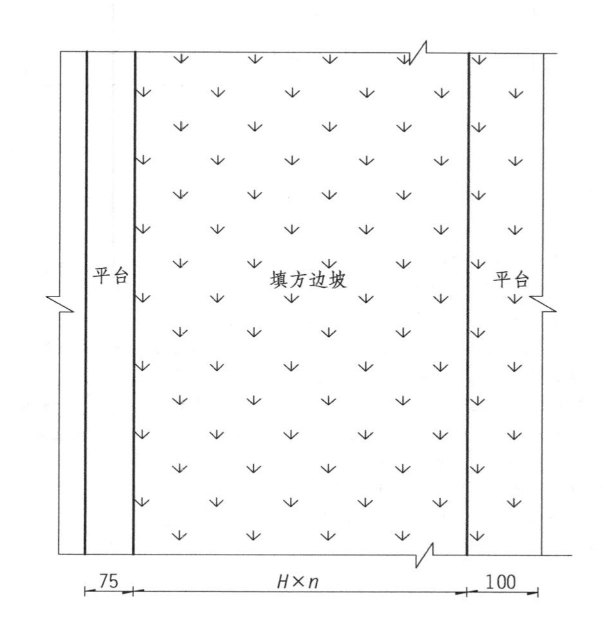

每延米工程数量表(单侧)

工程项目	植草 (m^2)	$30g/m^2$的无纺布 (m^2)	边坡坡度
工程数量	$H\sqrt{(1+n^2)}+1$	$H\sqrt{(1+n^2)}+1$	1:n

注:

1.图中尺寸单位除H以m计外,其余均以cm计。

2.H表示路基填高,m表示路基植草宽度。

3.该方案适用于坡率不陡于1:1.0的边坡坡面防护。

4.施工要求:路基边坡覆盖25cm种植土(利用清基表土),坡面平整→采用机械液压喷播方式将草灌种播种于坡面，加盖无纺布后养生成坪，其间应适时施肥并注意病害虫害预防及防治工作。

5.草灌籽应选取容易生长、根系发达的多年生草灌种为宜，结合实地情况以草灌结合或以灌木为主，以形成一个良好的覆盖层。灌木应选择植株矮小但根系发达的品种，以乡土、抗逆品种为首选。

6.边坡防护应及时进行施工,以确保路基防护绿化效果。

7.其余未尽事宜，按相关规范和规定办理。

测设单位	工程名称	喷播植草设计图	设计		复核		审核		图号	S4-2	日期	

撒草籽断面设计图

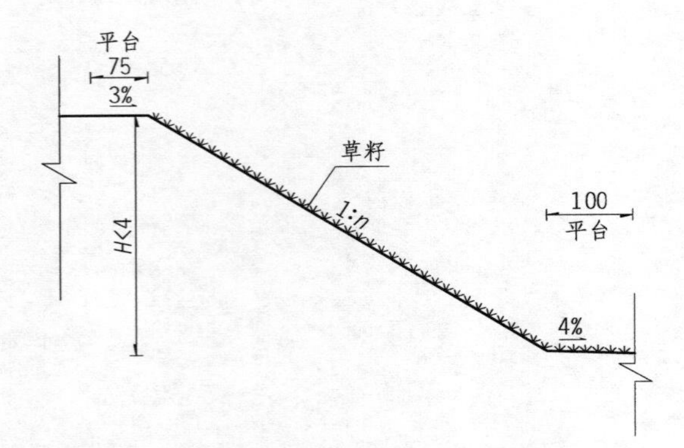

填方撒草籽护坡平面图

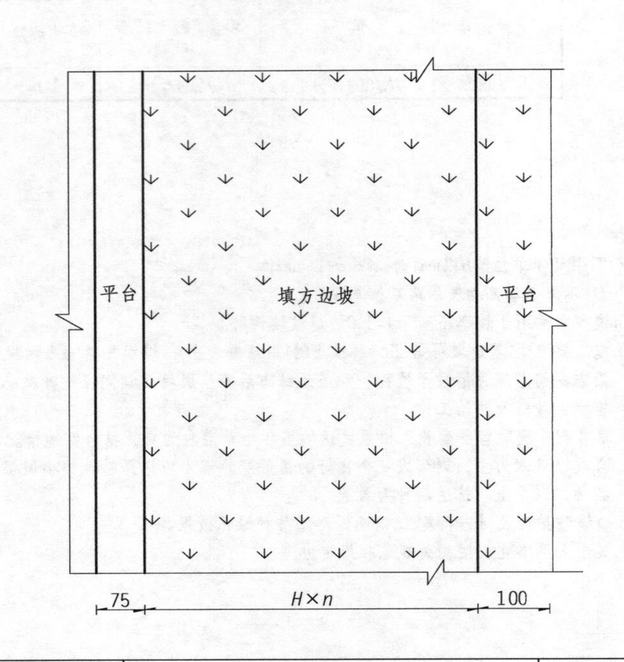

每延米工程数量表(单侧)

工程项目	植草(m^2)	30g/m^2的无纺布(m^2)	边坡坡度
工程数量	$H\sqrt{(1+n^2)}+1$	$H\sqrt{(1+n^2)}+1$	1:n

注:

1.图中尺寸单位除H以m计外，其余均以cm计。

2.H表示路基填高，m表示路基植草宽度。

3.该方案适用于坡率不陡于1:1.0的边坡坡面防护。

4.施工要求:路基边坡覆盖25cm种植土(利用清基表土)，将草灌籽撒播于坡面，加盖无纺布后养生成坪，其间应适时施肥并注意病害虫害预防及防治工作。

5.草灌籽应选取容易生长、根系发达的多年生草灌种为宜，结合实地情况以草灌结合或以灌木为主，以形成一个良好的覆盖层，灌木应选择植株矮小但根系发达的品种，以乡土、抗逆品种为首选。

6.边坡防护应及时进行施工，以确保路基防护绿化效果。

7.其余未尽事宜，按相关规范和规定办理。

测设单位		工程名称		喷播植草设计图	设计		复核		审核		图号	S4-2	日期	

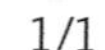

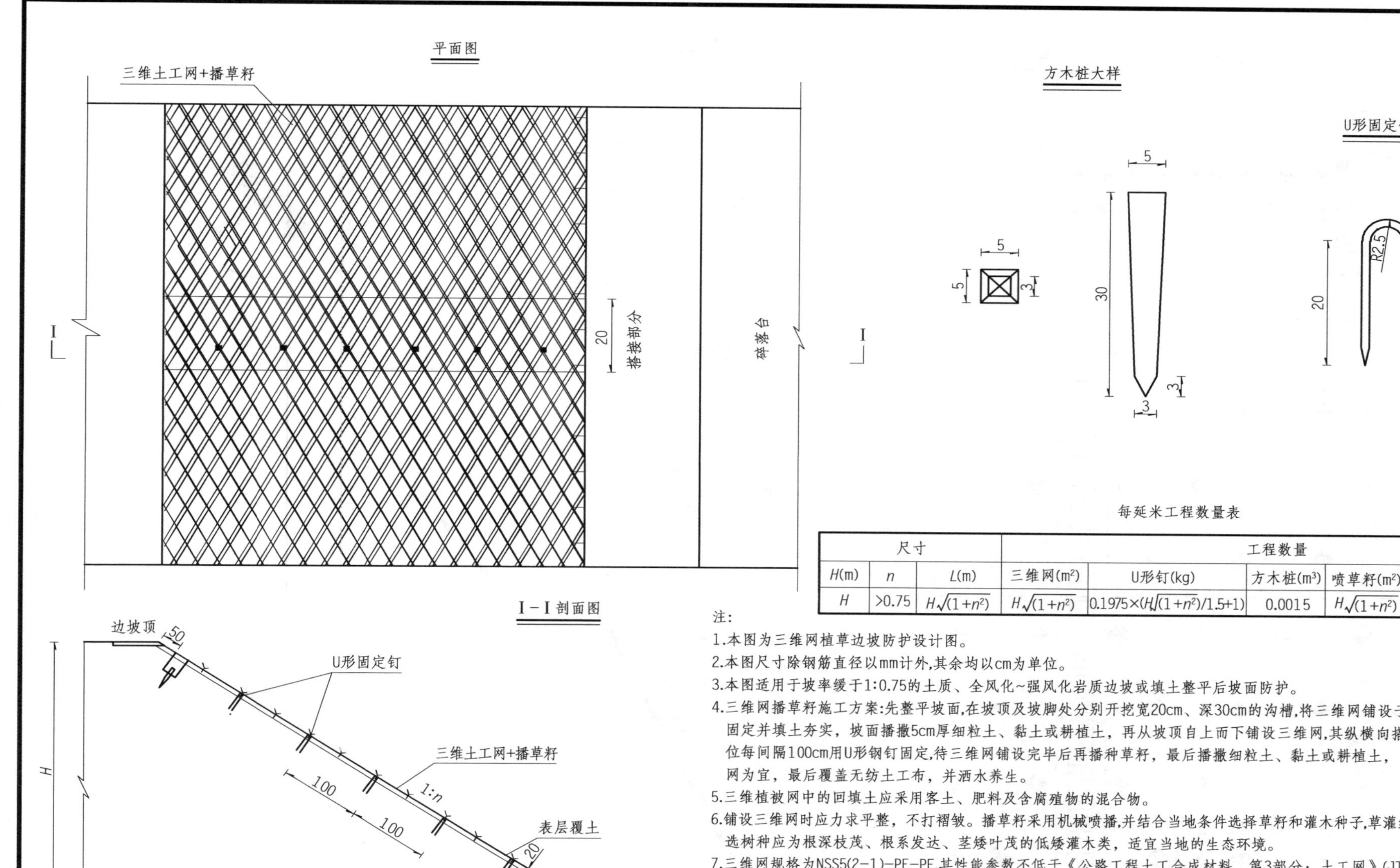

每延米工程数量表

尺寸			工程数量				
H(m)	n	L(m)	三维网(m²)	U形钉(kg)	方木桩(m³)	喷草籽(m²)	无纺布(30g/m²)
H	>0.75	$H\sqrt{(1+n^2)}$	$H\sqrt{(1+n^2)}$	$0.1975\times(H\sqrt{(1+n^2)}/1.5+1)$	0.0015	$H\sqrt{(1+n^2)}$	$H\sqrt{(1+n^2)}$

注：

1.本图为三维网植草边坡防护设计图。

2.本图尺寸除钢筋直径以mm计外,其余均以cm为单位。

3.本图适用于坡率缓于1:0.75的土质、全风化~强风化岩质边坡或填土整平后坡面防护。

4.三维网播草籽施工方案:先整平坡面,在坡顶及坡脚处分别开挖宽20cm、深30cm的沟槽,将三维网铺设于坡顶沟内,用方木桩固定并填土夯实，坡面播撒5cm厚细粒土、黏土或耕植土，再从坡顶自上而下铺设三维网,其纵横向搭接长度20cm,搭接部位每间隔100cm用U形钢钉固定,待三维网铺设完毕后再播种草籽，最后播撒细粒土、黏土或耕植土，以刚好覆盖三维土工网为宜，最后覆盖无纺土工布，并洒水养生。

5.三维植被网中的回填土应采用客土、肥料及含腐殖物的混合物。

6.铺设三维网时应力求平整，不打褶皱。播草籽采用机械喷播,并结合当地条件选择草籽和灌木种子,草灌结合，配加肥料。所选树种应为根深枝茂、根系发达、茎矮叶茂的低矮灌木类，适宜当地的生态环境。

7.三维网规格为NSS5(2-1)-PE-PE,其性能参数不低于《公路工程土工合成材料 第3部分：土工网》(JT/T 1432.3—2022)中的相应规定。三维网光老化等级采用Ⅳ级。

8.其余未尽事宜，按相关规范和规定办理。

测设单位	工程名称	三维网植草防护设计图	设计		复核		审核		图号	S4-3	日期	

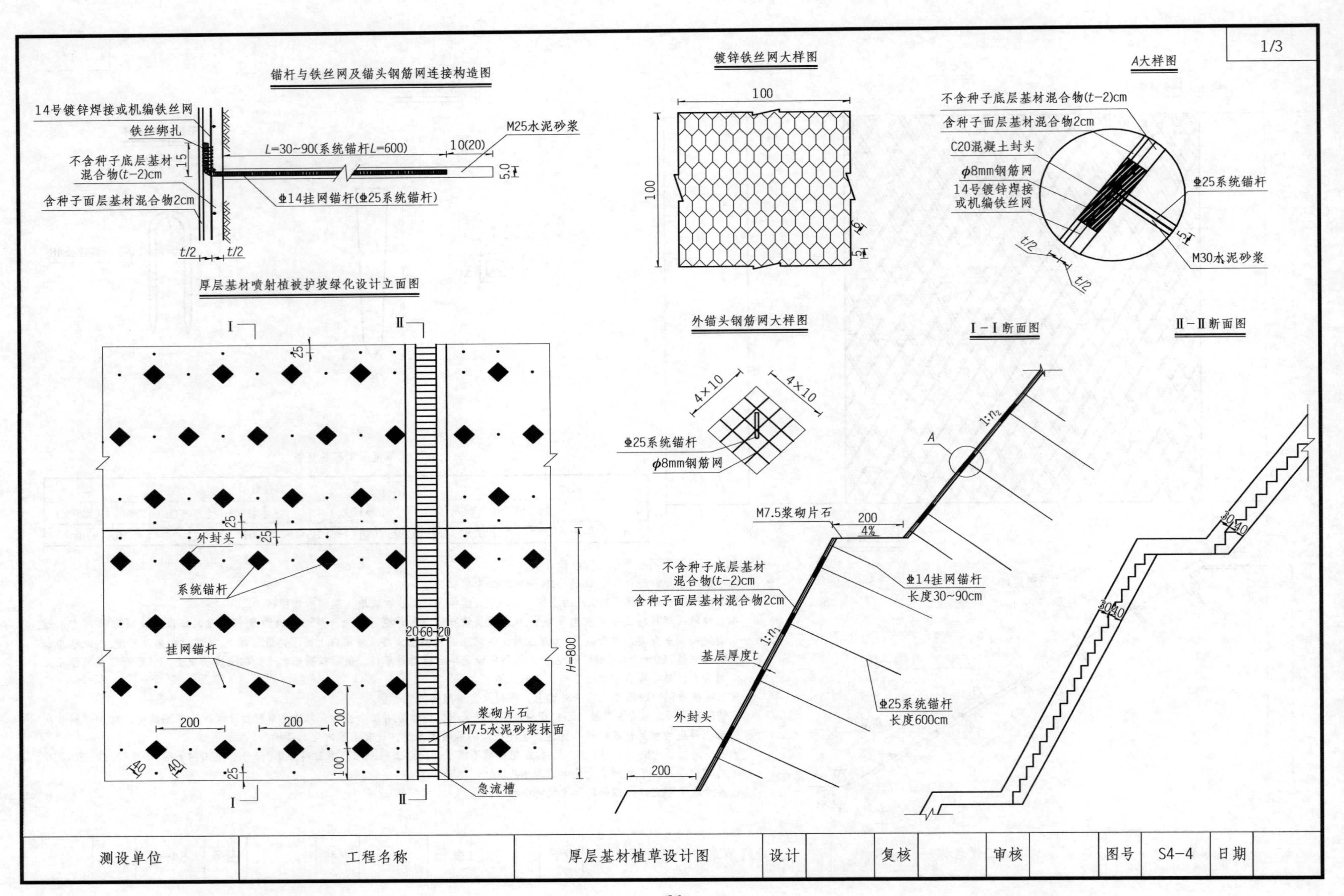

测设单位	工程名称	厚层基材植草设计图	设计	复核	审核	图号	S4-4	日期

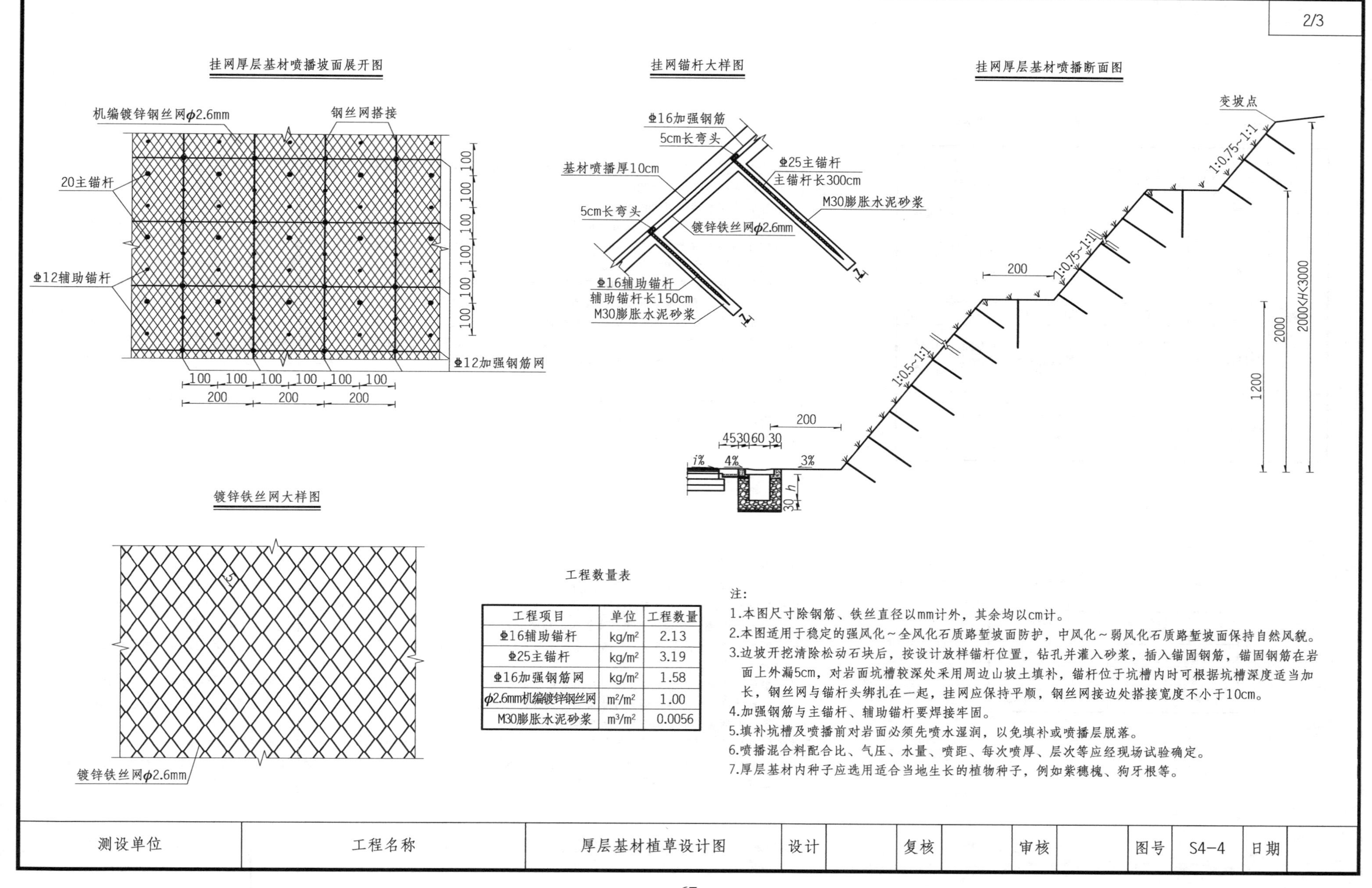

工程数量表

工程项目	单位	工程数量
Φ16辅助锚杆	kg/m²	2.13
Φ25主锚杆	kg/m²	3.19
Φ16加强钢筋网	kg/m²	1.58
φ2.6mm机编镀锌钢丝网	m²/m²	1.00
M30膨胀水泥砂浆	m³/m²	0.0056

注:

1.本图尺寸除钢筋、铁丝直径以mm计外，其余均以cm计。

2.本图适用于稳定的强风化~全风化石质路堑坡面防护，中风化~弱风化石质路堑坡面保持自然风貌。

3.边坡开挖清除松动石块后，按设计放样锚杆位置，钻孔并灌入砂浆，插入锚固钢筋，锚固钢筋在岩面上外漏5cm，对岩面坑槽较深处采用周边山坡土填补，锚杆位于坑槽内时可根据坑槽深度适当加长，钢丝网与锚杆头绑扎在一起，挂网应保持平顺，钢丝网接边处搭接宽度不小于10cm。

4.加强钢筋与主锚杆、辅助锚杆要焊接牢固。

5.填补坑槽及喷播前对岩面必须先喷水湿润，以免填补或喷播层脱落。

6.喷播混合料配合比、气压、水量、喷距、每次喷厚、层次等应经现场试验确定。

7.厚层基材内种子应选用适合当地生长的植物种子，例如紫穗槐、狗牙根等。

测设单位	工程名称	厚层基材植草设计图	设计		复核		审核		图号	S4-4	日期	

镀锌铁丝网及锚杆材料数量表(每100延米，坡高8米)

名称	规格	坡率	面积(m^2)		
镀锌铁丝网	14号(焊接或机编)	1:n	$800\sqrt{(1+n^2)}$		
名称	钢筋规格	每根长(cm)	总数	共长(m)	共重(kg)
锚杆	ф14	30 60 90	300 300 300	90 180 270	108.7 217.4 326.1
	ф25	600	200	1200	4623.6
	Ⅱ级钢筋合计	不设系统锚杆时，当挂网锚杆长为30cm、60cm、90cm时，其钢筋合计质量分别为181kg、362kg、543kg			4732.3 4841 4949.7
M7.5浆砌片石平台		56.25(m^3)			
ϕ8mm外锚头钢筋网		189.6(kg)			
C20混凝土封头		3.20(m^3)			

注：

1.本图适用于微风化岩石、弱风化岩石和碎块状强风化稳定岩石路堑边坡植草防护，相应基材厚度分别为10cm、8cm和6cm；对应挂网锚杆长度采用为30cm、60cm和90cm。若坡面浅表层稳定则不设系统锚杆，其相应位置设挂网锚杆。

2.固草器采用14号镀锌焊接或机编铁丝网(50mmx50mm)，网周采用挂网锚杆固定，间距2m，临网搭接宽>10cm。

3.厚层基材混合物由种植土、纤维料和绿化培养基组成，其对应体积比为40%、40%和20%。种植土:工程场地农田地表土粉碎风干过筛(粒径≤8mm,含水率≤20%)；纤维料：秸杆或长稻草粉碎成10~15mm长;绿化培养基:由有机质、肥料、保水剂、稳定剂、团粒剂、酸度调节剂和消毒剂等按一定配合比混合而成，可以采用现场试验调试定比或采用既有成熟技术与成品。

4.植物种子应根据恢复自然景观和人文景观以及“人造景观、美化环境和生态工程”的设计理念的原则择优选取，被选择植物应在地上部分较矮，根系发达，生长迅速，能在短期内覆盖坡面。建议每平方米草种为狗牙根(5g)、白三叶(3g)、高羊茅(5g)和多年生黑麦草(1g)；亦可选用其他适宜本地生长的有施工成功经验的植物配种。

5.施工工序：整平坡面，清除危石浮土→打入系统锚杆及挂网锚杆→挂上镀锌铁丝网及系统锚杆外封钢筋网→系统锚杆外封头施工→湿润坡面→喷射第一层基材混合物，即不含种子底层基材(t-2)cm→喷射第二层基材混合物，即含种子面层基材2cm→养护。

6.挂网锚杆和系统锚杆均采用全长黏结式砂浆锚杆，系统锚杆抗拔力不低于50kN，外封头采用红色或黄色等油漆涂刷。

7.沿坡面纵向每50m左右设一道急流槽;遇有坡体地下水发育时，应酌情增设平孔排水工程，集中引排处理。

8.图中尺寸均以cm计，比例见图注。未尽事宜参见有关规范或规定办理。

每平方米坡面厚层基材混合物数量表

喷射基材厚度(cm)	种植土(m^3/m^2)	纤维料(m^3/m^2)	绿化培养基(m^3/m^2)
10	0.06	0.06	0.03
8	0.048	0.048	0.024
6	0.036	0.036	0.018

施工注意事项：

1.施工中应根据现行的有关规定要求进行。

2.边坡开挖到设计要求的坡面后(超挖允许误差15cm以内)，应清除坡面各处浮石或孤石，对突出坡面>10cm的岩土应予以消平,以求坡面平整，并清除坡面草皮树根，在喷射第一层前,应用水或高压风将岩面上的粉尘杂物冲洗干净。

3.边、角的挂网锚杆应适当加密，喷射厚层基材前镀锌网应拉直、拉紧。厚层绿化基材混合物要拌和均匀，应采用搅拌机在一定时间内完成。

4.喷射基材混合物施工结束后，每天应用高压喷雾器使养生水成雾状均匀地湿润坡面基材混合物，并控制好喷头与坡面的距离和移动速度，以防高压射水冲击坡面形成径流冲走基材混合物和种子，影响绿化效果。前期养生每日不少于2次，早晚各一次，若遇高温干旱季节应增加养生1~2次。

5.施工中应加强工程监理，严格执行各有关施工技术规范，以确保工程质量。工程质量和验收主要包括下列三个方面：基材混合物的检验指标及评定，坡面植被的检验指标及评定，以及厚层基材喷射植被护坡工程竣工验收。工程中间交验包括：坡面清理、平整检验，锚杆成孔、安装、注浆和挂网检验，基材混合物组分、配合比及喷射工艺和喷层厚度检验。

测设单位	工程名称	厚层基材植草设计图	设计		复核		审核		图号	S4-4	日期	

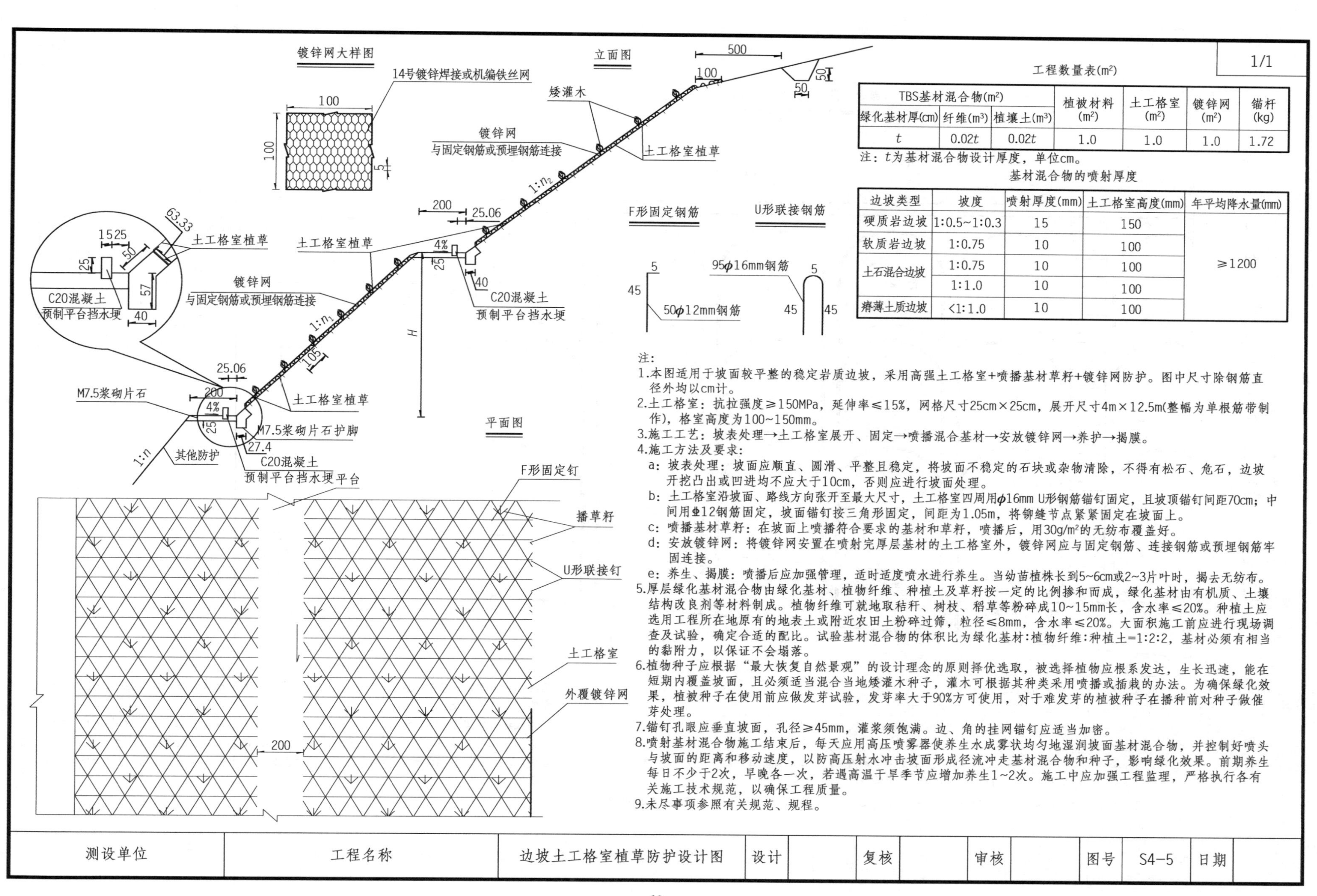

工程数量表(m²)

TBS基材混合物(m²)			植被材料(m²)	土工格室(m²)	镀锌网(m²)	锚杆(kg)
绿化基材厚(cm)	纤维(m³)	植壤土(m³)				
t	$0.02t$	$0.02t$	1.0	1.0	1.0	1.72

注：t为基材混合物设计厚度，单位cm。

基材混合物的喷射厚度

边坡类型	坡度	喷射厚度(mm)	土工格室高度(mm)	年平均降水量(mm)
硬质岩边坡	1:0.5~1:0.3	15	150	≥1200
软质岩边坡	1:0.75	10	100	
土石混合边坡	1:0.75	10	100	
	1:1.0	10	100	
瘠薄土质边坡	<1:1.0	10	100	

注：

1.本图适用于坡面较平整的稳定岩质边坡，采用高强土工格室+喷播基材草籽+镀锌网防护。图中尺寸除钢筋直径外均以cm计。

2.土工格室：抗拉强度≥150MPa，延伸率≤15%，网格尺寸25cm×25cm，展开尺寸4m×12.5m(整幅为单根筋带制作)，格室高度为100~150mm。

3.施工工艺：坡表处理→土工格室展开、固定→喷播混合基材→安放镀锌网→养护→揭膜。

4.施工方法及要求：

a：坡表处理：坡面应顺直、圆滑、平整且稳定，将坡面不稳定的石块或杂物清除，不得有松石、危石，边坡开挖凸出或凹进均不应大于10cm，否则应进行坡面处理。

b：土工格室沿坡面、路线方向张开至最大尺寸，土工格室四周用φ16mm U形钢筋锚钉固定，且坡顶锚钉间距70cm；中间用φ12钢筋固定，坡面锚钉按三角形固定，间距为1.05m，将铆缝节点紧紧固定在坡面上。

c：喷播基材草籽：在坡面上喷播符合要求的基材和草籽，喷播后，用30g/m²的无纺布覆盖好。

d：安放镀锌网：将镀锌网安置在喷射完厚层基材的土工格室外，镀锌网应与固定钢筋、连接钢筋或预埋钢筋牢固连接。

e：养生、揭膜：喷播后应加强管理，适时适度喷水进行养生。当幼苗植株长到5~6cm或2~3片叶时，揭去无纺布。

5.厚层绿化基材混合物由绿化基材、植物纤维、种植土及草籽按一定的比例拌和而成，绿化基材由有机质、土壤结构改良剂等材料制成。植物纤维可就地取秸秆、树枝、稻草等粉碎成10~15mm长，含水率≤20%。种植土应选用工程所在地原有的地表土或附近农田土粉碎过筛，粒径≤8mm，含水率≤20%。大面积施工前应进行现场调查及试验，确定合适的配比。试验基材混合物的体积比为绿化基材:植物纤维:种植土=1:2:2，基材必须有相当的黏附力，以保证不会塌落。

6.植物种子应根据“最大恢复自然景观”的设计理念的原则择优选取，被选择植物应根系发达，生长迅速，能在短期内覆盖坡面，且必须适当混合当地矮灌木种子，灌木可根据其种类采用喷播或插栽的办法。为确保绿化效果，植被种子在使用前应做发芽试验，发芽率大于90%方可使用，对于难发芽的植被种子在播种前对种子做催芽处理。

7.锚钉孔眼应垂直坡面，孔径≥45mm，灌浆须饱满。边、角的挂网锚钉应适当加密。

8.喷射基材混合物施工结束后，每天应用高压喷雾器使养生水成雾状均匀地湿润坡面基材混合物，并控制好喷头与坡面的距离和移动速度，以防高压射水冲击坡面形成径流冲走基材混合物和种子，影响绿化效果。前期养生每日不少于2次，早晚各一次，若遇高温干旱季节应增加养生1~2次。施工中应加强工程监理，严格执行各有关施工技术规范，以确保工程质量。

9.未尽事项参照有关规范、规程。

测设单位	工程名称	边坡土工格室植草防护设计图	设计		复核		审核		图号	S4-5	日期	

单级边坡拱形骨架护坡正视图

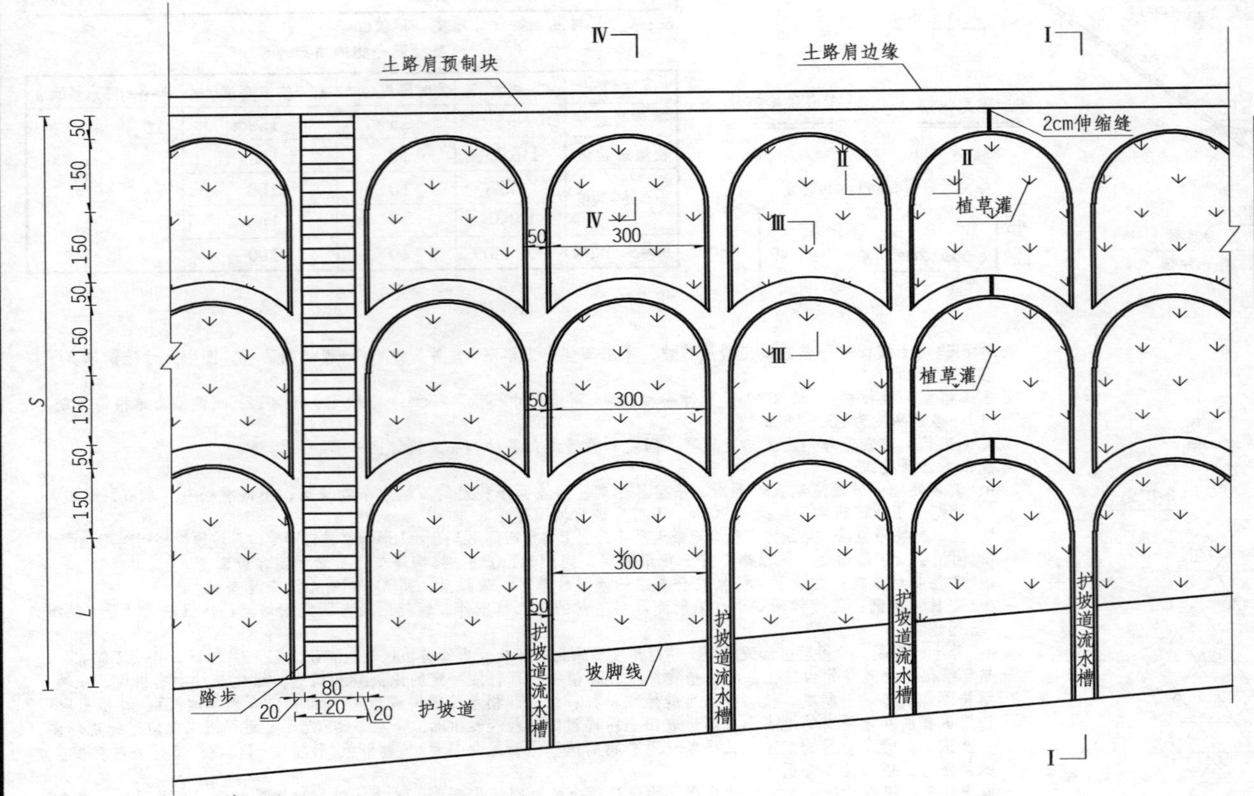

坡长与拱圈数对应表

边坡斜长S(m)	上层固定单元格个数n	最下层可调节单元格个数m	调节值长度L(m)
$S<5.5$	$n=0$	$m=1$	$L=S-3.5n-2$
$5.5\leqslant S<9.0$	$n=1$	$m=1$	$L=S-3.5n-2$
$9.0\leqslant S<12.5$	$n=2$	$m=1$	$L=S-3.5n-2$
$12.5\leqslant S<16.0$	$n=3$	$m=1$	$L=S-3.5n-2$
$16.0\leqslant S<19.5$	$n=4$	$m=1$	$L=S-3.5n-2$

踏步大样图

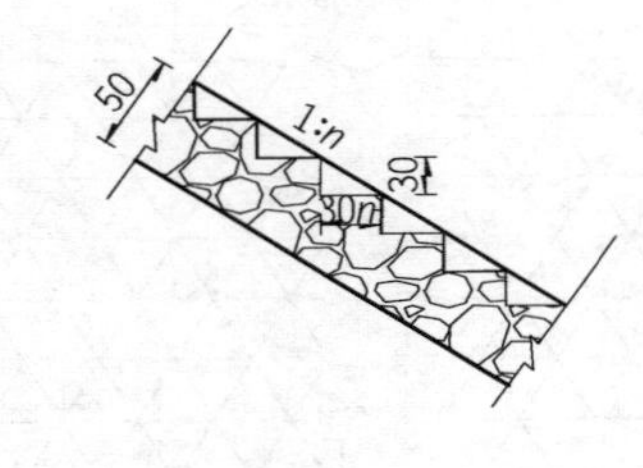

注：

1.本图尺寸除标明者外均以cm计。
2.本图适用于填土高度H>5m的路堤边坡防护。
3.H为路基填土高度，S为边坡斜长，L为自行调节长度，L<3.5m，多级边坡的平台采用30cm厚浆砌片石铺砌。
4.用于浆砌工程的片石强度不低于30MPa，砌筑采用M7.5水泥砂浆，勾缝与抹面采用M10水泥砂浆。
5.镶边石采用C25水泥混凝土预制，并用M10水泥砂浆砌筑与勾缝。
6.边坡修整完毕，再进行护坡放样；砌筑基础前，应夯实基底，其压实度应大于93%，骨架采用挖槽法施工。
7.播种草籽采用液压喷播技术，施工后两周内拱格内必须采取草帘覆盖或其他遮阳措施，后期管理要喷施薄肥。
8.沿路线纵向每隔4个拱格设一道伸缩缝，缝宽2cm，用沥青麻筋填塞，其深度不小于15cm。
9.衬砌拱施工时与路肩路面横向排水管铺设协调，各处接缝必须严格密封，不得透水。
10.护拱每间隔约100m设置宽80cm的踏步；护拱基础底部水平方向每3m设置一处50cm宽的防滑台。

测设单位	工程名称	路堤拱形骨架防护设计图	设计		复核		审核		图号	S4-6	日期	

Ⅰ－Ⅰ断面

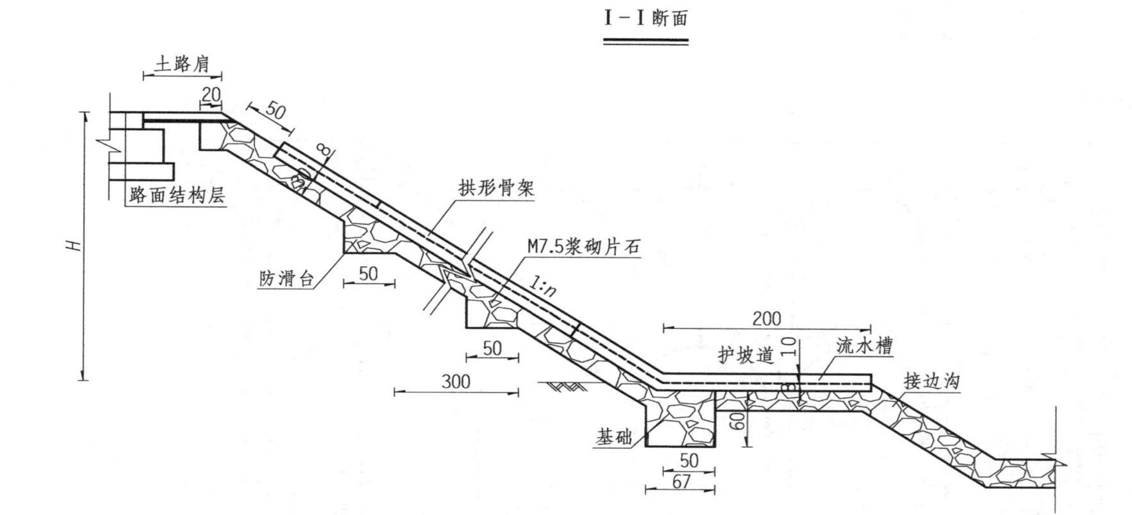

Ⅱ－Ⅱ断面

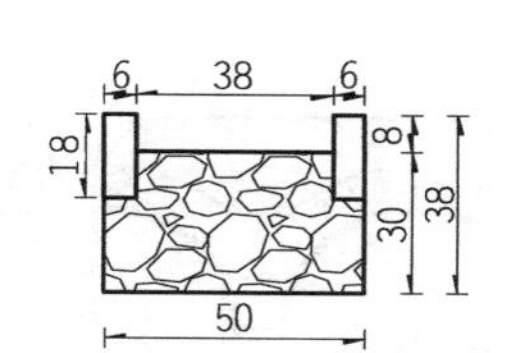

Ⅲ－Ⅲ断面

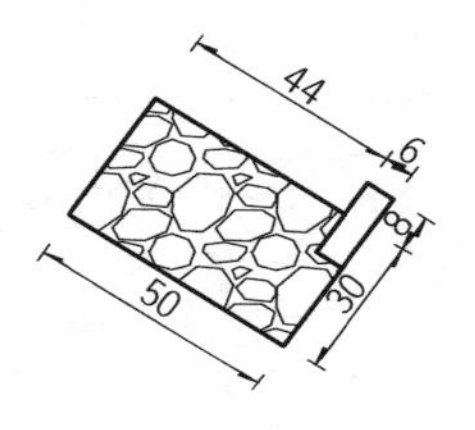

Ⅳ－Ⅳ断面

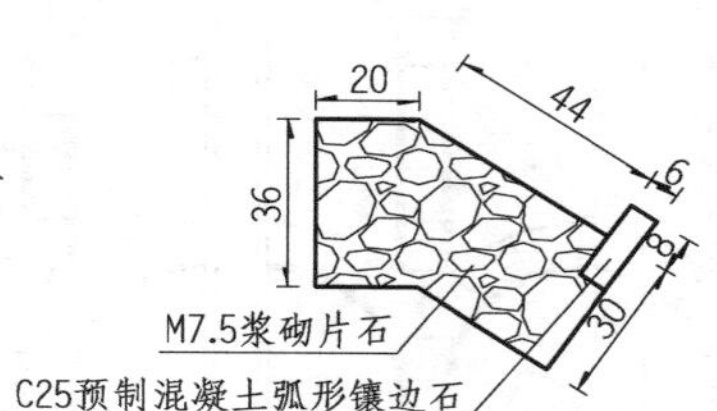

护坡道流水槽

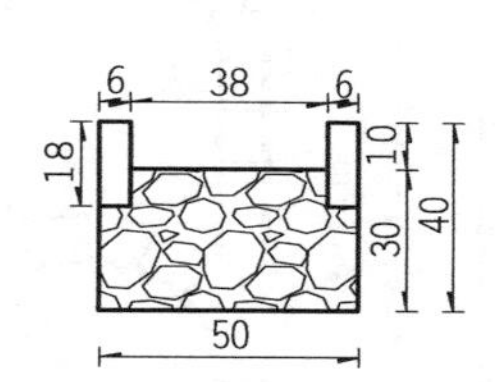

混凝土预制块大样

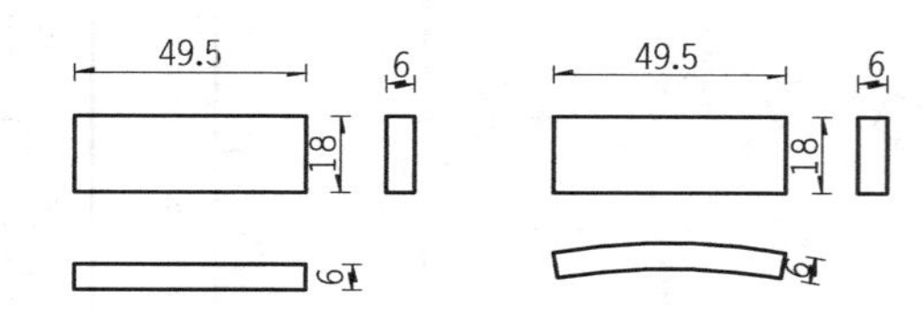

边坡平台大样图

适用多级边坡

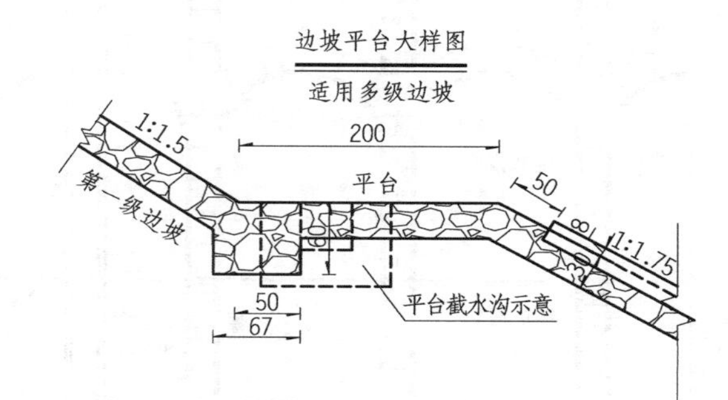

主要工程数量表(每3.5m)

工程名称	M7.5浆砌片石(m^3)	C25混凝土预制块边石(m^3)	挖基(m^3)	植草灌(m^2)	回填种植土(m^3)
上层固定拱形框格	1.022n	0.100n	1.250n	8.660n	1.732×2n
最下层可调节拱形框格	0.741+0.15L	0.053+0.022L	0.794+0.172L	3.350+3L	0.67+0.6L
坡顶	0.507	—	0.507	—	—
基础与坡脚护面	0.19	—	0.19	—	—
流水槽	0.240	0.065	0.240	—	—

注：
1.本图尺寸除标明者外均以cm计。
2.拱内回填种植土厚度为15cm。
3.在多级边坡平台处设平台截水沟时，平台截水沟侧壁可与骨架基础相结合。

测设单位	工程名称	路堤拱形骨架防护设计图	设计		复核		审核		图号	S4-6	日期	

拱形骨架护坡平面展开图

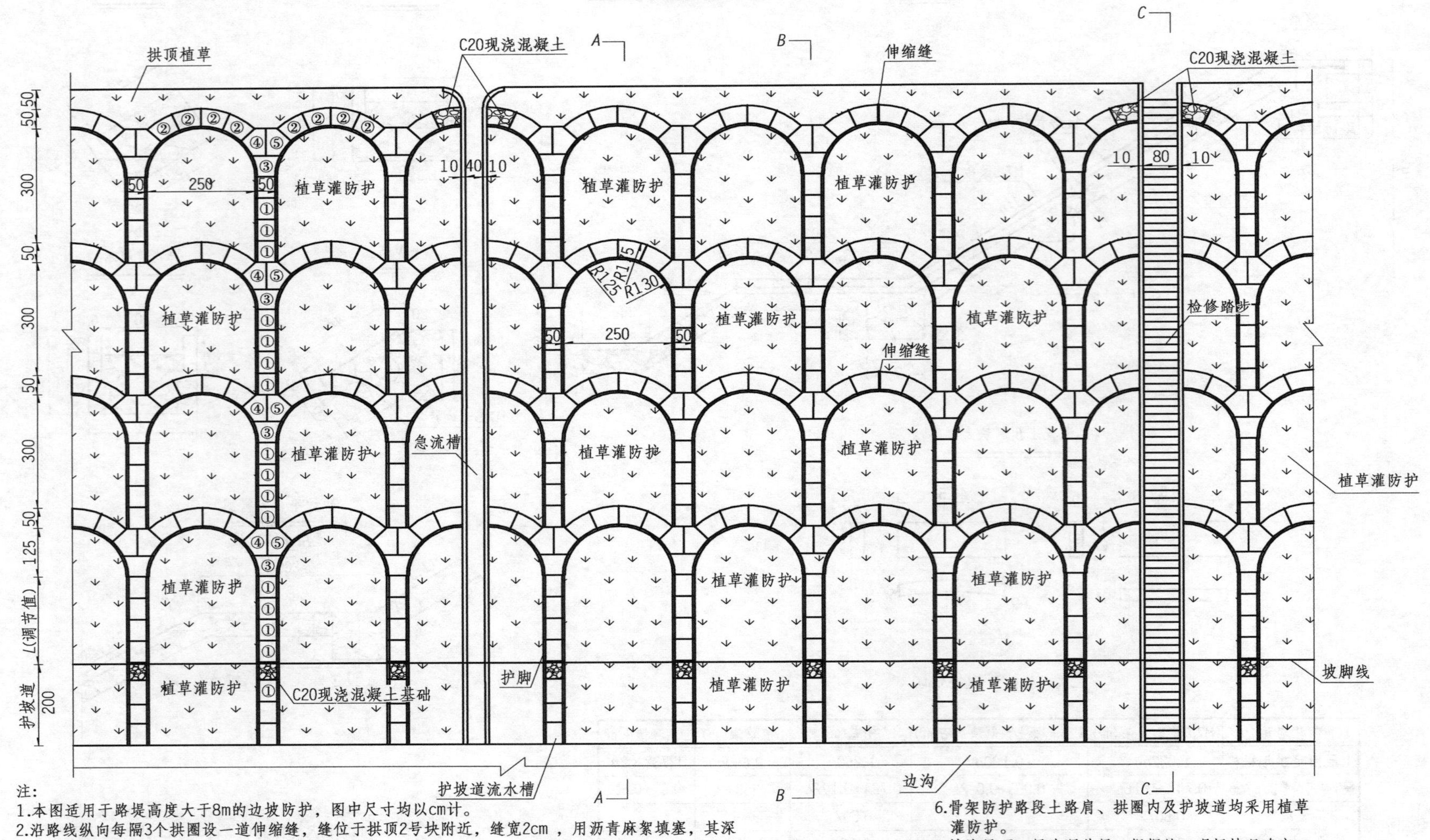

注：
1.本图适用于路堤高度大于8m的边坡防护，图中尺寸均以cm计。
2.沿路线纵向每隔3个拱圈设一道伸缩缝，缝位于拱顶2号块附近，缝宽2cm，用沥青麻絮填塞，其深度不小于10cm。
3.边坡修整完毕,再进行护坡放样。砌筑护脚前，应夯实基底，其压实度应大于90%。
4.C25混凝土预制块采用M7.5水泥砂浆勾缝，缝宽1cm。
5.为防止水流对路基边坡的冲刷，在最上面一排拱圈弧形镶边石内侧和最下面一排拱圈护脚的上方反开挖、填土并夯实。
6.骨架防护路段土路肩、拱圈内及护坡道均采用植草灌防护。
7.坡脚最下一层为调节层，根据施工现场情况确定。
8.急流槽仅为示意，具体详见《边坡急流槽设计图》。
9.护拱每间隔约200m设置宽80cm的C25预制混凝土踏步。

测设单位	工程名称	路堤拱形骨架防护设计图	设计	复核	审核	图号	S4-6	日期

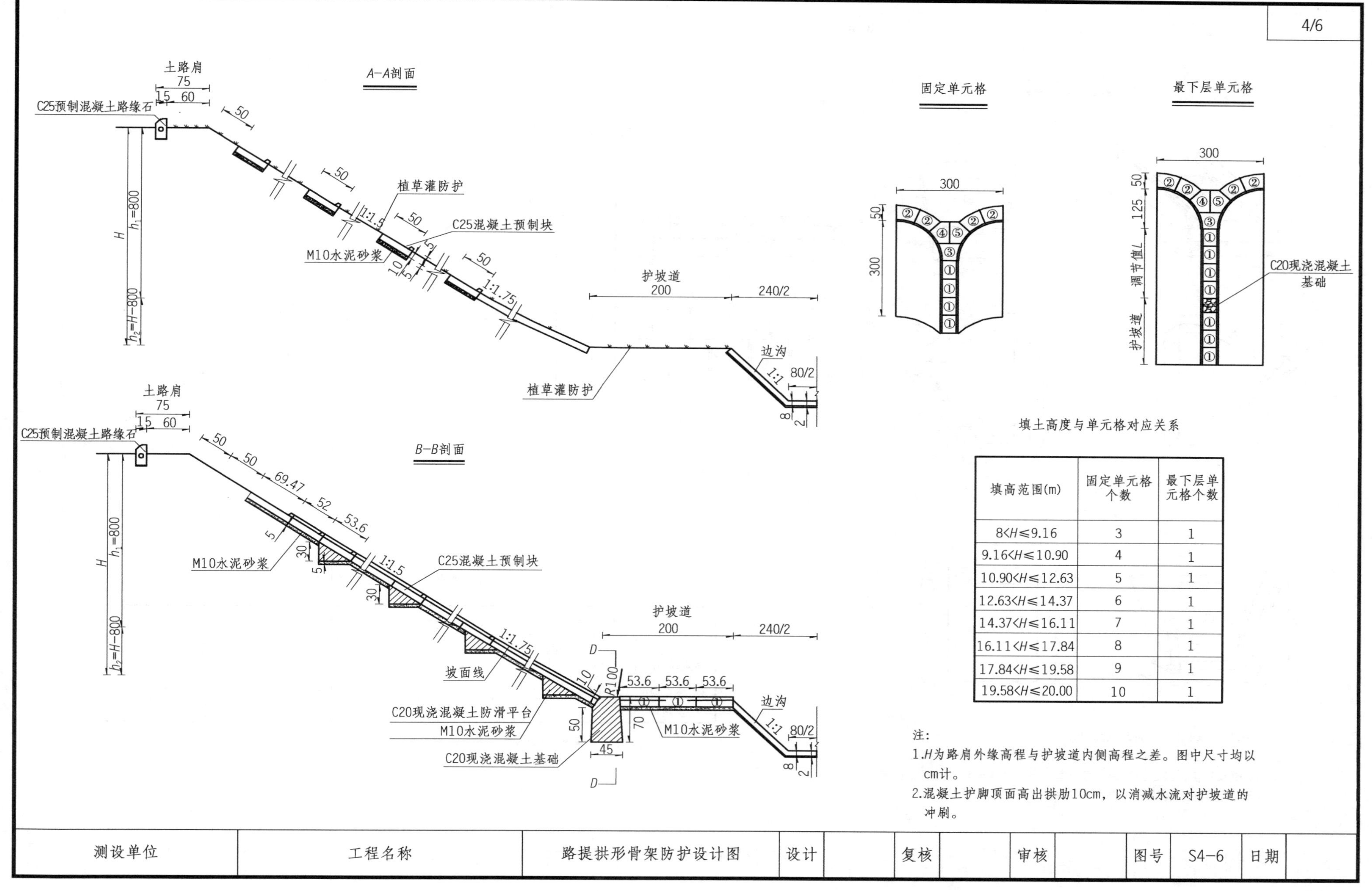

填土高度与单元格对应关系

填高范围(m)	固定单元格个数	最下层单元格个数
8<H≤9.16	3	1
9.16<H≤10.90	4	1
10.90<H≤12.63	5	1
12.63<H≤14.37	6	1
14.37<H≤16.11	7	1
16.11<H≤17.84	8	1
17.84<H≤19.58	9	1
19.58<H≤20.00	10	1

注：

1.*H*为路肩外缘高程与护坡道内侧高程之差。图中尺寸均以cm计。

2.混凝土护脚顶面高出拱肋10cm，以消减水流对护坡道的冲刷。

测设单位	工程名称	路提拱形骨架防护设计图	设计		复核		审核		图号	S4-6	日期	

骨架预制块大样

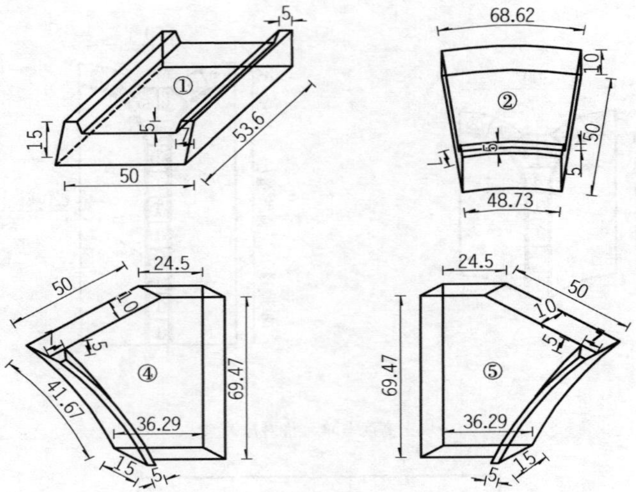

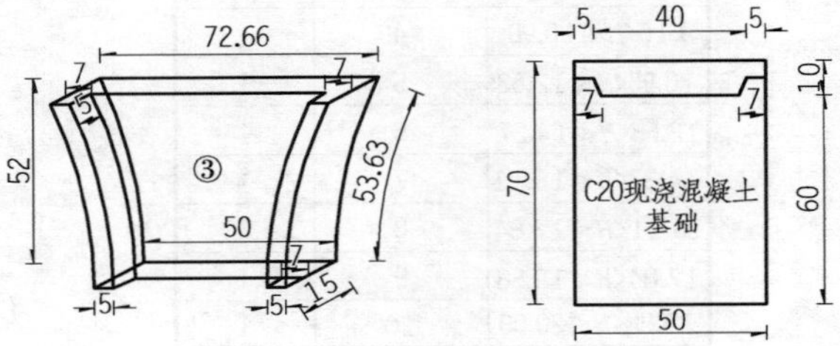

拱形骨架防护路面边部大样图

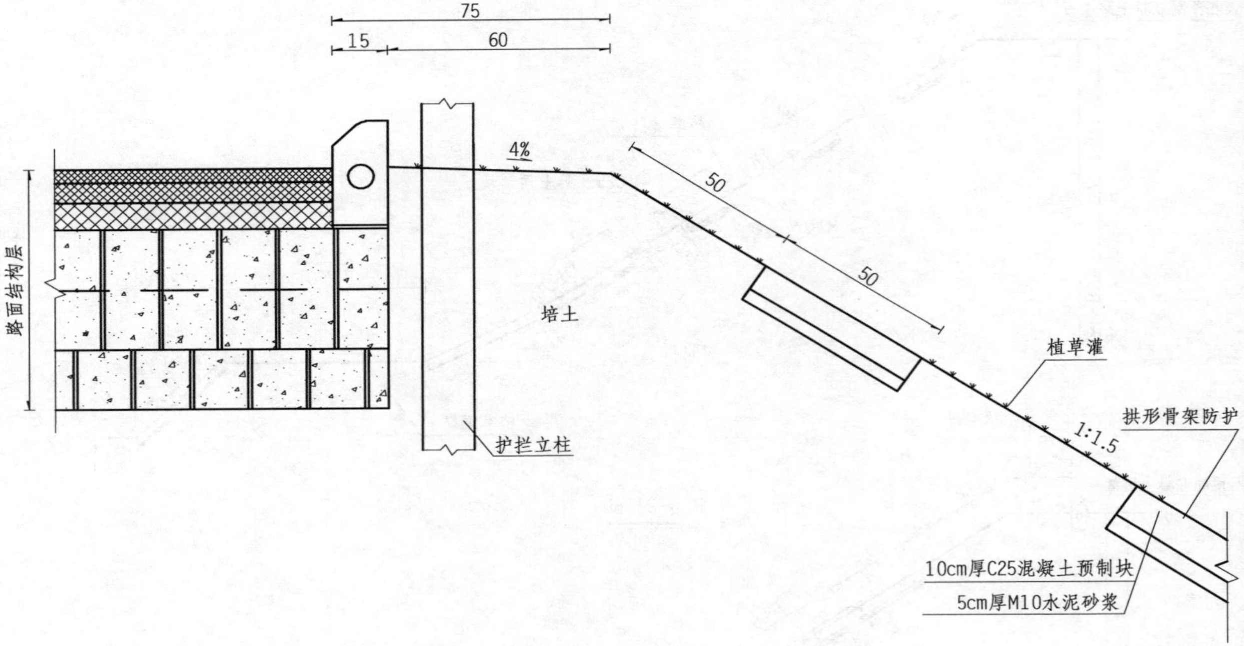

D-D剖面

注：

1.图中尺寸L以m计，其余均以cm计。

2.本图①~⑤为拱形骨架防护所需C25混凝土预制块标准大样图。

3.大规模预制前，应首先预制一部分型号齐全的预制块，进行试拼装，确认尺寸无误后，再进行全线推广预制。

每3m拱形骨架工程数量表(单侧)

名称	C25混凝土预制块(m^3)	C20现浇混凝土(m^3)	M10水泥砂浆(m^3)	植草灌(m^2)	挖土方(m^3)	回填种植土(m^3)
固定单元格	0.354	—	0.1632	7.24	0.49	0.72
最下层单元格	$0.32+0.056L$	0.165	$0.15+0.025L$	$2.454+2.6\times(L+2)$	$0.61+0.08L$	$0.373+0.125L$
边坡顶部	—	—	—	2.17	—	—

注：表中H为路基填高，L为最下层单元格调节值，0.056为每米所需要的①的体积。

测设单位		工程名称		路堤拱形骨架防护设计图	设计		复核		审核		图号	S4-6	日期	

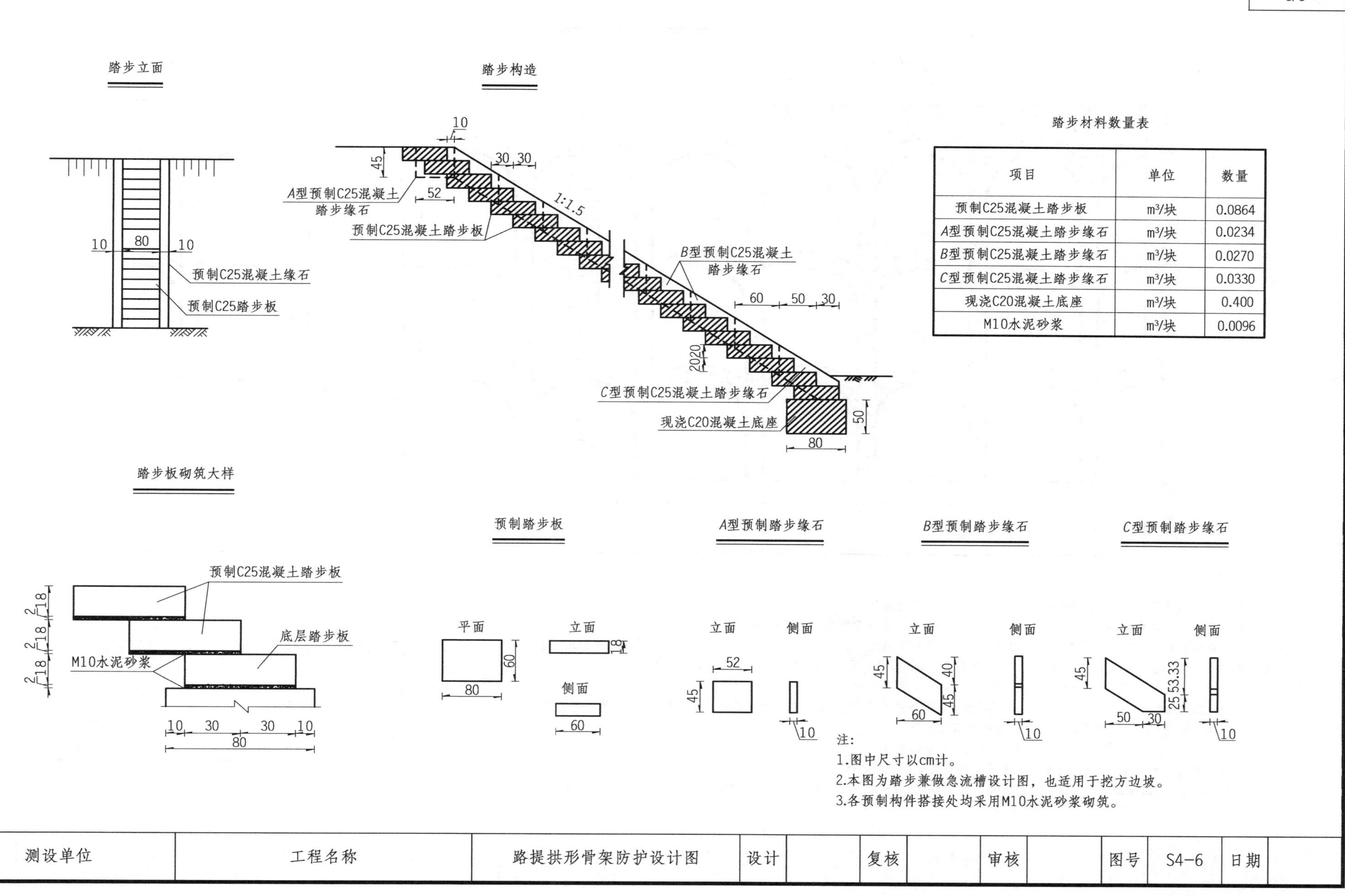

踏步材料数量表

项目	单位	数量
预制C25混凝土踏步板	m³/块	0.0864
A型预制C25混凝土踏步缘石	m³/块	0.0234
B型预制C25混凝土踏步缘石	m³/块	0.0270
C型预制C25混凝土踏步缘石	m³/块	0.0330
现浇C20混凝土底座	m³/块	0.400
M10水泥砂浆	m³/块	0.0096

注:

1.图中尺寸以cm计。

2.本图为踏步兼做急流槽设计图，也适用于挖方边坡。

3.各预制构件搭接处均采用M10水泥砂浆砌筑。

测设单位	工程名称	路提拱形骨架防护设计图	设计		复核		审核		图号	S4-6	日期	

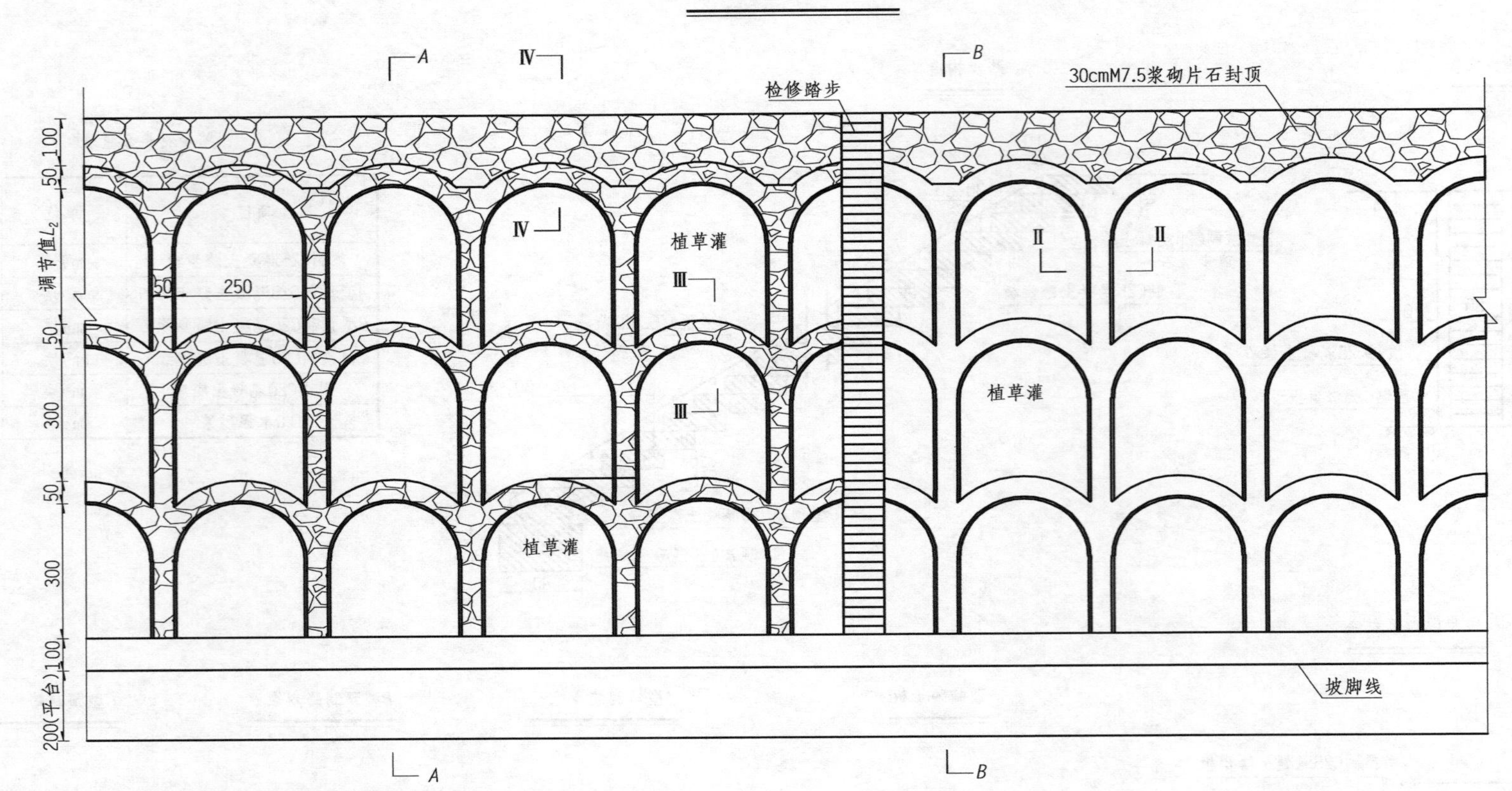

注：

1.本图适用于路堑高度大于4m且小于10m的膨胀土路堑边坡防护，图中尺寸均以cm计。

2.沿路线纵向每隔4个拱圈设一道伸缩缝，缝宽2cm，用沥青麻絮填塞，其深度不小于10cm。

3.边坡修整完毕，再进行护坡放样。砌筑护脚前，应夯实基底，其压实度应大于88%。骨架施工应采用挖槽法进行。

4.用于浆砌工程的片石强度不低于30MPa，砌筑采用M7.5水泥砂浆，勾缝与抹面采用M10水泥砂浆。

5.镶边石采用C25水泥混凝土预制，并用M10水泥砂浆砌筑与勾缝。

6.为防止水流对路基边坡的冲刷，在最上面一排拱圈弧形镶边石内侧和最下面一排拱圈护脚的上方反开挖、填土并夯实。

7.护拱每间隔约200m设置宽80cm的M7.5浆砌片石踏步。

8.坡脚最上一层为调节层，根据施工现场情况可适当调整。

9.挖方采用拱形骨架+植草灌防护，膨胀土土体表面喷洒CMA(化学改性凹凸棒土)生态改性剂。

10.回填土选用路基清表的耕植土或黏性土，填土厚度为15cm，填土要填实充满并夯实，并采用当地易于生长的植物。

单级边坡高度与单元格对应关系

边坡坡率	边坡高度范围(m)	最上层单元格	固定单元格	L_2调节值(m)
1:1.5	$4.0<H\leq5.4$	1	0	$2.2<L_2\leq4.7$
	$5.4<H\leq6.0$	1	1	$1.2<L_2\leq2.3$
1:1.75	$3.5<H\leq4.8$	1	0	$2.1<L_2\leq4.7$
	$4.8<H\leq6.0$	1	1	$1.2<L_2\leq3.6$

测设单位		工程名称		路堑拱形骨架护坡设计图	设计		复核		审核		图号	S4-7	日期	

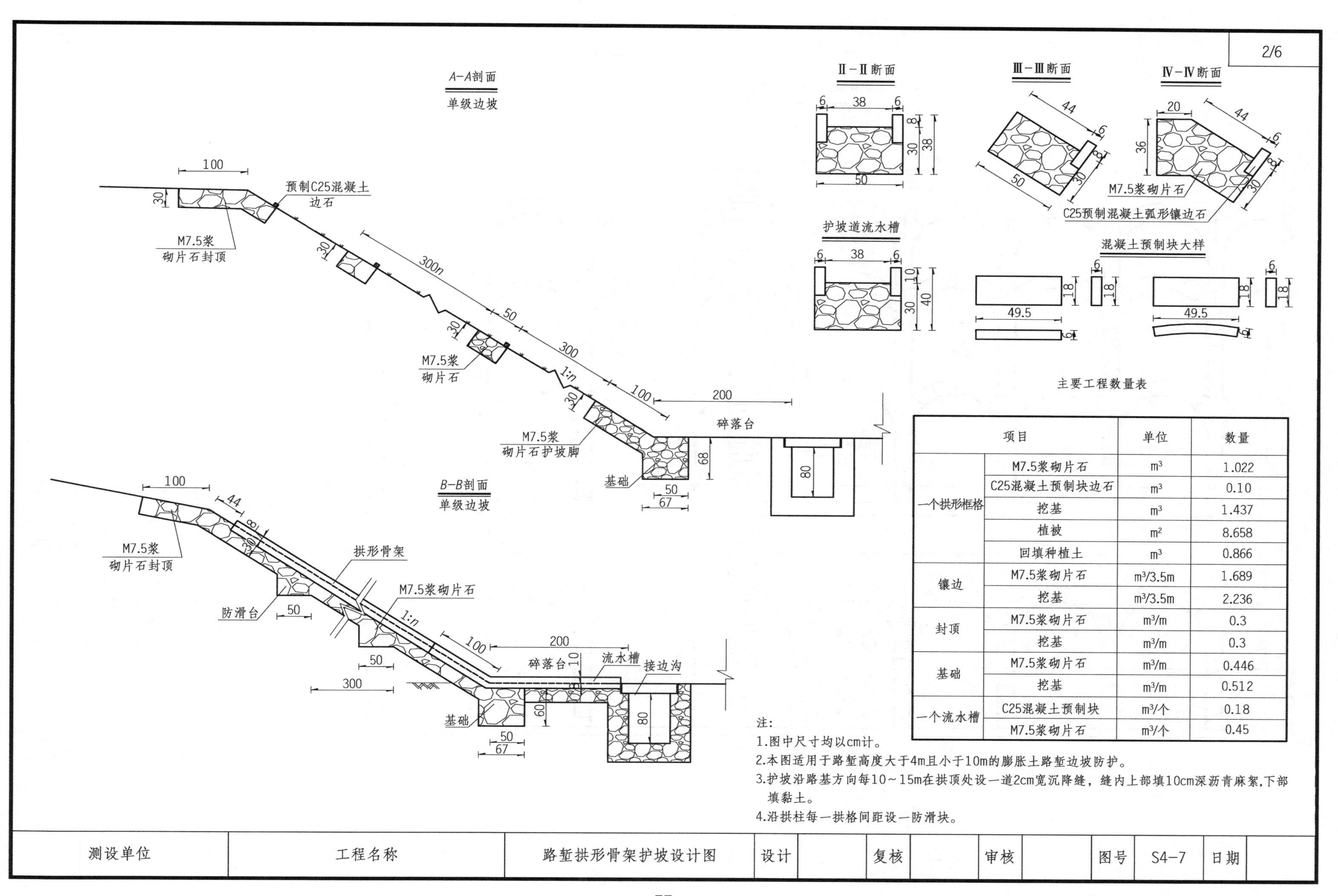

主要工程数量表

项目		单位	数量
一个拱形框格	M7.5浆砌片石	m^3	1.022
	C25混凝土预制块边石	m^3	0.10
	挖基	m^3	1.437
	植被	m^2	8.658
	回填种植土	m^3	0.866
镶边	M7.5浆砌片石	m^3/3.5m	1.689
	挖基	m^3/3.5m	2.236
封顶	M7.5浆砌片石	m^3/m	0.3
	挖基	m^3/m	0.3
基础	M7.5浆砌片石	m^3/m	0.446
	挖基	m^3/m	0.512
一个流水槽	C25混凝土预制块	m^3/个	0.18
	M7.5浆砌片石	m^3/个	0.45

注：
1.图中尺寸均以cm计。
2.本图适用于路堑高度大于4m且小于10m的膨胀土路堑边坡防护。
3.护坡沿路基方向每10～15m在拱顶处设一道2cm宽沉降缝，缝内上部填10cm深沥青麻絮，下部填黏土。
4.沿拱柱每一拱格间距设一防滑块。

测设单位	工程名称	路堑拱形骨架护坡设计图	设计		复核		审核		图号	S4-7	日期	

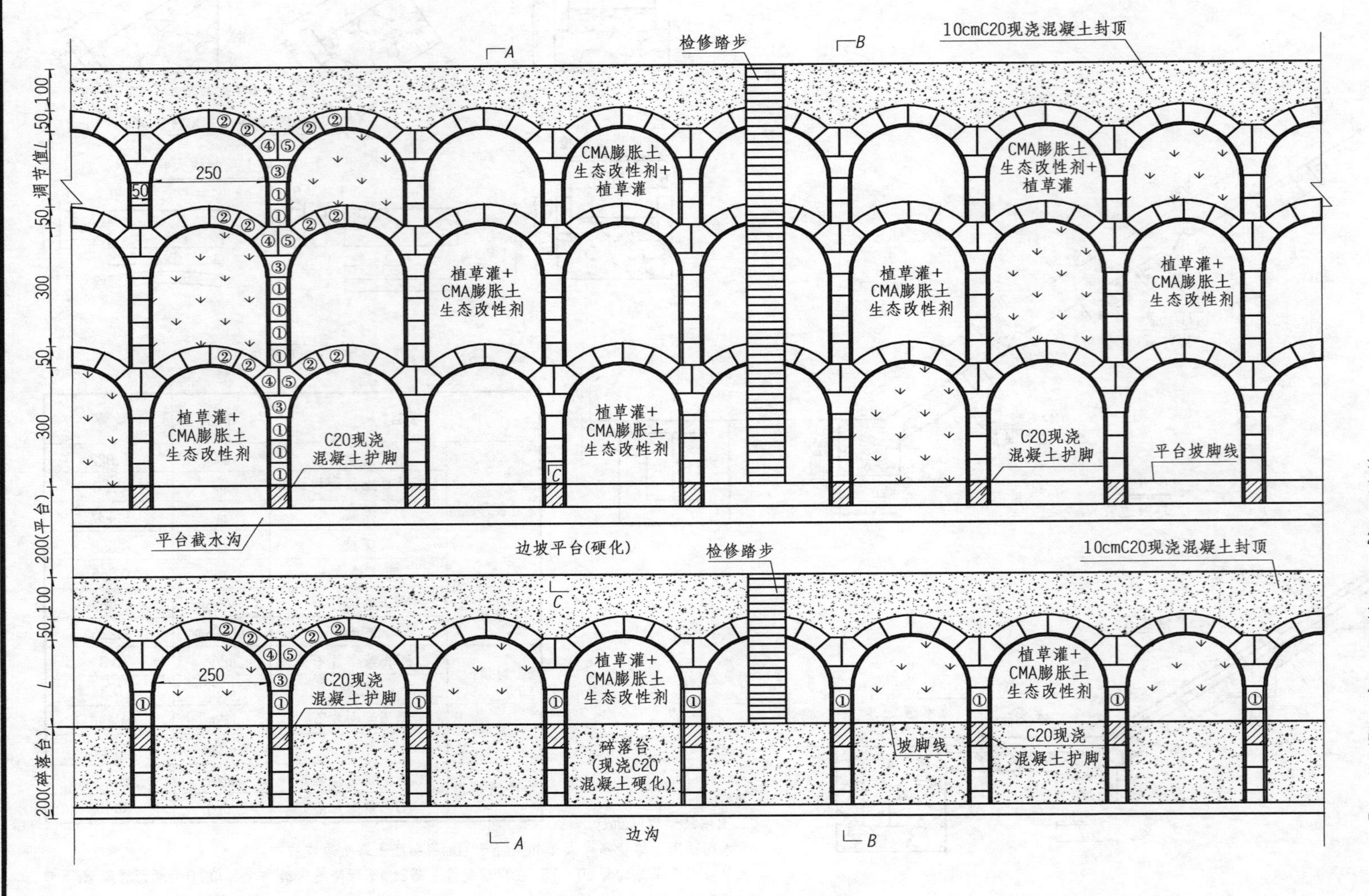

注:

1.本图适用于路堑边坡高度大于6m的路堑边坡防护，图中尺寸均以cm计。

2.沿路线纵向每隔4个拱圈设一道伸缩缝，缝位于拱顶2号块附近，缝宽2cm，用沥青麻絮填塞，其深度不小于10cm。

3.边坡修整完毕，再进行护坡放样。护脚砌筑前，应夯实基底，其压实度应大于88%。骨架施工应采用挖槽法进行。

4.C25混凝土预制块采用M10水泥砂浆勾缝，缝宽1cm。

5.为防止水流对路基边坡的冲刷，在最上面一排拱圈弧形镶边石内侧和最下面一排拱圈护脚的上方反开挖、填土并夯实。

6.护拱每间隔约200m设置宽80cm的C25预制混凝土踏步，踏步大图详见样《路堤拱形骨架防护设计图》。

测设单位		工程名称		路堑拱形骨架护坡设计图	设计		复核		审核		图号	S4-7	日期	

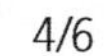

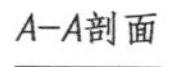

A-A剖面

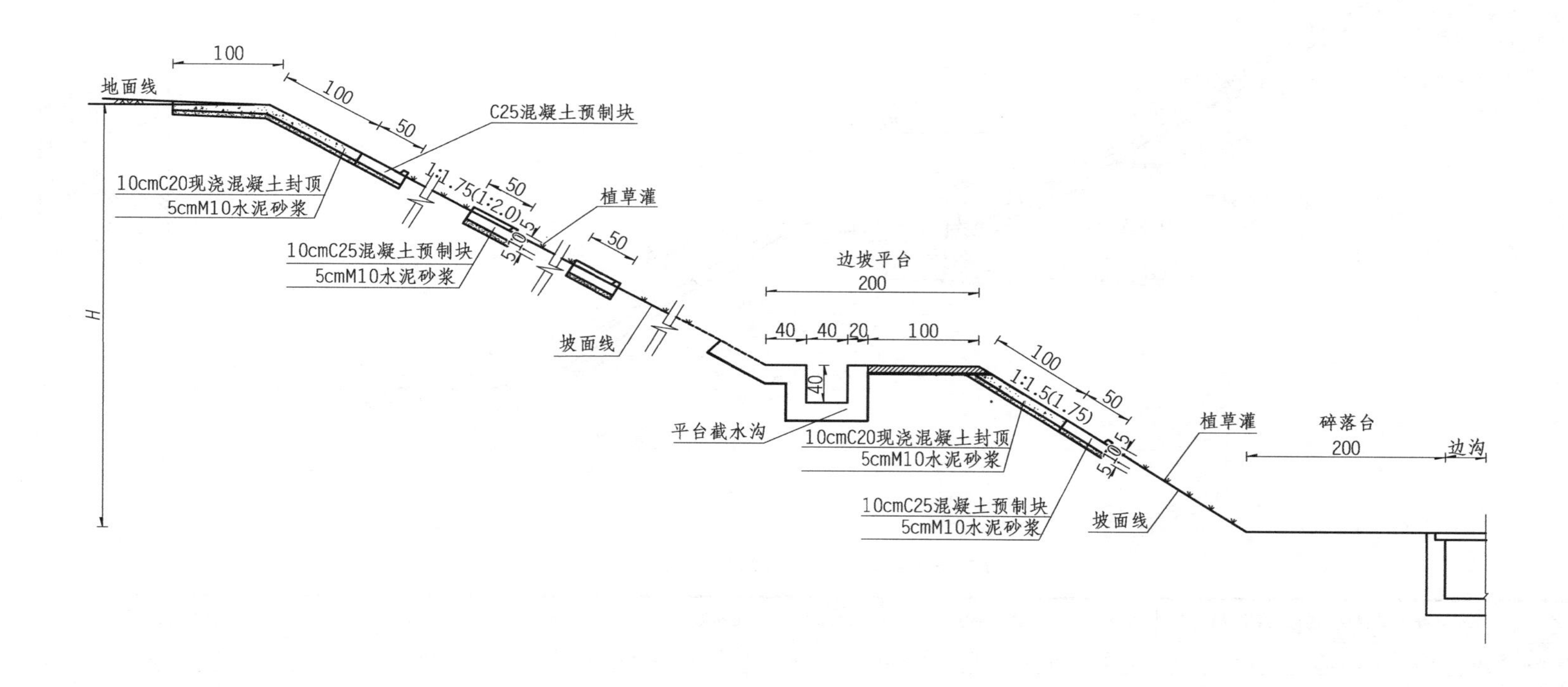

注：
1.*H*为坡顶边缘与碎落台内侧高程之差,图中尺寸均以cm计。
2.图中平台截水沟仅为示意，详见相关图纸。

测设单位	工程名称	路堑拱形骨架护坡设计图	设计		复核		审核		图号	S4-7	日期	

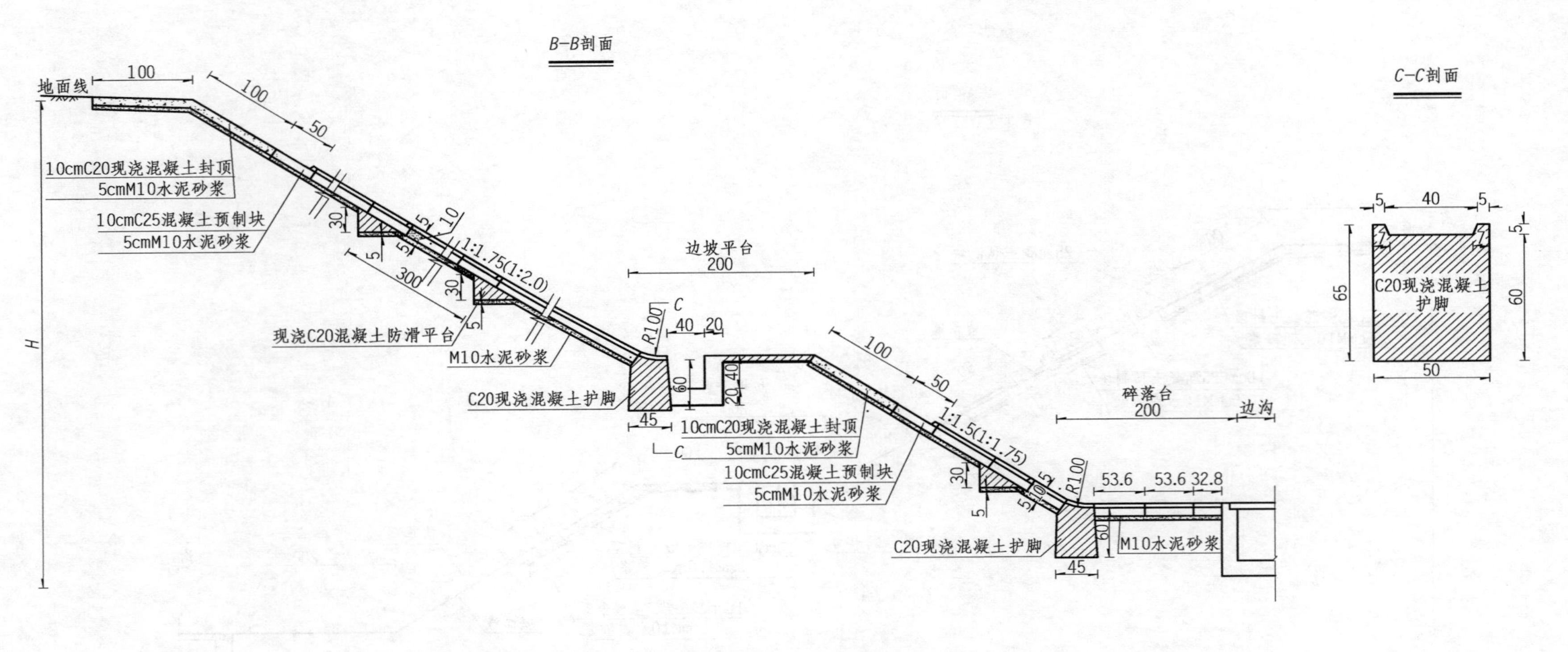

每3米拱形骨架工程数量表(单侧)

名称	C25混凝土预制块(m^3)	C20现浇混凝土(m^3)	M10水泥砂浆垫层(m^3)	植草灌(m^2)	CMA膨胀土生态改性剂(m^2)	挖土方(m^3)	回填熟土方(m^3)
上层单元格	0.33+0.056×(*L*−0.75)	—	0.11+(*L*−0.75)×0.05	2.862+2.5×(*L*−1.75)	2.862+2.5×(*L*−1.75)	0.32+0.15×(*L*−0.75)	1.431+1.25×(*L*−1.75)
固定单元格	0.456	—	0.2225	5.987	5.987	0.6575	2.9935
最下层单元格	0.33+0.177	0.367	0.1835+0.268	8.26	8.26	0.551+0.794	5.965
边坡顶部	—	0.367	0.1835	—	—	0.551	1.835

注：表中*L*值为最上部单元格调节值。

注：
1.*H*为坡顶边缘与碎落台内侧高程之差,图中尺寸均以cm计。
2.图中平台截水沟仅为示意，详见相关图纸。

测设单位	工程名称	路堑拱形骨架护坡设计图	设计	复核	审核	图号	S4-7	日期

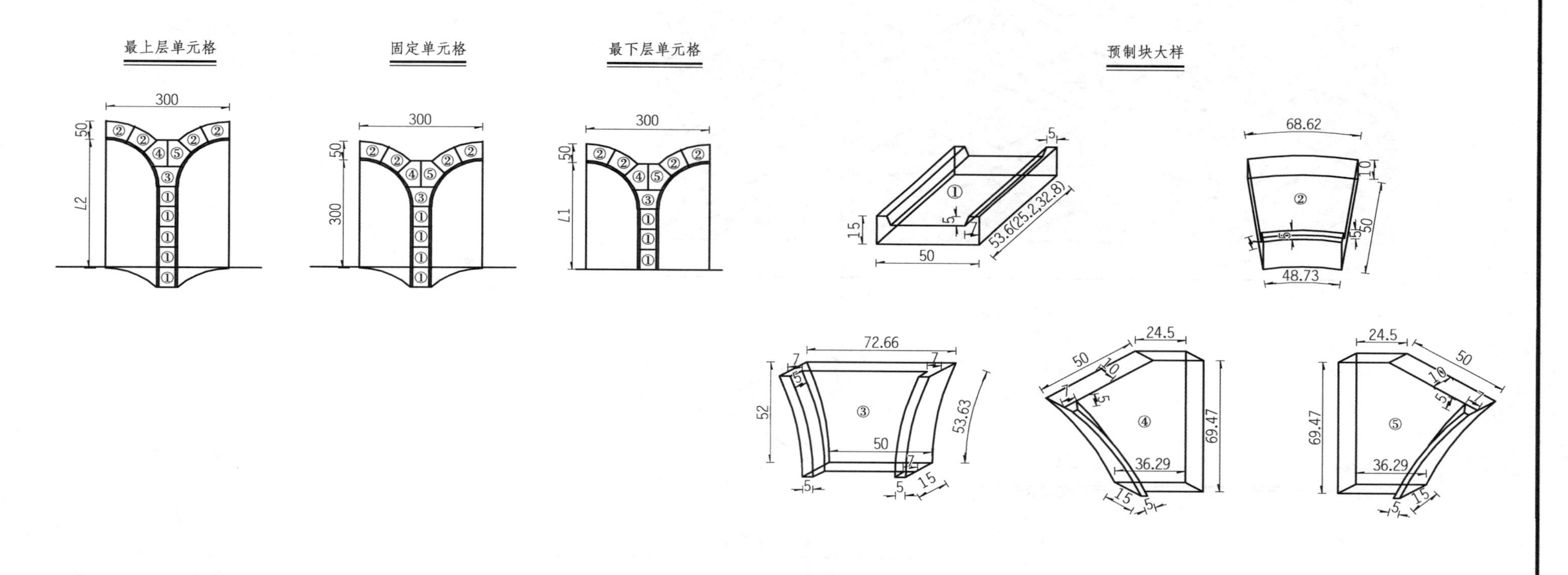

注：

1.本图为路堑骨架预制块布置图及大样图，图中尺寸均以cm计。

2.①号预制块括号内数字适用于下部第一级边坡护坡道处骨架尺寸。

3.坡脚最上一层为调节层，根据施工现场情况可适当调整。

测设单位	工程名称	路堑拱形骨架护坡设计图	设计		复核		审核		图号	S4-7	日期	

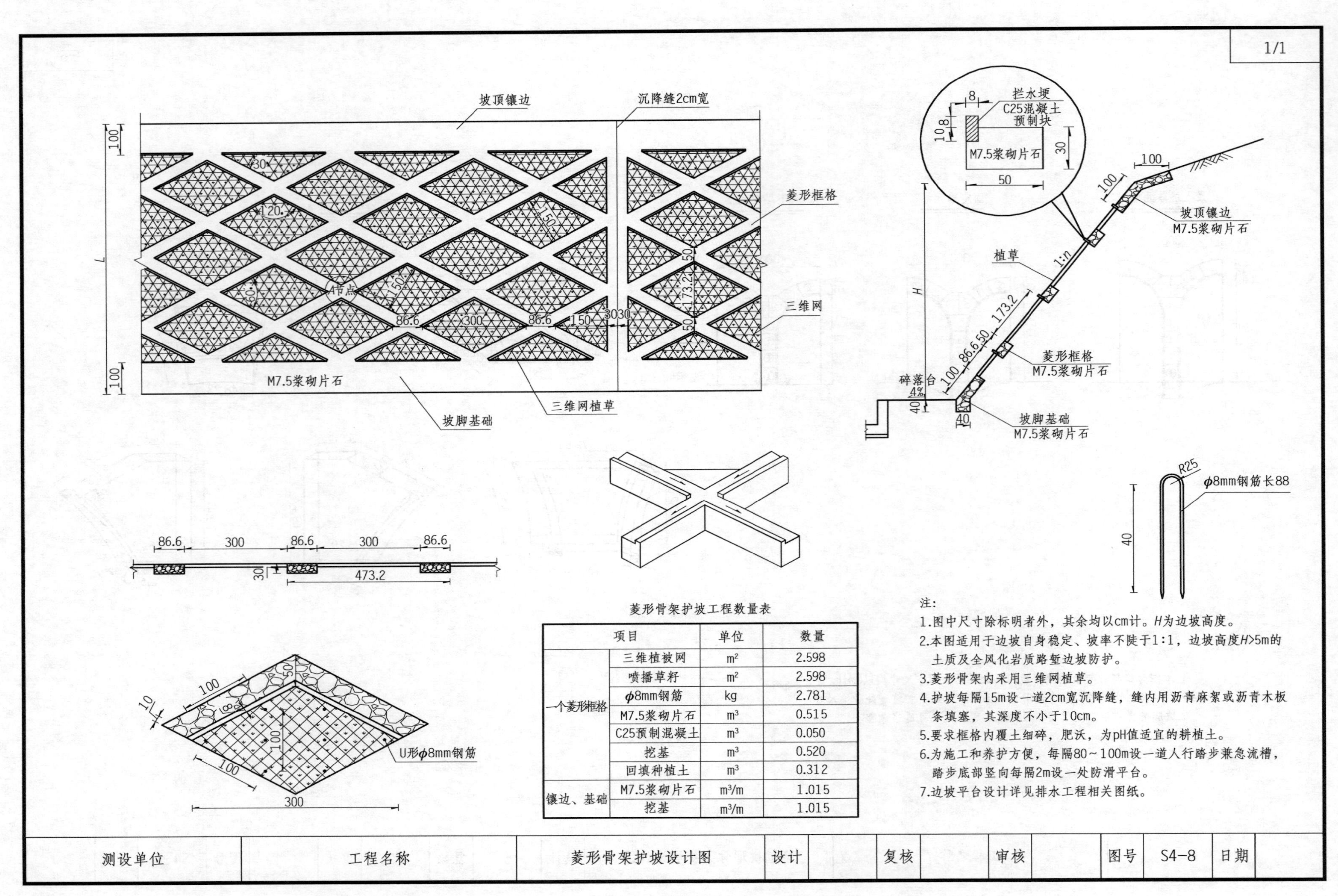

菱形骨架护坡工程数量表

项目		单位	数量
一个菱形框格	三维植被网	m²	2.598
	喷播草籽	m²	2.598
	ϕ8mm钢筋	kg	2.781
	M7.5浆砌片石	m³	0.515
	C25预制混凝土	m³	0.050
	挖基	m³	0.520
	回填种植土	m³	0.312
镶边、基础	M7.5浆砌片石	m³/m	1.015
	挖基	m³/m	1.015

注：

1.图中尺寸除标明者外，其余均以cm计。*H*为边坡高度。

2.本图适用于边坡自身稳定、坡率不陡于1:1，边坡高度*H*>5m的土质及全风化岩质路堑边坡防护。

3.菱形骨架内采用三维网植草。

4.护坡每隔15m设一道2cm宽沉降缝，缝内用沥青麻絮或沥青木板条填塞，其深度不小于10cm。

5.要求框格内覆土细碎，肥沃，为pH值适宜的耕植土。

6.为施工和养护方便，每隔80～100m设一道人行踏步兼急流槽，踏步底部竖向每隔2m设一处防滑平台。

7.边坡平台设计详见排水工程相关图纸。

测设单位	工程名称	菱形骨架护坡设计图	设计	复核	审核	图号	S4-8	日期

人字形骨架及骨架内植物防护正视图

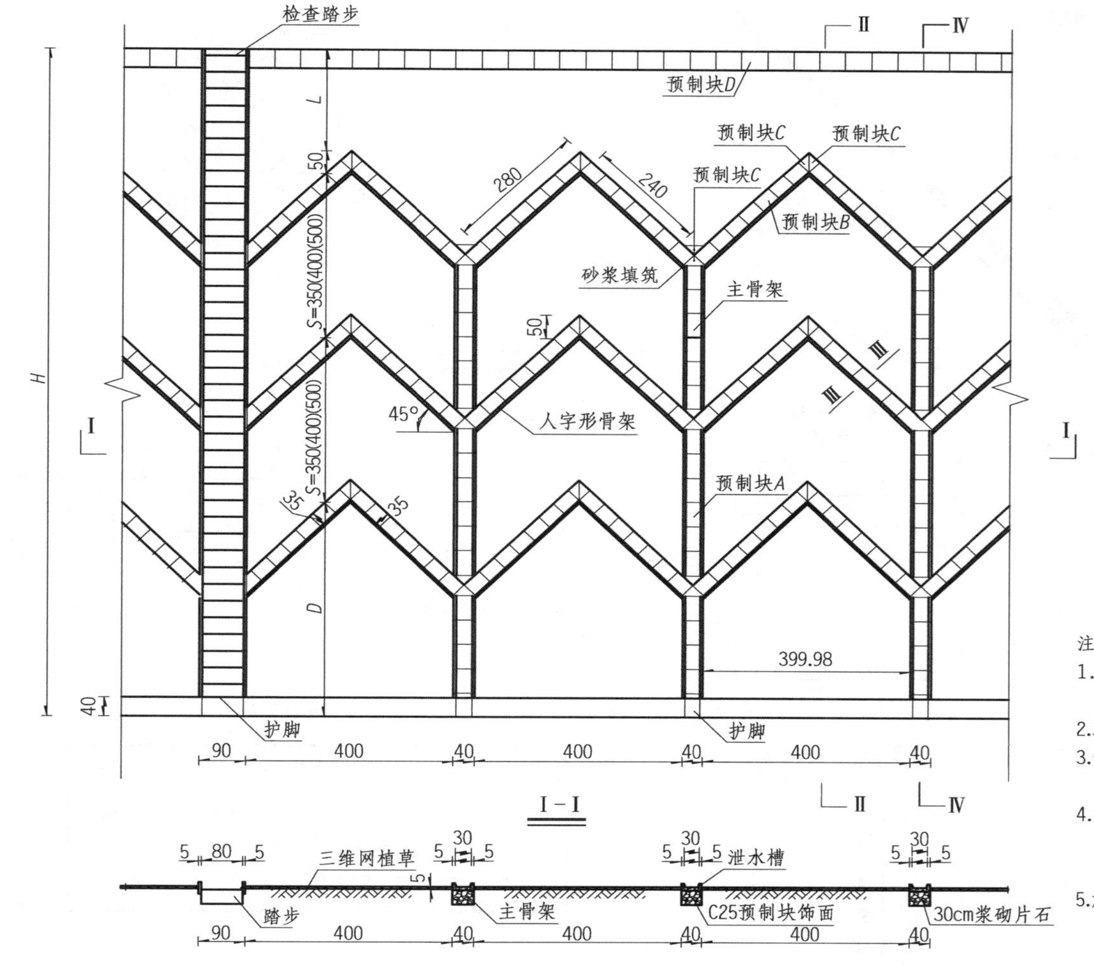

人字形骨架设计表

边坡高(m)	坡率	人字形骨架个数(个)	第一个骨架顺坡面竖向间距D(m)	人字形骨架顺坡面竖向间距S(m)	顶层骨架距坡顶竖向间距L(m)
10	1:1.00	3	4	4	1.64
	1:1.25	3	5	4	2.51
	1:1.50	3	5	5	2.53
8	1:1.00	2	5	4	1.81
	1:1.25	3	4	3.5	1.31
	1:1.50	3	4	4	1.92

每4.4m坡长人字形骨架植物防护工程数量表

边坡高	坡率	三维网植草(m^2)	挖基(m^3)	C25预制混凝土(m^3)	M7.5浆砌片石(m^3)
10	1:1.00	50.03	4.90	1.123	3.940
	1:1.25	58.24	5.05	1.164	4.060
	1:1.50	66.33	5.36	1.246	4.300
8	1:1.00	40.37	3.54	0.775	2.872
	1:1.25	43.75	4.75	1.082	3.820
	1:1.50	50.46	4.90	1.123	3.940

注:表中未含护脚的数量。

注:

1.本图为人字形骨架植草(挖方)设计图，骨架内三维网植草；适用于土质及全～强风化岩等易冲刷的路堑边坡，边坡坡率不陡于1:1。

2.本图尺寸均以cm为单位。

3.骨架采用30cm厚M7.5浆砌片石铺砌，表面用8cm厚C25混凝土预制块饰面，具体尺寸详见预制块细部构造图，预制块之间采用M7.5砂浆砌筑。

4.一般坡底采用M7.5浆砌片石护脚A支挡，埋设深度不小于50cm，碎落台处骨架底部采用M7.5浆砌片石护脚B支挡，护脚B高为100cm；坡顶采用M7.5浆砌片石铺砌，并伸入坡顶以上不小于40cm，表面采用8cm厚C30混凝土预制块饰面。

5.施工前应清除坡面浮土，填充夯实坑凹，使坡面大致平整，植草面应与拱架顶面齐平。各种植草应选择适合当地生长和根系发达的草种，并加入15%的灌木种子，根据施工季节特点做好养生，要求成活率不低于90%。

6.为便于养护，应在每级边坡的适当位置设置一检查踏步。

测设单位	工程名称	人字形骨架护坡设计图	设计		复核		审核		图号	S4-9	日期	

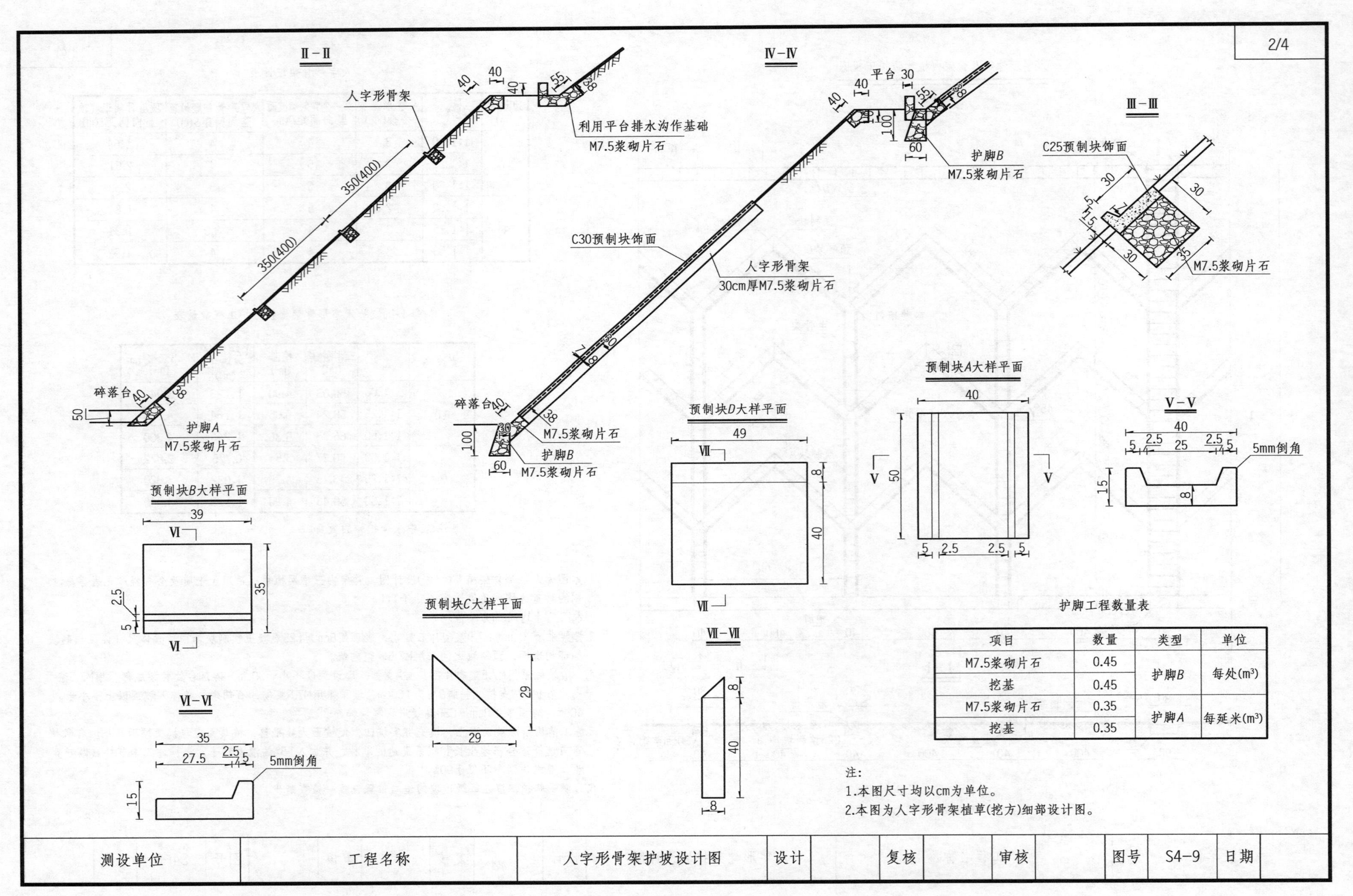

护脚工程数量表

项目	数量	类型	单位
M7.5浆砌片石	0.45	护脚B	每处(m³)
挖基	0.45		
M7.5浆砌片石	0.35	护脚A	每延米(m³)
挖基	0.35		

注:
1.本图尺寸均以cm为单位。
2.本图为人字形骨架植草(挖方)细部设计图。

测设单位	工程名称	人字形骨架护坡设计图	设计	复核	审核	图号	S4-9	日期

人字形骨架及骨架内植物防护正视图

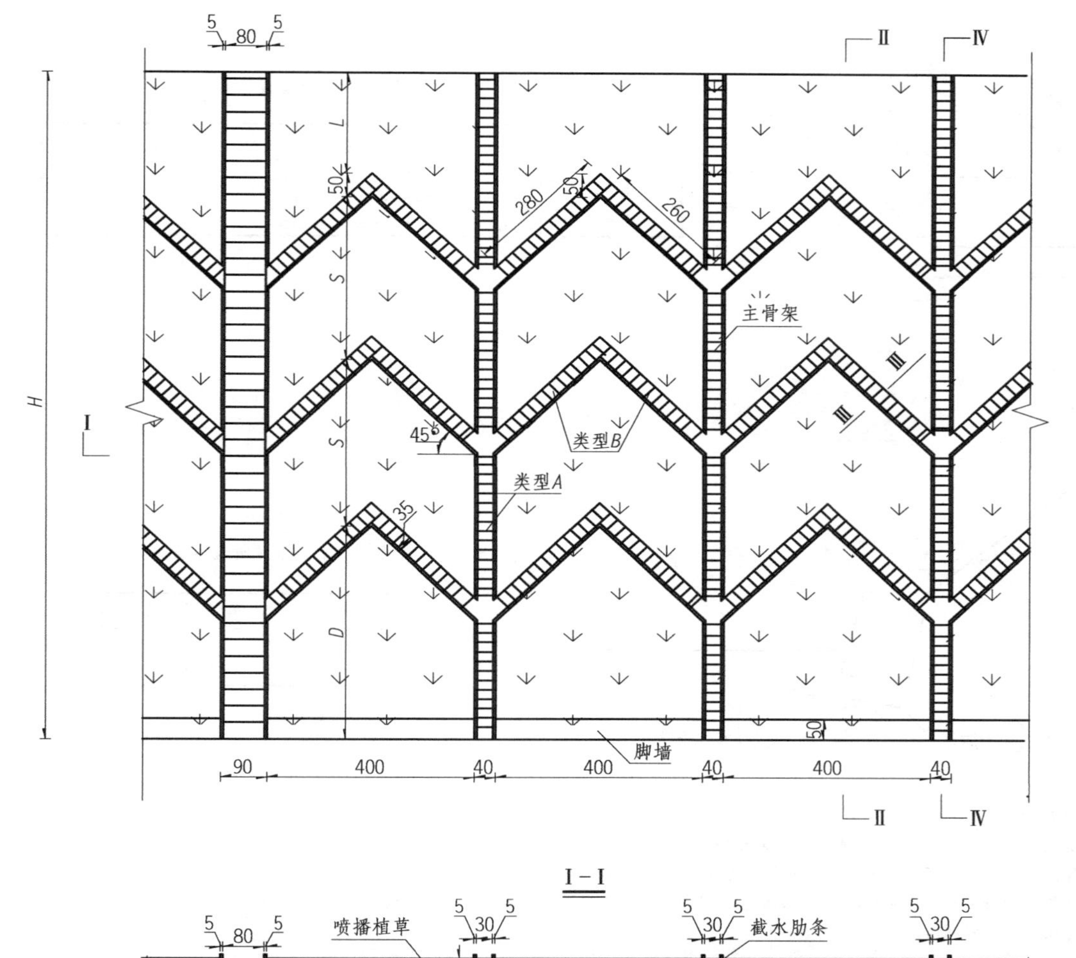

挖方段8米高边坡骨架设计表

坡率	1:1.00	1:1.25	1:1.50	1:1.75
人字形骨架个数(个)	2	3	3	4
人字形骨架高度S(斜距/m)	3	2.5	3	3

挖方段10米高边坡骨架设计表

坡率	1:1.00	1:1.25	1:1.50	1:1.75
人字形骨架个数(个)	3	4	4	5
人字形骨架高度S(斜距/m)	3	2.5	3	3

注：
1.本图尺寸均以cm为单位。
2.本图为人字形预制混凝土块骨架及骨架内植物防护设计图，对应喷播植草或三维网植草植物防护。适用于边坡高度8m$<H\leq$12m的土质及类土质等易冲刷的路堑边坡(不适用于高液限土、红黏土、泥质或炭质岩全风化)，边坡坡率不陡于1:1。
3.骨架采用C25混凝土预制块。
4.脚墙指一级坡坡脚防护，采用C25混凝土现浇，骨架防护位于第二级及以上边坡时，护脚由平台截水沟代替。
5.若边坡有地下水集中出露，施工时应将地下水引入排水系统。
6.应按边坡设计坡率、本图边坡人字形骨架设计表中确定的骨架个数和骨架高度施工；同一级边坡应取同一骨架高，自上而下按完整骨架高(表列斜距)放线设置。
7.施工前应清除坡面浮土，填充夯实坑凹，使坡面大致平整，植草面应与拱架顶面齐平。各种植草应选择适合当地生长和根系发达的草种，根据施工季节特点做好养生，要求成活率不低于90%，依据项目情况添加0~20%的灌木种子。
8.为便于养护，应在每级边坡的适当位置设置一检查踏步。

测设单位	工程名称	人字形骨架护坡设计图	设计		复核		审核		图号	S4-9	日期	

类型A预制块大样图

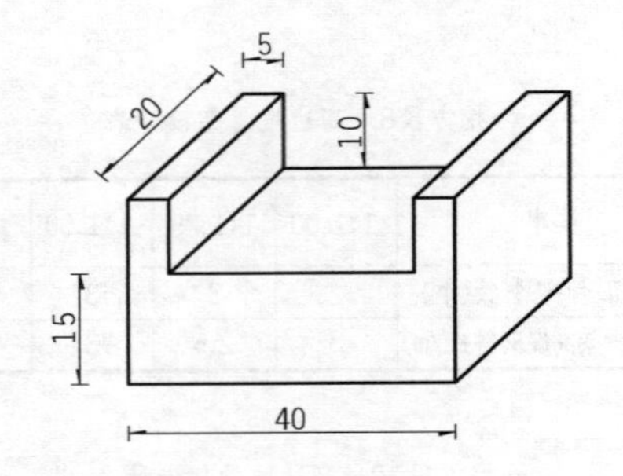

类型B预制块大样图

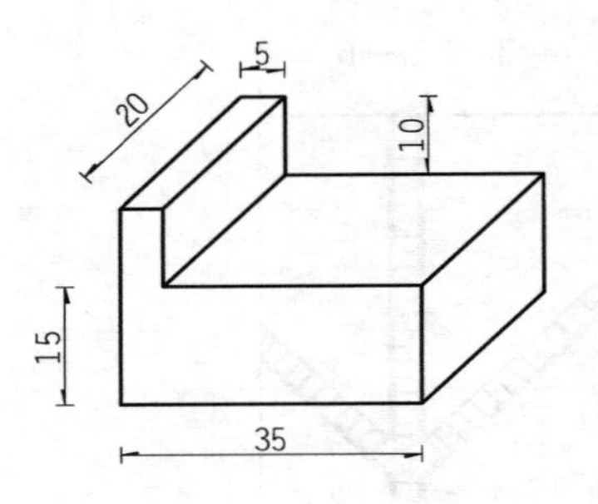

防护预制块工程数量表

项目	材料	体积(m³/块)	质量(kg/块)	备注
类型A	C25	0.01400	35.00	人字形主骨架
类型B	C25	0.01150	28.75	人字形次骨架

挖方段8米高边坡骨架植物防护工程数量表(/4.4延米)

坡率	植物防护(m²)		挖基(m³)		C25混凝土预制块(m³)	
	最下一级边坡	非最下一级边坡	最下一级边坡	非最下一级边坡	最下一级边坡	非最下一级边坡
1:1.00	41.688	37.288	3.840	4.842	1.526	1.368
1:1.25	45.684	41.284	4.197	5.229	1.954	1.796
1:1.50	52.148	47.748	4.265	5.326	2.067	1.909
1:1.75	56.980	52.580	4.638	5.725	2.509	2.351

脚墙大样图

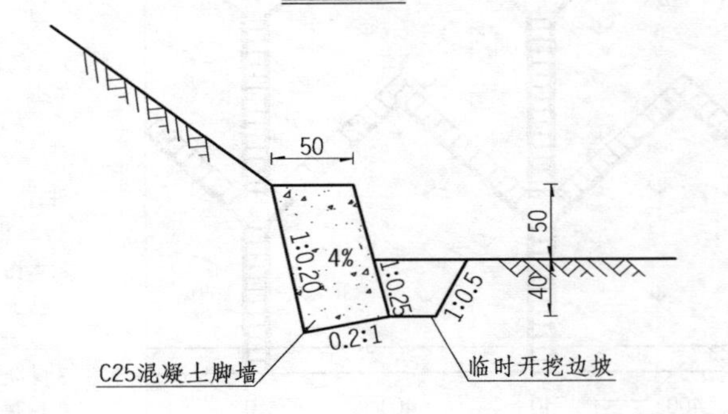

脚墙单位工程数量表(每延米)

序号	项目	单位	数量
1	C25现浇混凝土	m³	0.49
2	挖基	m³	1.26

挖方段10米高边坡骨架植物防护工程数量表(/4.4延米)

坡率	植物防护(m²)		挖基(m³)		C25混凝土预制块(m³)	
	最下一级边坡	非最下一级边坡	最下一级边坡	非最下一级边坡	最下一级边坡	非最下一级边坡
1:1.00	51.020	46.620	4.307	5.309	2.047	1.889
1:1.25	56.512	52.112	4.686	5.718	2.501	2.343
1:1.50	64.591	60.191	4.778	5.839	2.643	2.485
1:1.75	71.125	66.725	5.176	6.263	3.114	2.956

注:
1.本图尺寸以cm计。
2.脚墙墙身采用C25混凝土浇筑，脚墙基础埋深为0.50m。
3.在刷方完成后，方可挖基砌筑挡土墙，纵向长按10~15m分段挖基础并及时砌筑挡土墙。
4.墙身沿线路方向每隔10~15m设置一道伸缩缝，缝宽2~3cm，缝内沿墙顶、内、外三边填塞深度不少于0.2m的沥青麻筋。

测设单位		工程名称	人字形骨架护坡设计图	设计		复核		审核		图号	S4-9	日期

窗式护面墙设计图

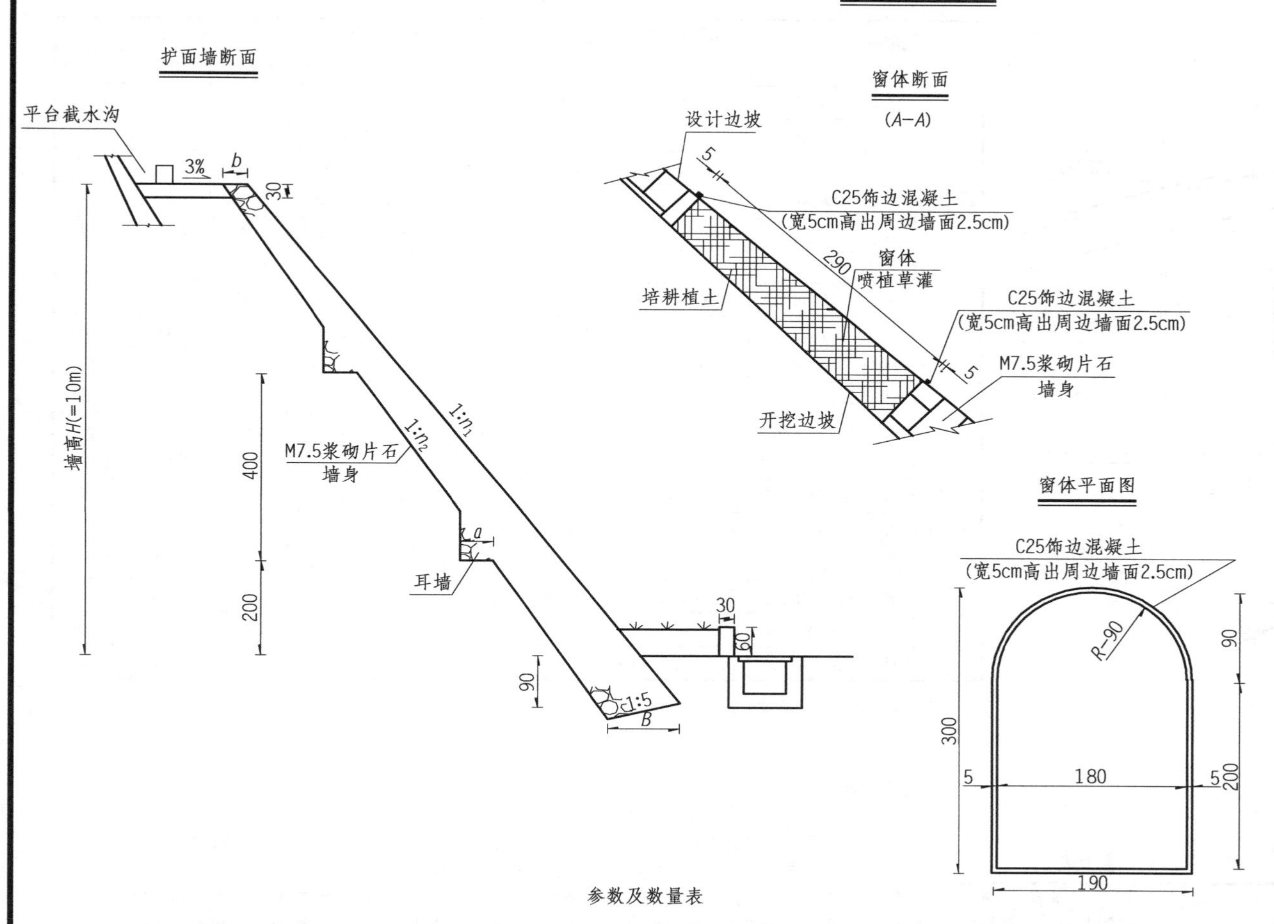

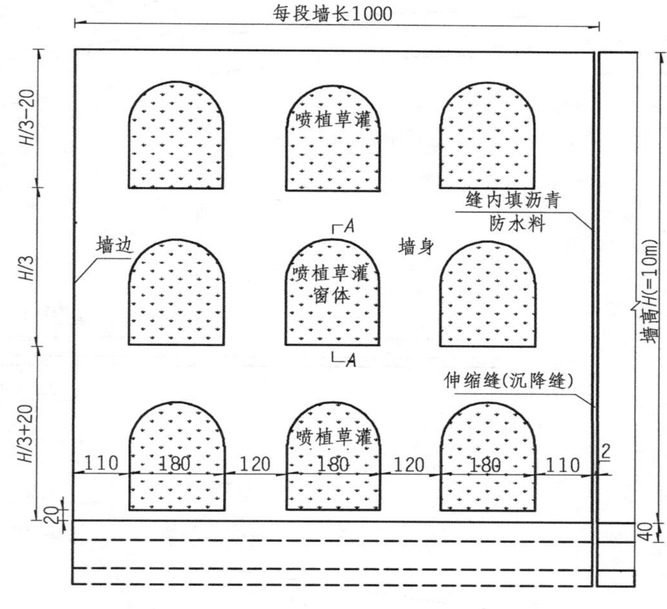

参数及数量表

墙面坡率 n_1	墙背坡率 n_2	顶宽 b(m)	底宽 B(m)	耳墙宽 a(m)	M7.5浆砌片石 (m^3/m)	开挖土石方 (m^3/m)	C25饰边混凝土(现浇)(m^3/m)	喷植草灌 (m^2/m)	耕植土 (m^3/m)
0.75	0.70	0.40	$0.044H+0.386$	1.00	$0.025H^2+0.044H+3.57$	$0.025H^2+0.455H+3.57$	$0.021H$	$0.365H$	$0.170H$
1.00	0.95	0.40	$0.042H+0.370$	1.00	$0.025H^2+0.063H+3.27$	$0.025H^2+0.455H+3.27$	$0.018H$	$0.322H$	$0.151H$
1.25	1.25	0.50	0.400	—	$0.216H+3.970$	$0.500H+2.970$	$0.012H$	$0.285H$	$0.142H$
1.50	1.50	0.55	0.423	—	$0.279H+2.670$	$0.550H+2.670$	$0.012H$	$0.253H$	$0.145H$

注：

1.图中尺寸均以cm计，表中H以m计。

2.本图为方圆形窗式护面墙设计图，适用于强风化岩土稳定挖方边坡防护。

3.护面墙每10m长为一段，中间设置伸缩缝(缝宽2cm，内填沥青防水材料)。护面墙适用于无明显不利岩体结构面边坡防护。

4.表中每延米防护数量已综合考虑边坡平台及平台排水沟、碎落台的铺砌及边坡开挖面的不平整浆砌片石增量。

5.用于浆砌工程的块片石强度不低于MU30，砌筑采用M7.5水泥砂浆。

6.护面墙窗体的布置应以美观为原则，墙高10m时设3排；墙高8m时设2排，窗体高度为3.4m，间距0.6m。

7.在坡面放样时，保持窗体不变，窗体间距进行调整。护面墙两端与原坡面接顺，避免生硬。

8.当边坡较陡时，采用植生袋培土。

测设单位	工程名称	窗式护面墙设计图	设计		复核		审核		图号	S4-10	日期	

实体护面墙护坡立面图

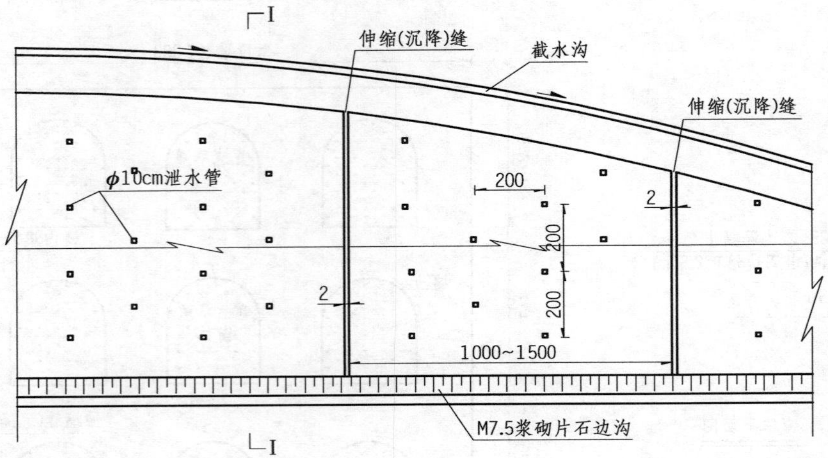

I－I

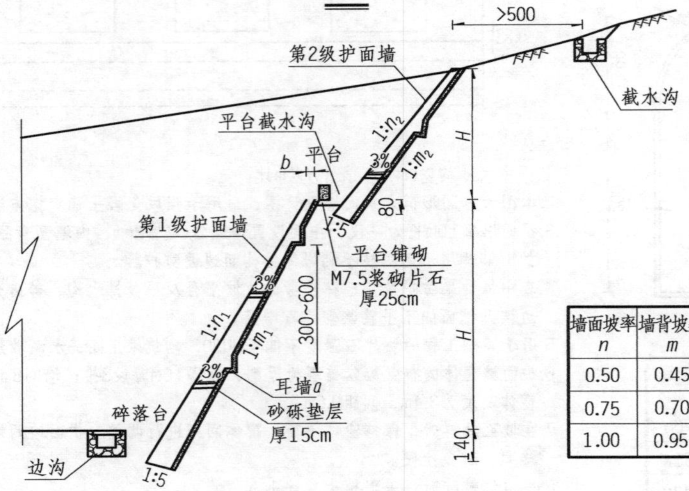

参数表

墙面坡率 n	墙背坡率 m	顶宽 b(m)	耳墙宽 a(m)	埋置深度(m)	
				第1级	第2级
0.50	0.45	0.40	0.50	1.40	0.80
0.75	0.70	0.40	0.50	1.40	0.80
1.00	0.95	0.40	0.50	1.40	0.80

每延米工程数量表

	墙高H(m)	M7.5浆砌片石(m^3/m)			砂砾垫层(m^3/m)			挖基(m^3/m)		
		1:0.50	1:0.75	1:1.00	1:0.50	1:0.75	1:1.00	1:0.50	1:0.75	1:1.00
第1级护面墙	2	1.96	1.86	1.81	0.64	0.72	0.78	0.64	0.72	0.78
	3	2.56	2.46	2.41	0.81	0.90	0.99	0.81	0.90	0.99
	4	3.21	3.11	3.06	1.03	1.09	1.20	1.03	1.09	1.20
	5	4.19	3.99	3.89	1.20	1.35	1.45	1.20	1.35	1.45
	6	4.94	4.74	4.64	1.37	1.53	1.66	1.37	1.53	1.66
	7	5.75	5.54	5.44	1.53	1.72	1.87	1.53	1.72	1.87
	8	6.88	6.58	6.43	1.76	1.97	2.13	1.76	1.97	2.13
	9	7.78	7.48	7.33	1.95	2.16	2.33	1.95	2.16	2.33
	10	8.74	8.43	8.28	2.11	2.34	2.54	2.11	2.34	2.54
第2级护面墙	2	1.51+0.25B	1.41+0.25B	1.36+0.25B	0.53	0.59	0.63	0.53	0.59	0.63
	3	2.08+0.25B	1.98+0.25B	1.93+0.25B	0.69	0.77	0.84	0.69	0.77	0.84
	4	2.70+0.25B	2.60+0.25B	2.55+0.25B	0.85	0.96	1.05	0.85	0.97	1.05
	5	3.65+0.25B	3.45+0.25B	3.55+0.25B	1.08	1.21	1.30	1.08	1.21	1.30
	6	4.38+0.25B	4.18+0.25B	4.08+0.25B	1.25	1.40	1.51	1.25	1.40	1.51
	7	5.15+0.25B	4.95+0.25B	4.85+0.25B	1.41	1.58	1.72	1.41	1.58	1.72
	8	6.25+0.25B	5.95+0.25B	5.80+0.25B	1.61	1.84	1.97	1.66	1.84	1.97
	9	7.12+0.25B	6.82+0.25B	6.67+0.25B	1.82	2.02	2.18	1.82	2.02	2.18
	10	8.05+0.25B	7.75+0.25B	7.60+0.25B	1.98	2.23	2.42	1.98	2.23	2.42

注：表中B为平台宽度。

注：

1.图中尺寸除注明外均以cm为单位。

2.本图适用于覆盖岩体风化严重、节理发育、软质岩石、松散碎(砾)石土的挖方边坡。

3.护面墙除自重外，不担负其他载重，也不承受墙后土压力。

4.沿墙身每隔10~15m设置一道2cm宽伸缩缝(沉降缝)，用沥青麻筋填塞，深入10~20cm。当边坡上有地下水渗出时适当加密泄水孔，泄水孔应错位设置，间距2m，采用ϕ10cmPVC管；图中泄水孔为示意。

5.墙高在3≤H<6m范围内时墙背设一个耳墙；当H≥6m时墙背设两个耳墙，耳墙宽度为50cm。

6.墙背设15cm砂砾垫层作反滤层。

7.护面墙墙高超过10m时，顶宽采用60cm。

8.表中工程数量不含平台截水沟的数量。

9.本图未说明之处，请按有关规范及标准执行。

测设单位		工程名称	实体护面墙设计图	设计		复核		审核		图号	S4-11	日期	

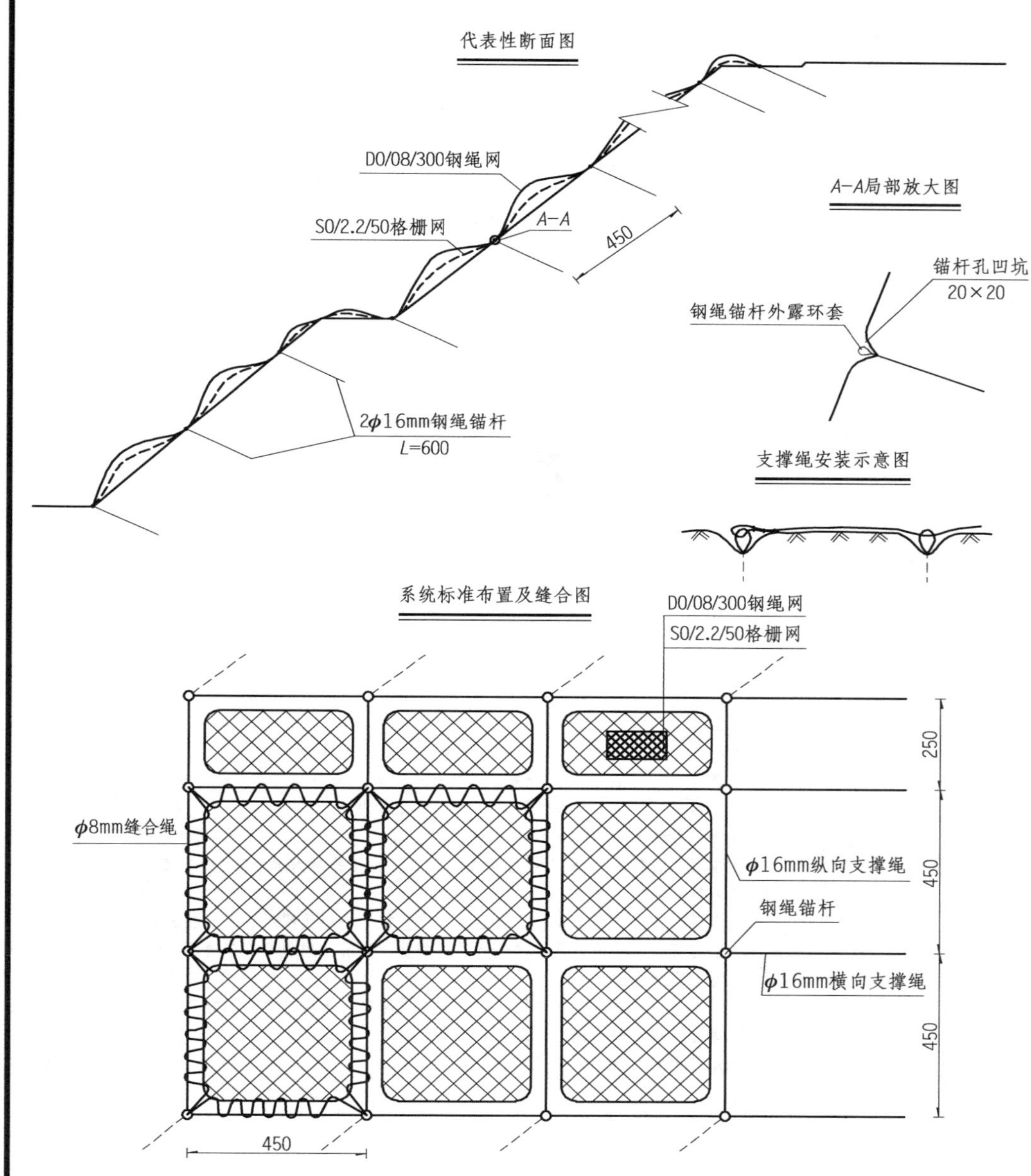

工程数量表

每100m²材料数量表

序号	材料名称及规格		单位	数量
1	D0/08/300钢绳网	4m×4m	m²	66.67
		4m×2m	m²	11.11
2	S0/2.2/50格栅网	10.2m×2.25m	m²	110.00
3	横向支撑绳	φ16mm	m	35.00
4	纵向支撑绳	φ16mm	m	27.00
5	钢绳锚杆	2φ16mm	根	6.00
6	绳卡	φ8mm	个	22.22
		φ16mm	个	15.05
7	φ8mm缝合绳	用于4m×4m	m	126.39
		用于4m×2m	m	31.94
8	扎丝	14号φ1.5mm	kg	1.00

注:

1.图中尺寸除钢绳直径和网孔规格以mm计外，其余尺寸均以cm为单位。

2.系统说明：主动防护系统是以柔性钢绳网系统防护堑坡节理发育密集或者路堑外侧陡崖发育有崩塌落石的段落，用于防止落石(飞石)的发生。其纵横交错的φ16mm纵、横向支撑绳与4.5m×4.5m或2.5m×4.5m(实际施工中可根据地形条件及锚杆位置在±0.3m内作适当调整)模式布置的锚杆相连接，支撑绳构成的每个4.5m×4.5m或2.5m×4.5m网格内铺设一张或两张(根据设计的单层或双层钢绳网确定)4m×4m或4m×2m的D0/08/300型钢绳网，每张钢绳网与四周支撑绳间用缝合绳缝合连接并进行预张拉，该张拉工艺能使系统对坡面施以一定的法向预紧压力，从而提高表层危岩体的稳定性，并在钢绳网下铺设小网孔的S0/2.2/50型格栅网，阻止小尺寸岩块的塌落。

3.施工安装方法:

(1)对坡面防护区域内的浮土及浮石进行清除或局部加固。

(2)放线确定锚杆孔位，并在每一孔位处凿一深度不小于锚杆外露环套长度的凹坑，一般口径20cm，深20cm。

(3)按设计深度钻凿锚杆孔并清孔，孔深应比设计锚杆长度长5cm以上，孔径为φ70mm。

(4)插入锚杆并注浆，浆液标号不低于M30，宜用灰砂比1:(1~1.2)、水灰比0.45~0.50的水泥砂浆或水灰比0.45~0.50的水泥净浆，水泥宜采用42.5级普通硅酸盐水泥，优先选用粒径不大于3mm的中细砂，确保浆液饱满，在进行下一道工序前注浆体养护不少于三天。

(5)安装纵横向支撑绳，张拉紧后两端各用三个或四个(支撑绳长度小于30m时用三个，大于30m时用四个)绳卡与锚杆外露环套固定连接。

(6)从上向下铺挂格栅网，格栅网间重叠宽度不小于5cm，两张格栅网间的缝合以及格栅网与支撑绳间用φ1.2mm铁丝按1m间距进行扎结。

(7)铺设格栅网的同时，从上向下铺设钢绳网并缝合，缝合绳为φ8mm钢绳，每张4m×4m(或4m×2m)钢绳网均用一缝合绳与根长31m(或23m)的四周支撑绳进行缝合并预张拉，缝合绳两端各用两个绳卡与网绳进行固定连接。

(8)用φ1.5mm铁丝对钢绳网和格栅网间进行相互扎结,扎结点纵横间距1m左右。

测设单位	工程名称	主动防护网设计图	设计		复核		审核		图号	S4-12	日期	

钢绳锚杆大样图

柔性防护

M30水泥砂浆

600

A

50

A-A剖面

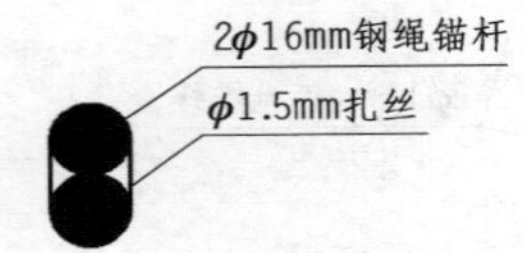

锚杆尺寸图

φ1.5mm扎丝

2φ16mm钢绳锚杆

200

200

600

注：

1.图中尺寸除直径以mm计外，其余尺寸均以cm为单位。

2.本图适用于坡面较陡，且岩面较破碎边坡防护。

3.钢绳锚杆长度为600cm，设计拉力为150kN。

4.钢绳锚杆每隔2m采用φ1.5mm铁丝扎紧，在钻孔灌满水泥砂浆后，直接插入钻孔内。

5.钢绳锚杆应该尽量垂直于坡面，但鉴于靠近坡口线附近一般转折较大，所以锚杆倾角必须根据地形进行适当调整，以避免出现相邻锚杆间距过小或者出现相交的情况。

6.施工过程可根据实际地质情况，酌情调整锚杆长度、直径和钻孔孔径。以保证工程有效，保证公路运行安全。

7.未尽事宜参见相关规范执行。

测设单位		工程名称	主动防护网设计图	设计		复核		审核		图号	S4-12	日期	

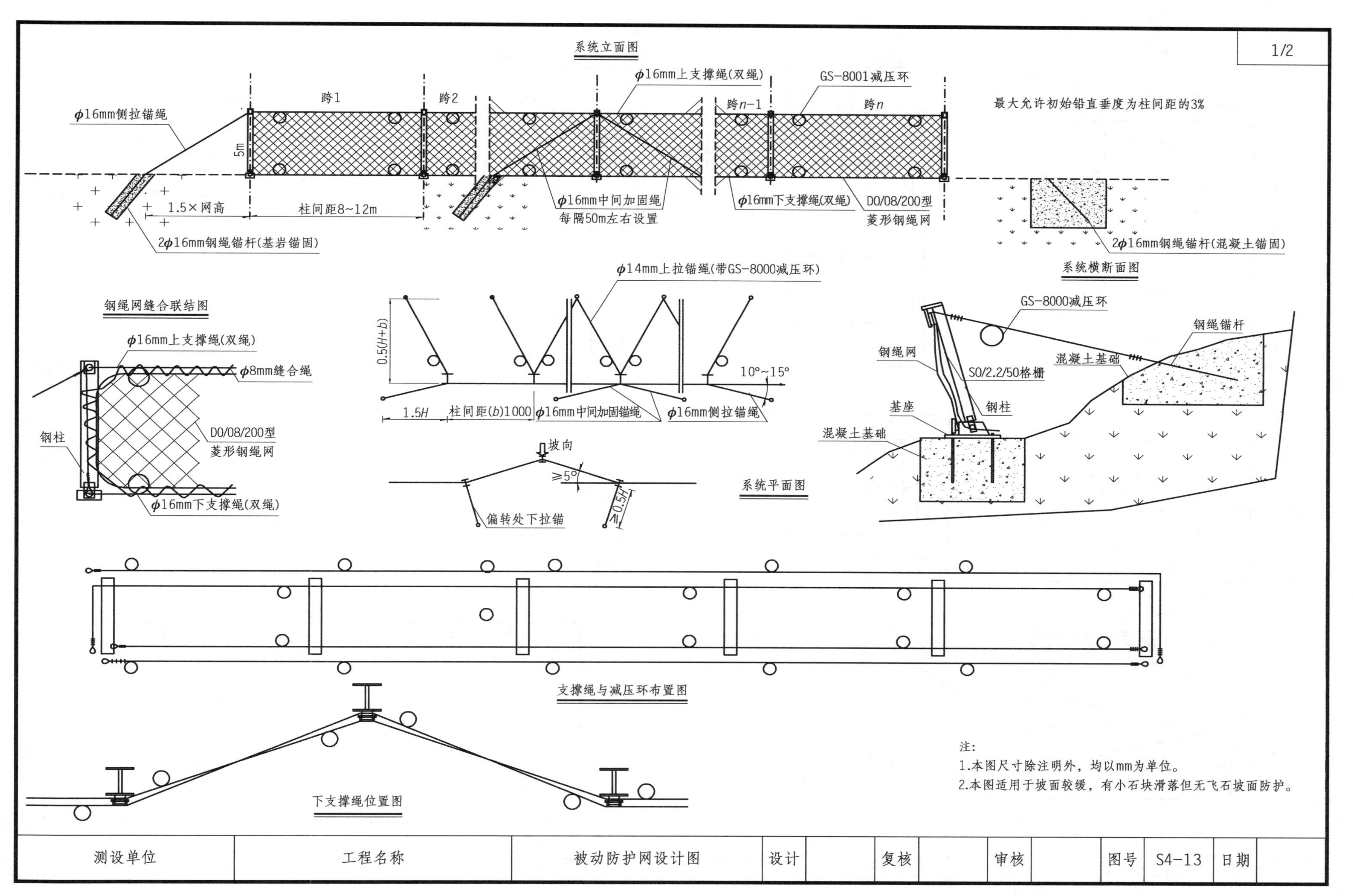

注：
1.本图尺寸除注明外，均以mm为单位。
2.本图适用于坡面较缓，有小石块滑落但无飞石坡面防护。

测设单位	工程名称	被动防护网设计图	设计		复核		审核		图号	S4-13	日期	

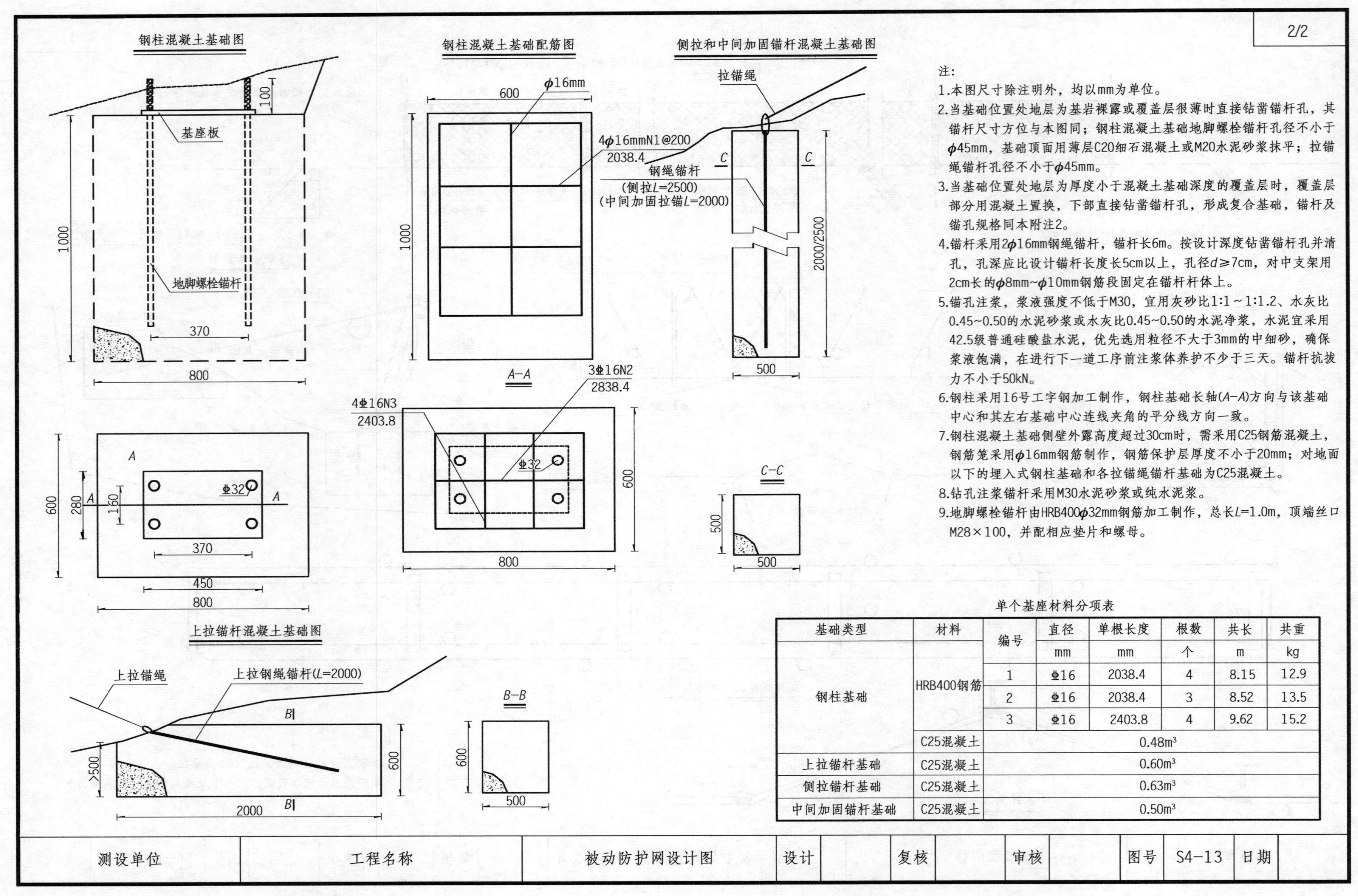

注：

1.本图尺寸除注明外，均以mm为单位。

2.当基础位置处地层为基岩裸露或覆盖层很薄时直接钻凿锚杆孔，其锚杆尺寸方位与本图同；钢柱混凝土基础地脚螺栓锚杆孔径不小于ϕ45mm，基础顶面用薄层C20细石混凝土或M20水泥砂浆抹平；拉锚绳锚杆孔径不小于ϕ45mm。

3.当基础位置处地层为厚度小于混凝土基础深度的覆盖层时，覆盖层部分用混凝土置换，下部直接钻凿锚杆孔，形成复合基础，锚杆及锚孔规格同本附注2。

4.锚杆采用2ϕ16mm钢绳锚杆，锚杆长6m。按设计深度钻凿锚杆孔并清孔，孔深应比设计锚杆长度长5cm以上，孔径$d\geq$7cm，对中支架用2cm长的ϕ8mm~ϕ10mm钢筋段固定在锚杆杆体上。

5.锚孔注浆，浆液强度不低于M30，宜用灰砂比1:1～1:1.2、水灰比0.45~0.50的水泥砂浆或水灰比0.45~0.50的水泥净浆，水泥宜采用42.5级普通硅酸盐水泥，优先选用粒径不大于3mm的中细砂，确保浆液饱满，在进行下一道工序前注浆体养护不少于三天。锚杆抗拔力不小于50kN。

6.钢柱采用16号工字钢加工制作，钢柱基础长轴(A–A)方向与该基础中心和其左右基础中心连线夹角的平分线方向一致。

7.钢柱混凝土基础侧壁外露高度超过30cm时，需采用C25钢筋混凝土，钢筋笼采用ϕ16mm钢筋制作，钢筋保护层厚度不小于20mm；对地面以下的埋入式钢柱基础和各拉锚绳锚杆基础为C25混凝土。

8.钻孔注浆锚杆采用M30水泥砂浆或纯水泥浆。

9.地脚螺栓锚杆由HRB400ϕ32mm钢筋加工制作，总长L=1.0m，顶端丝口M28×100，并配相应垫片和螺母。

单个基座材料分项表

基础类型	材料	编号	直径	单根长度	根数	共长	共重
			mm	mm	个	m	kg
钢柱基础	HRB400钢筋	1	Φ16	2038.4	4	8.15	12.9
		2	Φ16	2038.4	3	8.52	13.5
		3	Φ16	2403.8	4	9.62	15.2
	C25混凝土	0.48m³					
上拉锚杆基础	C25混凝土	0.60m³					
侧拉锚杆基础	C25混凝土	0.63m³					
中间加固锚杆基础	C25混凝土	0.50m³					

测设单位		工程名称	被动防护网设计图	设计		复核		审核		图号	S4–13	日期	

挂网锚喷结构图

10
喷射混凝土C20
25
对中支架
M30水泥砂浆
15°
I
I
d
系统锚杆
ϕ8mm钢筋网
@20×20

泄水孔大样

10
C20喷射混凝土
5
10°
20
2.5
ϕ8mm
PVC管，外裹滤网

I－I

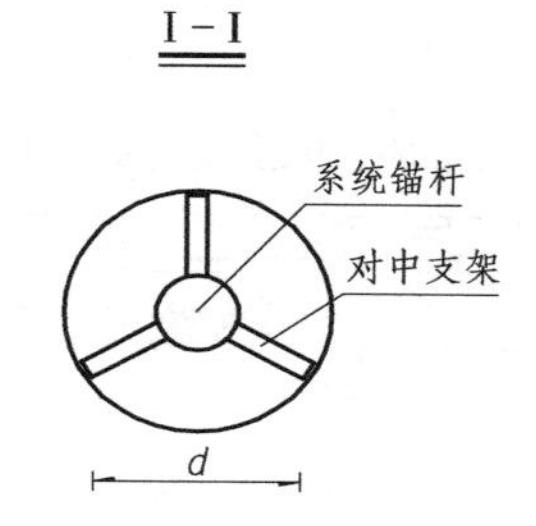

钢筋网及锚杆布置图

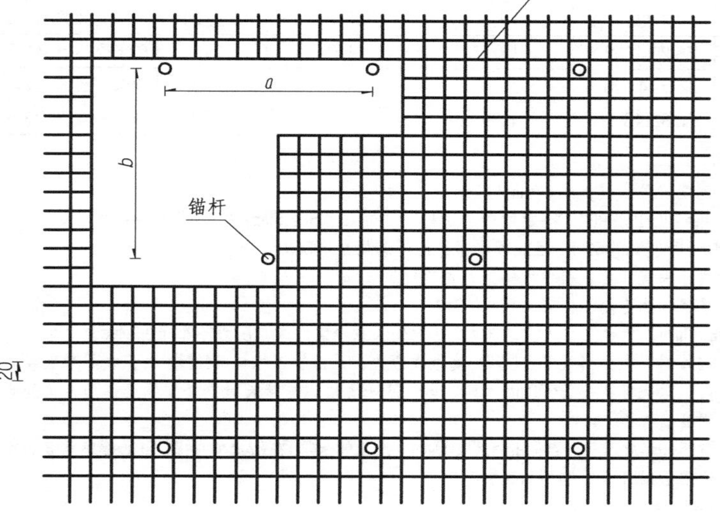

每100平米挂网锚喷工程数量表

项目	锚杆间距(m)		杆体材料	单根杆体长度	锚杆数	锚杆总重	钢筋网质量	C20喷射混凝土(m^3)
	a	*b*		m	根	kg	kg	
挂网锚喷	2.0	2.0	Φ25	2	20	404.56	395	10
				3	15			
				4	15			

注：

1.图中尺寸以cm计，钢筋标注以mm计，无比例。
2.系统锚杆孔径$d\geqslant$5cm，对中支架用2cm长的ϕ8mm~ϕ10mm钢筋段焊在锚杆杆体上。
3.第一级边坡共设置10行系统锚杆，边坡最上三排系统锚杆长度为4m，中间三排系统锚杆长度为3m，其余锚杆长度为2m；第二、三级边坡各设置5行系统锚杆，边坡最上两排系统锚杆长度为4m，其余锚杆长度为2m。
4.喷射混凝土参考配合比(质量比)为水泥:砂:细石=1:2:2。水泥用P·O42.5普通硅酸盐水泥，砂为中砂，细石粒径不大于15mm。
5.泄水孔间距2m，上下左右交错梅花形布置，孔内预埋10cmPVC排水管，PVC管应超出构造物背面10~20cm。
6.钢筋网片可随坡起伏铺设，搭接长度为20cm。
7.挂网锚喷前先人工采用扫把或铁锹清除坡面表层浮土。

测设单位	工程名称	挂网喷混凝土设计图	设计		复核		审核		图号	S4-14	日期	

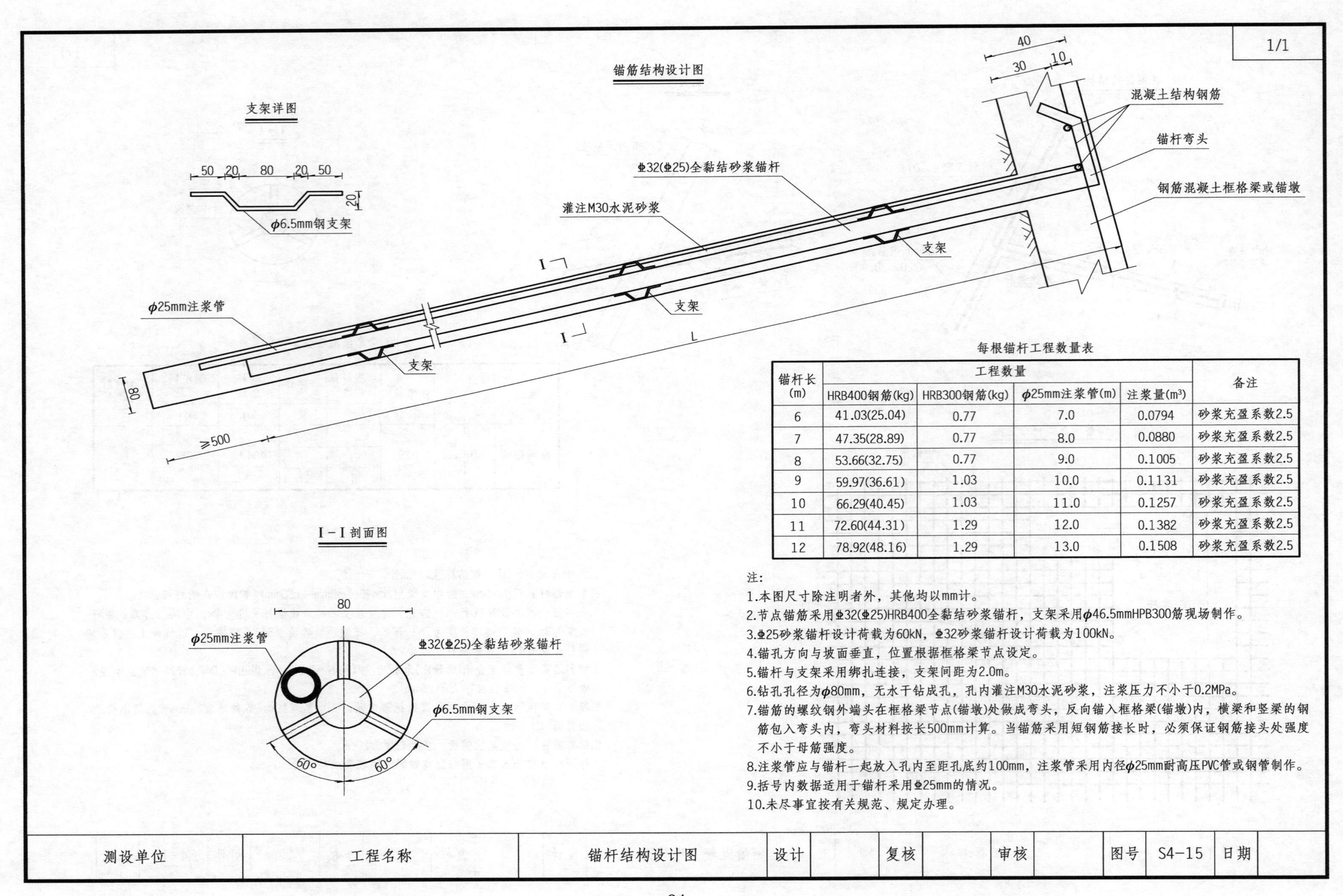

每根锚杆工程数量表

锚杆长(m)	工程数量				备注
	HRB400钢筋(kg)	HRB300钢筋(kg)	φ25mm注浆管(m)	注浆量(m³)	
6	41.03(25.04)	0.77	7.0	0.0794	砂浆充盈系数2.5
7	47.35(28.89)	0.77	8.0	0.0880	砂浆充盈系数2.5
8	53.66(32.75)	0.77	9.0	0.1005	砂浆充盈系数2.5
9	59.97(36.61)	1.03	10.0	0.1131	砂浆充盈系数2.5
10	66.29(40.45)	1.03	11.0	0.1257	砂浆充盈系数2.5
11	72.60(44.31)	1.29	12.0	0.1382	砂浆充盈系数2.5
12	78.92(48.16)	1.29	13.0	0.1508	砂浆充盈系数2.5

注：

1.本图尺寸除注明者外，其他均以mm计。
2.节点锚筋采用Φ32(Φ25)HRB400全黏结砂浆锚杆，支架采用φ46.5mmHPB300筋现场制作。
3.Φ25砂浆锚杆设计荷载为60kN，Φ32砂浆锚杆设计荷载为100kN。
4.锚孔方向与坡面垂直，位置根据框格梁节点设定。
5.锚杆与支架采用绑扎连接，支架间距为2.0m。
6.钻孔孔径为φ80mm，无水干钻成孔，孔内灌注M30水泥砂浆，注浆压力不小于0.2MPa。
7.锚筋的螺纹钢外端头在框格梁节点(锚墩)处做成弯头，反向锚入框格梁(锚墩)内，横梁和竖梁的钢筋包入弯头内，弯头材料按长500mm计算。当锚筋采用短钢筋接长时，必须保证钢筋接头处强度不小于母筋强度。
8.注浆管应与锚杆一起放入孔内至距孔底约100mm，注浆管采用内径φ25mm耐高压PVC管或钢管制作。
9.括号内数据适用于锚杆采用Φ25mm的情况。
10.未尽事宜按有关规范、规定办理。

测设单位		工程名称	锚杆结构设计图	设计		复核		审核		图号	S4-15	日期	

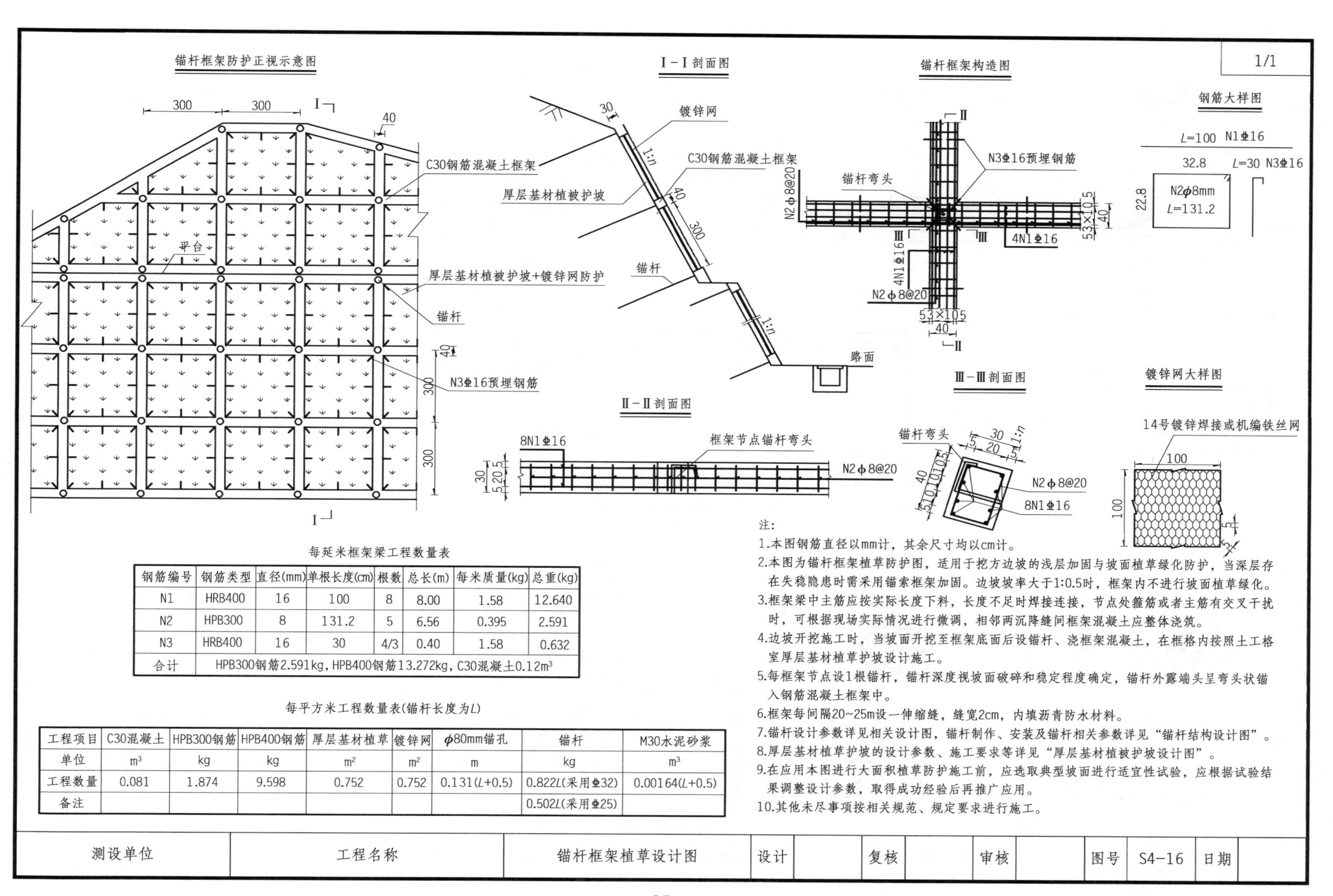

每延米框架梁工程数量表

钢筋编号	钢筋类型	直径(mm)	单根长度(cm)	根数	总长(m)	每米质量(kg)	总重(kg)
N1	HRB400	16	100	8	8.00	1.58	12.640
N2	HPB300	8	131.2	5	6.56	0.395	2.591
N3	HRB400	16	30	4/3	0.40	1.58	0.632
合计	HPB300钢筋2.591kg，HPB400钢筋13.272kg，C30混凝土0.12m³						

每平方米工程数量表(锚杆长度为L)

工程项目	C30混凝土	HPB300钢筋	HPB400钢筋	厚层基材植草	镀锌网	ϕ80mm锚孔	锚杆	M30水泥砂浆
单位	m³	kg	kg	m²	m²	m	kg	m³
工程数量	0.081	1.874	9.598	0.752	0.752	0.131(L+0.5)	0.822L(采用Φ32)	0.00164(L+0.5)
备注							0.502L(采用Φ25)	

注：

1. 本图钢筋直径以mm计，其余尺寸均以cm计。
2. 本图为锚杆框架植草防护图，适用于挖方边坡的浅层加固与坡面植草绿化防护，当深层存在失稳隐患时需采用锚索框架加固。边坡坡率大于1:0.5时，框架内不进行坡面植草绿化。
3. 框架梁中主筋应按实际长度下料，长度不足时焊接连接，节点处箍筋或者主筋有交叉干扰时，可根据现场实际情况进行微调，相邻两沉降缝间框架混凝土应整体浇筑。
4. 边坡开挖施工时，当坡面开挖至框架底面后设锚杆、浇框架混凝土，在框格内按照土工格室厚层基材植草护坡设计施工。
5. 每框架节点设1根锚杆，锚杆深度视坡面破碎和稳定程度确定，锚杆外露端头呈弯头状锚入钢筋混凝土框架中。
6. 框架每间隔20~25m设一伸缩缝，缝宽2cm，内填沥青防水材料。
7. 锚杆设计参数详见相关设计图，锚杆制作、安装及锚杆相关参数详见“锚杆结构设计图”。
8. 厚层基材植草护坡的设计参数、施工要求等详见“厚层基材植被护坡设计图”。
9. 在应用本图进行大面积植草防护施工前，应选取典型坡面进行适宜性试验，应根据试验结果调整设计参数，取得成功经验后再推广应用。
10. 其他未尽事项按相关规范、规定要求进行施工。

测设单位	工程名称	锚杆框架植草设计图	设计		复核		审核		图号	S4-16	日期	

锚头结构大样图

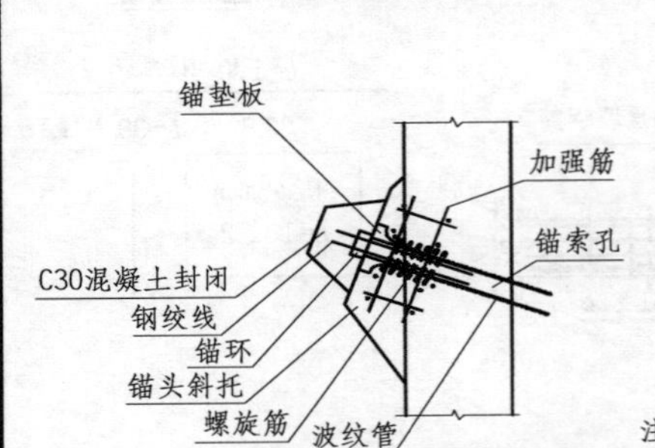

注:用C30混凝土封闭后的外锚头为正四棱台形。

锚头斜托钢筋网大样图

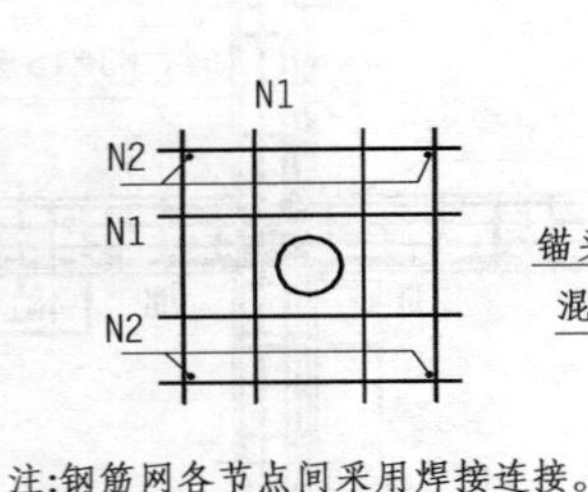

注:钢筋网各节点间采用焊接连接。

锚索结构示意图

自由段长度(非剥皮段)754.56

锚固长度(剥皮段)

锚索倾角α

对中支架

钻孔

钢绞线

注浆管

钢束线环

隔离架

锚头斜托

混凝土结构

止浆塞

锚索总长度

铁丝缠绕

M40水泥砂浆

导向帽

锚头斜托示意图

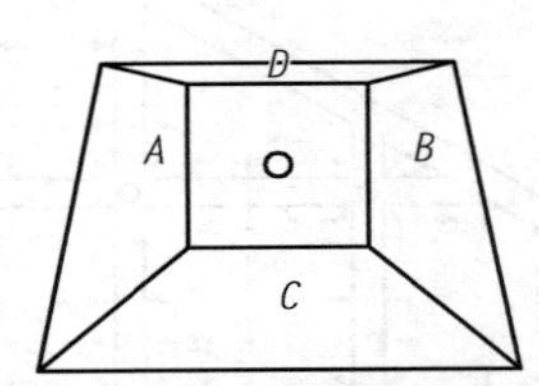

斜托的A和B面与顶面夹角为45°，斜托的C面与水平面夹角为45°，D面与水平面夹角为45°。

单根锚索材料表

锚索号	设计荷载(kN)	自由长度(m)	锚固段长度(m)	外留长度(m)	规格	锚索总长(m)	钢绞线重量(kg)	M40砂浆(m^3)	C30斜托混凝土(m^3)	C30封锚混凝土(m^3)
1	500	L_1	L_a	1.5	4ϕ15.2mm	$L=L_1+L_a$	$(L+1.5)\times4\times1.19$	$L\times A\times2.5$	0.05	0.019
2	600	L_1	L_a	1.5	5ϕ15.2mm	$L=L_1+L_a$	$(L+1.5)\times5\times1.19$	$L\times A\times2.5$	0.05	0.019
3	750	L_1	L_a	1.5	6ϕ15.2mm	$L=L_1+L_a$	$(L+1.5)\times6\times1.19$	$L\times A\times2.5$	0.05	0.019
4	850	L_1	L_a	1.5	7ϕ15.2mm	$L=L_1+L_a$	$(L+1.5)\times7\times1.19$	$L\times A\times2.5$	0.05	0.019
5	1000	L_1	L_a	1.5	8ϕ15.2mm	$L=L_1+L_a$	$(L+1.5)\times8\times1.19$	$L\times A\times2.5$	0.05	0.019
6	1100	L_1	L_a	1.5	9ϕ15.2mm	$L=L_1+L_a$	$(L+1.5)\times9\times1.19$	$L\times A\times2.5$	0.05	0.019
7	1250	L_1	L_a	1.5	10ϕ15.2mm	$L=L_1+L_a$	$(L+1.5)\times10\times1.19$	$L\times A\times2.5$	0.05	0.019

注:A为锚索孔截面面积,$A=\pi\times D^2/4$,D为锚索孔直径。每立方M40水泥砂浆加入聚丙烯腈纤维(PAN)2.0kg。

斜托加强筋数量表

序号	项目	规格	单位	数量
N1	钢筋⏀16(L=420mm)	HRB400	m/kg	6.720/10.618
N2	钢筋⏀8(L=260mm)	HRB400	m/kg	1.040/0.411

对中支架

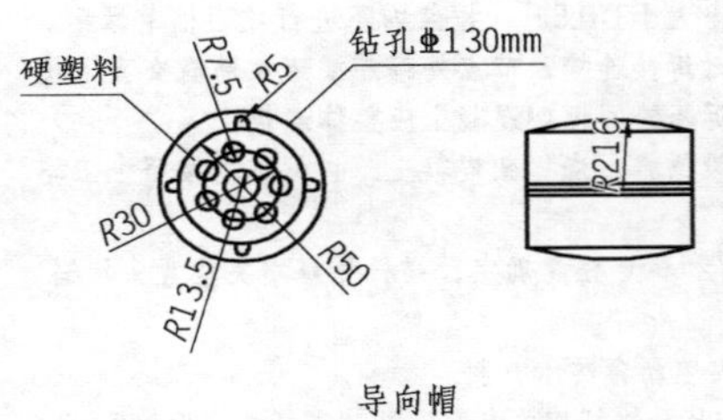

隔离支架

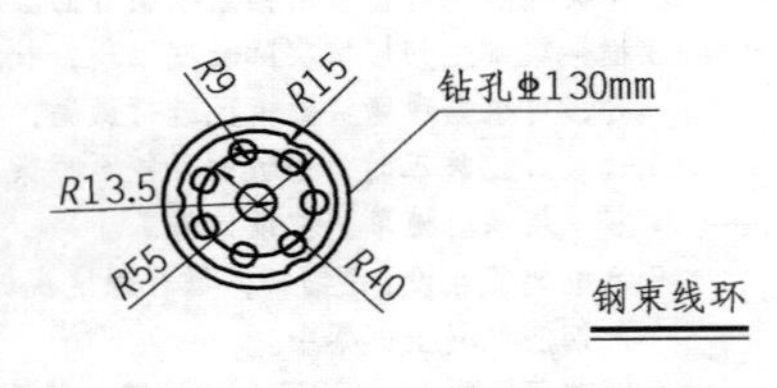

钢束线环

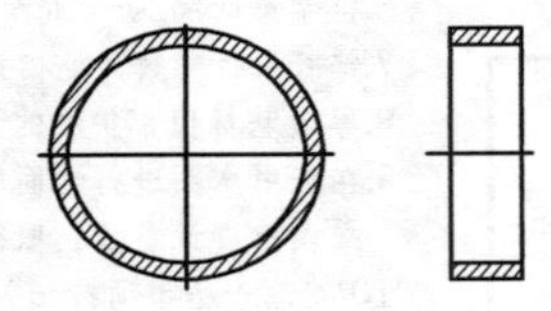

导向帽

50°

注:

1.本图为锚索结构设计图。

2.图中尺寸除注明者外均以mm计。

3.锚索由直径15.24mm、强度1860MPa的高强度低松弛无黏结钢绞线编束而成，锚索总长L，锚固段钢铰线施工前必须剥皮。

4.锚索孔孔径ϕ130mm，在锚索孔钻孔过程中应采用压缩空气，严禁用水钻进。

5.锚索编束前对每根钢绞线都必须进行严格检查，除锈、除油污，对有死弯、机械损伤及锈坑者应剔除。

6.沿锚索轴线方向上每隔2.0m应设置一个对中支架。

7.锚索孔内注浆采用M40水泥砂浆，注浆材料加入聚丙烯腈纤维(PAN)，掺入量为1.8~2.0kg/m^3(纤维抗拉强度不小于700MPa)。注浆管应与锚索同时编束一起放入孔内，注浆管端头到孔底距离宜为100mm。

8.混凝土反力结构与斜托、锚垫板应整体浇筑，在混凝土强度达规定强度后方可张拉锚索。锚索外端张拉锁定后，应先在锚垫板补浆孔补浆，外锚头采用混凝土封头处理。

9.根据锚索设计选择相应规格的预应力锚具，锚具主要包括锚垫板、螺旋筋、锚环、夹片、波纹管等。

10.当用于路肩墙或路堤墙加固时，严格控制墙背填土施工，施工时不得直接碾压锚索。

11.其他未尽事项，按有关施工规范、规定办理。

测设单位		工程名称	锚索结构设计图	设计		复核		审核		图号	S4-17	日期	

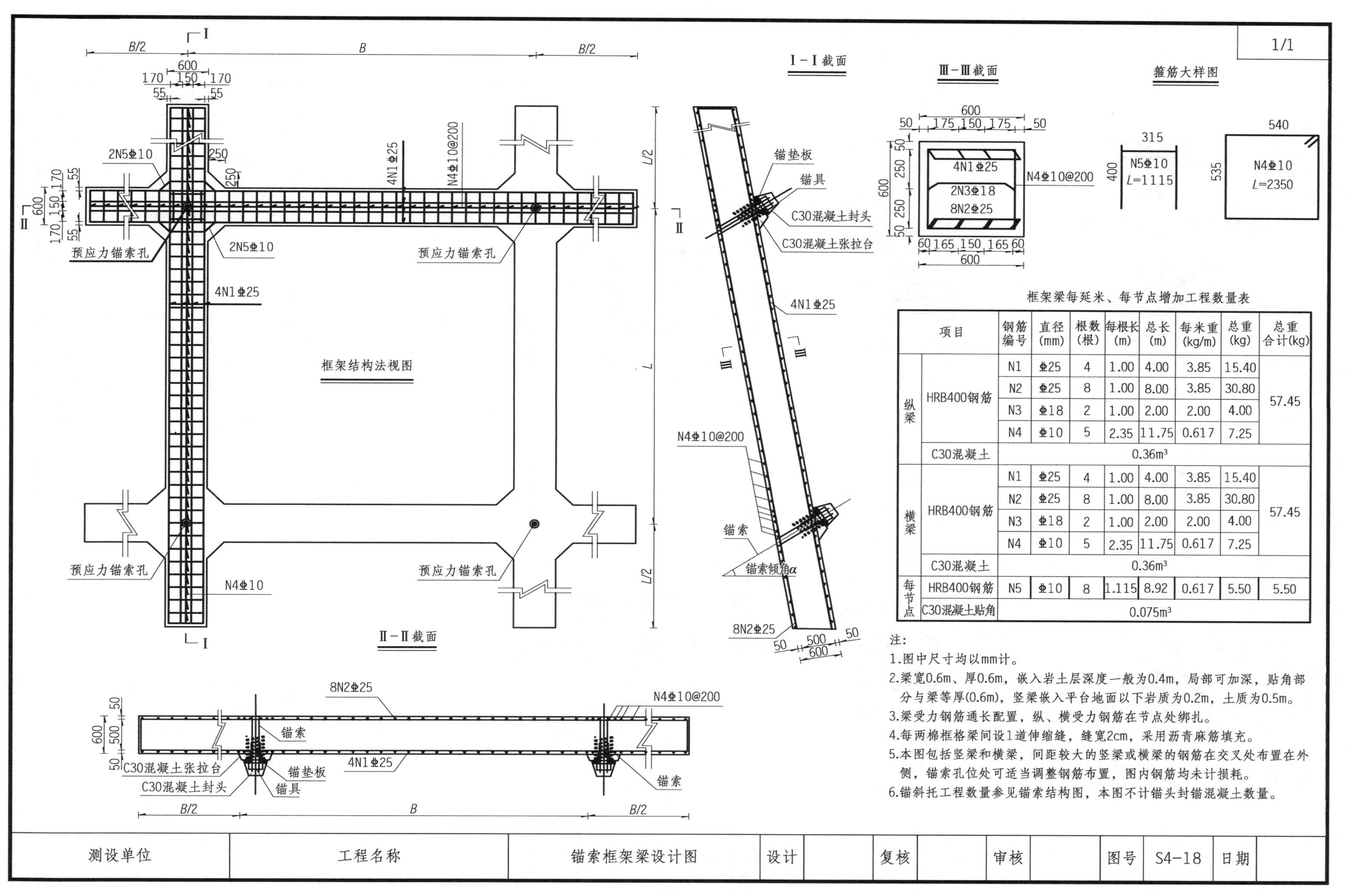

框架梁每延米、每节点增加工程数量表

项目		钢筋编号	直径(mm)	根数(根)	每根长(m)	总长(m)	每米重(kg/m)	总重(kg)	总重合计(kg)
纵梁	HRB400钢筋	N1	Φ25	4	1.00	4.00	3.85	15.40	57.45
		N2	Φ25	8	1.00	8.00	3.85	30.80	
		N3	Φ18	2	1.00	2.00	2.00	4.00	
		N4	Φ10	5	2.35	11.75	0.617	7.25	
	C30混凝土	0.36m³							
横梁	HRB400钢筋	N1	Φ25	4	1.00	4.00	3.85	15.40	57.45
		N2	Φ25	8	1.00	8.00	3.85	30.80	
		N3	Φ18	2	1.00	2.00	2.00	4.00	
		N4	Φ10	5	2.35	11.75	0.617	7.25	
	C30混凝土	0.36m³							
每节点	HRB400钢筋	N5	Φ10	8	1.115	8.92	0.617	5.50	5.50
	C30混凝土贴角	0.075m³							

注：

1.图中尺寸均以mm计。

2.梁宽0.6m、厚0.6m，嵌入岩土层深度一般为0.4m，局部可加深，贴角部分与梁等厚(0.6m)，竖梁嵌入平台地面以下岩质为0.2m，土质为0.5m。

3.梁受力钢筋通长配置，纵、横受力钢筋在节点处绑扎。

4.每两榀框格梁间设1道伸缩缝，缝宽2cm，采用沥青麻筋填充。

5.本图包括竖梁和横梁，间距较大的竖梁或横梁的钢筋在交叉处布置在外侧，锚索孔位处可适当调整钢筋布置，图内钢筋均未计损耗。

6.锚斜托工程数量参见锚索结构图，本图不计锚头封锚混凝土数量。

测设单位	工程名称	锚索框架梁设计图	设计		复核		审核		图号	S4-18	日期	

锚杆锚墩大样图

1—1

2—2

锚索锚墩大样图

3—3

4—4

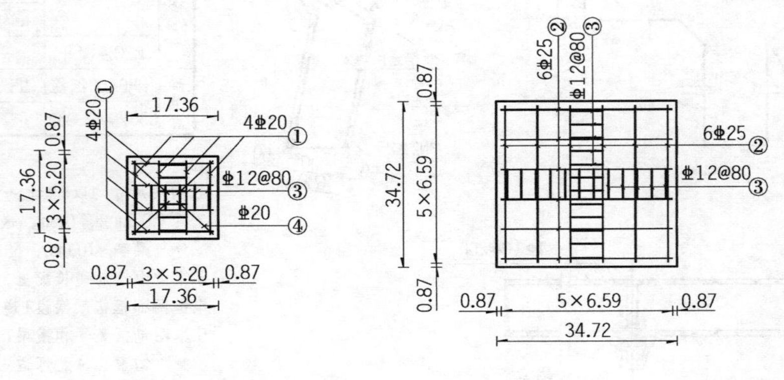

单个锚杆锚墩材料用表

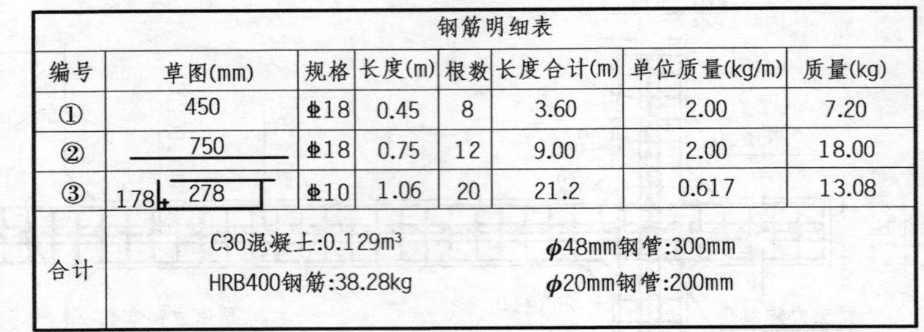

钢筋明细表

编号	草图(mm)	规格	长度(m)	根数	长度合计(m)	单位质量(kg/m)	质量(kg)
①	450	⌀18	0.45	8	3.60	2.00	7.20
②	750	⌀18	0.75	12	9.00	2.00	18.00
③	178 278	⌀10	1.06	20	21.2	0.617	13.08
合计	C30混凝土:0.129m³ HRB400钢筋:38.28kg					⌀48mm钢管:300mm ⌀20mm钢管:200mm	

单个锚索锚墩材料用表

钢筋明细表

编号	草图(mm)	规格	长度(m)	根数	长度合计(m)	单位质量(kg/m)	质量(kg)
①	450	⌀20	0.45	8	3.60	2.47	8.89
②	750	⌀25	0.95	12	11.40	3.85	43.89
③	178 278	⌀12	1.52	24	36.48	0.888	32.39
④	480	⌀20	0.48	4	1.92	2.47	4.74
合计	C30混凝土:0.292m³ HRB400钢筋:89.91kg						

注:

1.图中尺寸以mm计。

2.锚墩采用C30混凝土浇筑，图中所标示的钢筋保护层为净边距，其值不小于25mm。

3.锚墩下坡面应整平，锚墩后悬空部位采用同标号混凝土嵌补。

4.锚固地层试验时，锚索试验墩选用本图锚索锚墩。

测设单位		工程名称		锚墩结构设计图	设计		复核		审核		图号	S4-19	日期	

仰斜排水孔结构图

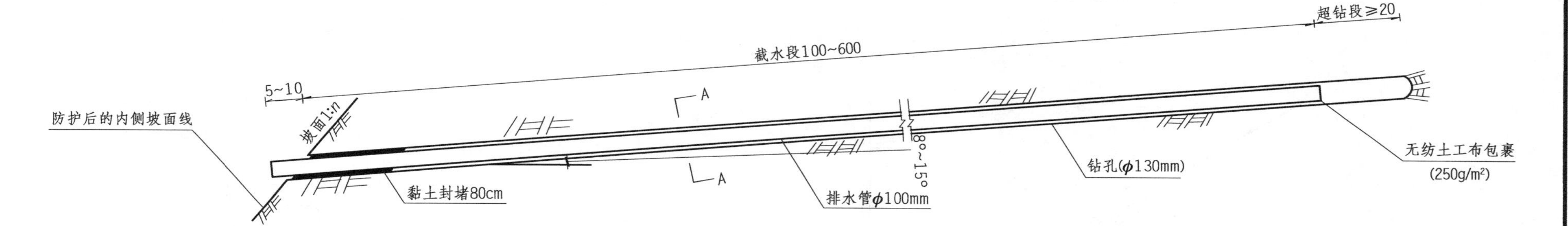

排水平孔工程数量表

单根排水孔长度	外径ϕ100mm塑料管长度(m)	黏土(m^3/根)	钻孔深度(m)
L	L+0.1	0.00471	L+0.2

A-A断面图

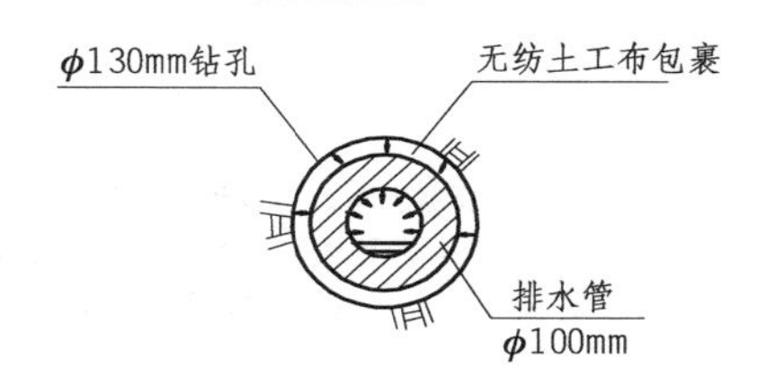

注:
1.本图尺寸除注明者外均以cm计。
2.钻孔采用水平钻机钻进，如遇塌孔需跟管钻进，钻孔孔径采用ϕ130mm。
3.排水管要求采用ϕ100mm的塑料盲管,要求塑料盲管的环刚度不小于24kPa，管壁空隙率不小于75%。
4.在距出水口边坡防护内侧线80cm长的范围内，应用黏土堵塞钻孔与排水管之间的空隙。
5.排水孔孔位、孔数、孔深、排水管布置的具体长度(L)和各阶的具体排数，应根据施工揭示实际水文情况及坡体渗水量大小调整确定，所打排水孔应保证50%以上的出水率。
6.图中边坡排水平孔设置仅为示意，具体设置位置详见数量表。
7.未尽事宜，参照有关施工规范、规程。

测设单位	工程名称	仰斜排水孔设计图	设计		复核		审核		图号	S4-20	日期	

浆砌片石护坡断面图

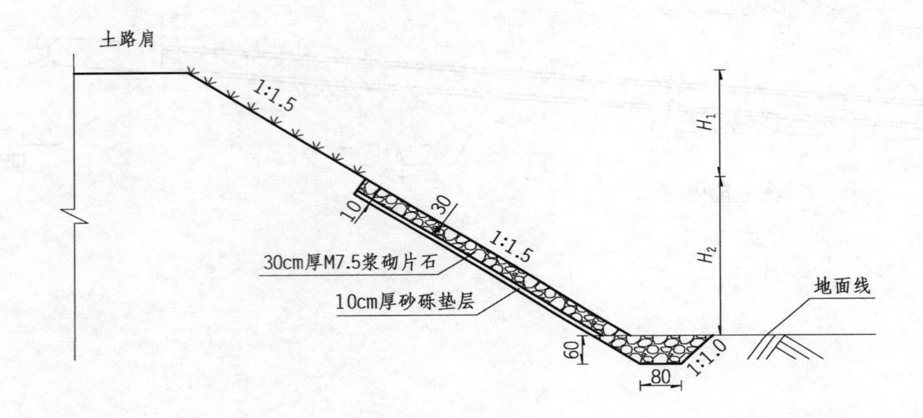

浆砌片石护坡立面图

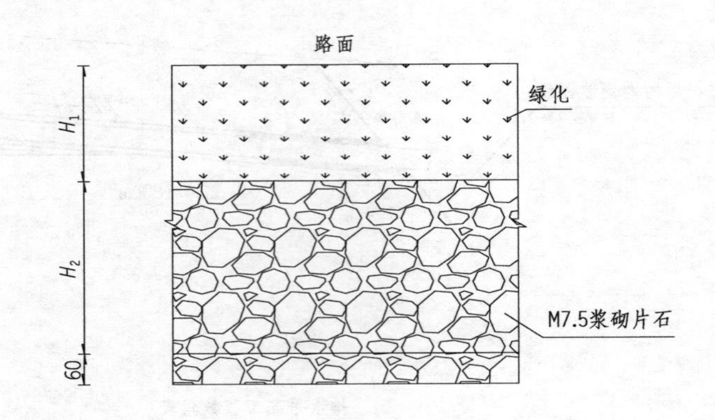

每百米工程数量表(单侧)

工程项目	单位	工程数量	备注
M7.5浆砌片石	m^3	$54.09H_2+84$	
砂砾垫层	m^3	$18.03H_2$	
绿化	m^2	$180.3H_1$	

注:

1.本图为填方段路堤防护工程设计图。

2.图中尺寸单位除H_1、H_2以m计外，其余均以cm计。

3.浆砌片石护坡每隔10m设一道2cm宽沉降缝，用沥青麻筋填塞。

测设单位		工程名称	浆砌片石护坡设计图	设计		复核		审核		图号	S4-21	日期	

浆砌片石护坡断面图

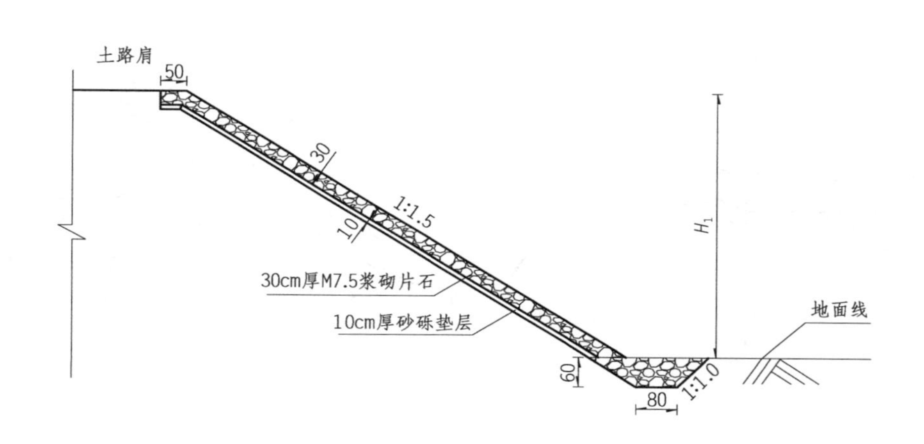

浆砌片石护坡立面图

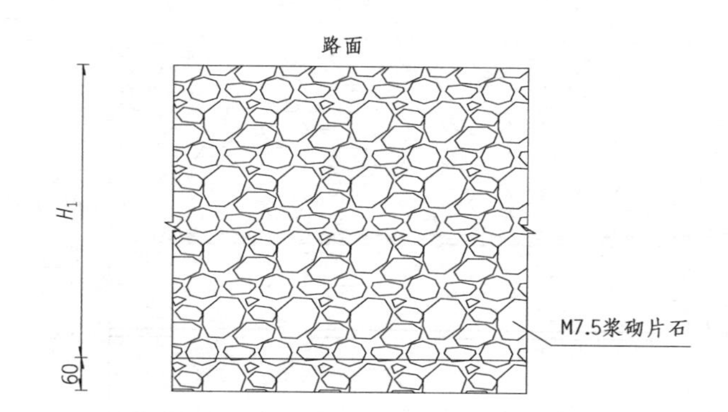

每百米工程数量表(单侧)

工程项目	单位	工程数量	备注
M7.5浆砌片石	m^3	$54.09H_1+97.64$	
砂砾垫层	m^3	$18.03H_1+3.94$	

注:
1.本图为填方段路堤防护工程设计图。
2.图中尺寸单位除H_1以m计外，其余均以cm计。
3.浆砌片石护坡每隔10m设一道2cm宽沉降缝，用沥青麻筋填塞。

测设单位	工程名称	浆砌片石护坡设计图	设计		复核		审核		图号	S4-21	日期	

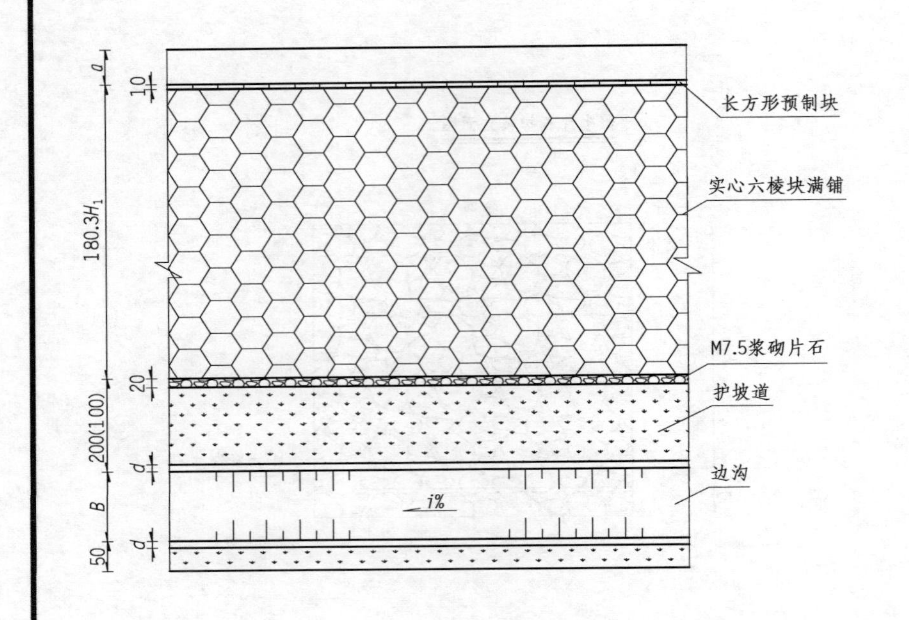

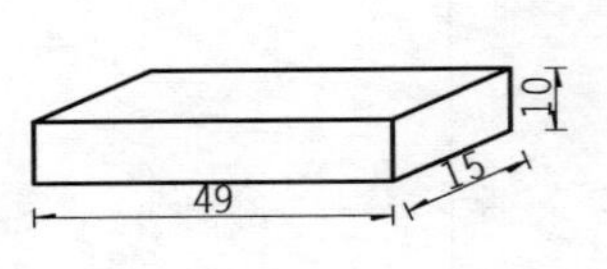

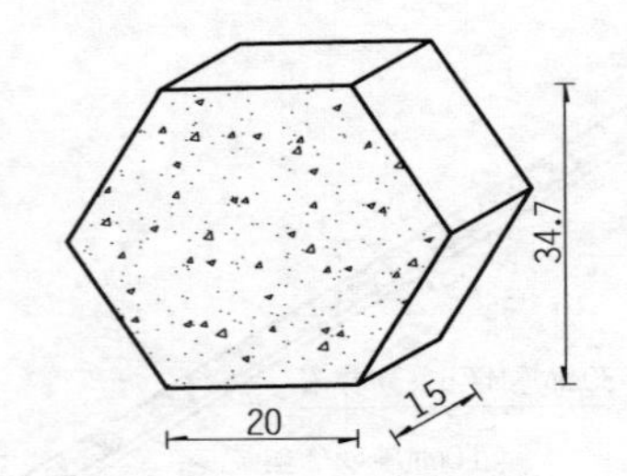

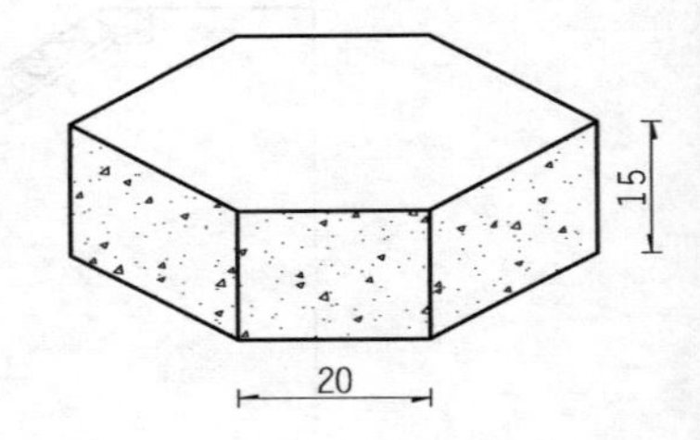

浆砌六棱块护坡工程数量表

工程项目	单位	工程数量	备注
C30水泥混凝土预制块	m^3	$27.045H_1-0.225$	
M7.5浆砌片石	m^3	20.5	
挖土方	m^3	$27.045H_1+20.5$	

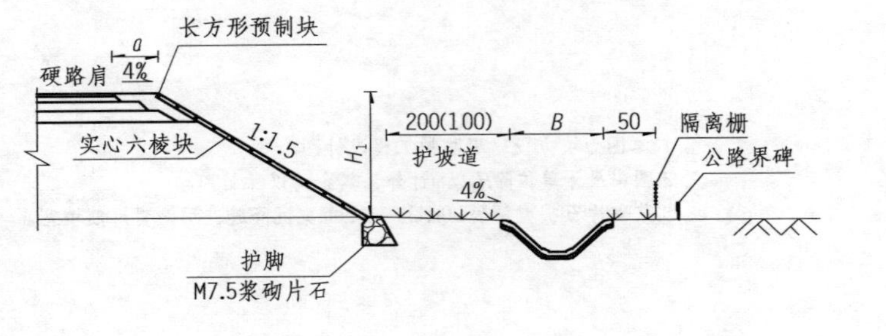

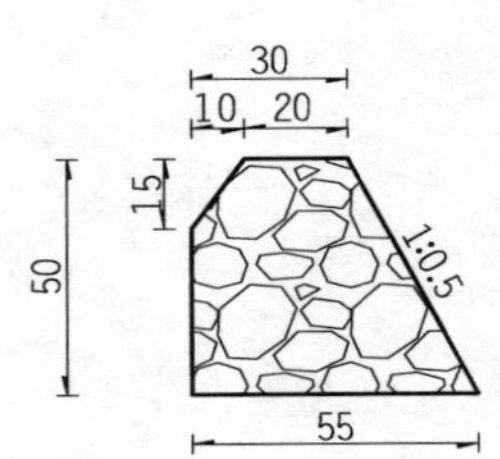

注：
1.图中H_1以m计，其余均以cm计。
2.H为路肩外边缘高程与护坡道内侧高程之差，a为土路肩范围，B为边沟上口宽；d为边沟厚度。
3.边沟仅为示意，以具体项目选用的边沟样式为准。

测设单位	工程名称	浆砌六棱块护坡设计图	设计		复核		审核		图号	S4-22	日期	

空心六棱块满铺展开图

C30水泥混凝土预制块大样图

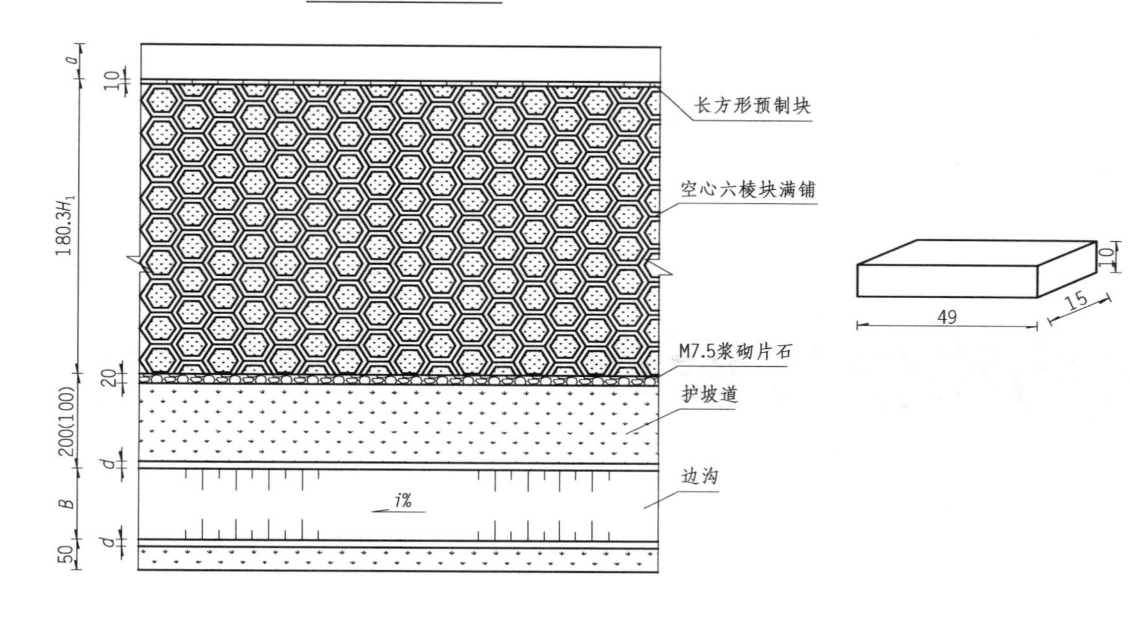

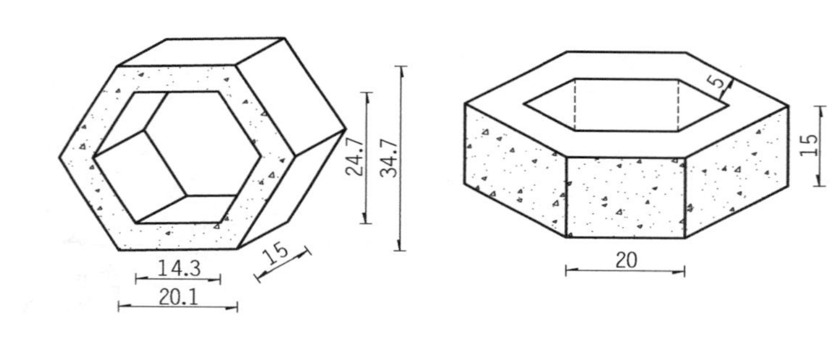

每百米工程数量表(单侧)

工程项目	单位	工程数量	备注
C30水泥混凝土预制块	m^3	$13.39H_1-0.225$	
植草	m^2	$91.05H_1-10$	
M7.5浆砌片石	m^3	20.5	
挖土方	m^3	$27.045H_1+20.5$	

混凝土预制空心六棱块护坡剖面图

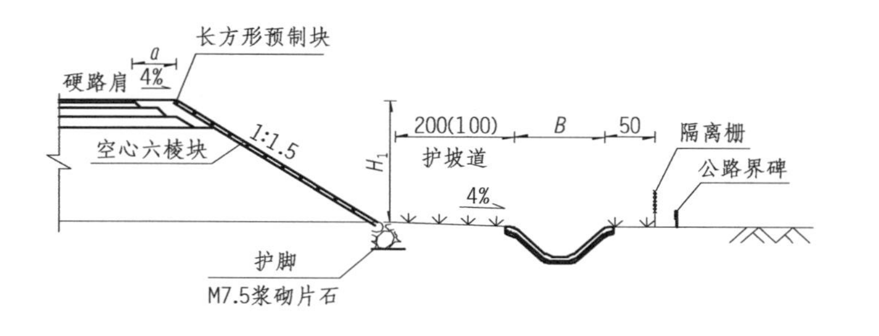

M7.5浆砌片石基础大样

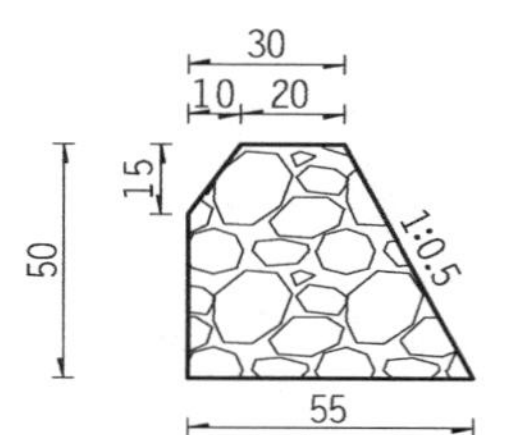

注:

1.图中H、H_1、H_2以m计，其余均以cm计。

2.H为路肩外边缘高程与原地面高程之差，a为土路肩范围，B为边沟上口宽，d为边沟厚度。

3.边沟仅为示意，以具体项目选用的边沟样式为准。

测设单位	工程名称	浆砌空心六棱块护坡设计图	设计		复核		审核		图号	S4-23	日期	

五、结构物修复设计

结构物修复工程数量表

工程名称

序号	起讫桩号	位置	处治方案	处治尺寸			挡土墙									经济指标		备注
				长度	宽度	高度	M7.5浆砌片石	C20片石混凝土	C20混凝土	砂砾石反滤层	封填黏土	φ10cmPVC泄水管	透水土工布	沥青麻絮	开挖基础	单位	费用	
				m	m	m	m^3	m^3	m^3	m^3	m^3	m	m^2	m^2	m^3		元	
1	K0 + 100 ~ K0 + 120	左侧	俯斜式路肩墙	20.0		4.0										m^3		
2	K0 + 100 ~ K0 + 120	左侧	仰斜式路肩墙	20.0		6.0										m^3		
3	K0 + 100 ~ K0 + 120	左侧	衡重式路肩墙	20.0		6.0										m^3		
4	K0 + 100 ~ K0 + 120	左侧	浸水衡重式路肩墙	20.0		6.0										m^3		
5	K0 + 100 ~ K0 + 120	左侧	护肩墙	20.0		2.0										m^3		
6	K0 + 100 ~ K0 + 120	左侧	衡重式路堤墙	20.0		6.0										m^3		
7	K0 + 100 ~ K0 + 120	左侧	护脚墙	20.0		3.0										m^3		
8	K0 + 100 ~ K0 + 120	左侧	仰斜式路堑墙	20.0		4.0										m^3		
合计																		

编制：　　　　复核：　　　　审核：　　　　图号：S5-1

结构物修复工程数量表

工程名称

序号	起讫桩号	位置	处治方案	处治尺寸			抗滑桩									经济指标		备注
				长度	宽度	高度	根数	桩长	挖桩孔（土方）	挖桩孔（石方）	C30 混凝土	HRB400 钢筋	检测管（ϕ57mm×3）	锁口、护壁		单位	费用	
														C25 混凝土	HRB400 钢筋			
				m	m	m	根	m	m^3	m^3	m^3	kg	kg	m^3	kg		元	
1	K0+100～K0+150	左侧	1.5m×2m 抗滑桩	50.0												m		
2	K0+100～K0+150	左侧	2m×3m 抗滑桩	50.0												m		
合计																		

编制：　　　　复核：　　　　审核：　　　　图号：S5-1

俯斜式路肩挡土墙断面尺寸及工程数量表

H	a_1	a_2	H_1	a	A	b	M7.5浆砌片(块)石(m^3)			地基承载力[σ_0](kPa)
							墙身	基础	合计	
50	50	—	—	67.5	—	—	0.27	—	0.27	≥100
80	50	—	—	78	—	—	0.48	—	0.48	
100	50	20	40	85	125	65	0.68	0.66	1.34	
150	50	20	40	102.5	142.5	68.5	1.14	0.77	1.91	
200	50	20	40	120	160	72	1.7	0.90	2.60	≥150
300	50	20	40	155	195	79	3.08	1.16	4.24	≥200
400	60	20	50	200	240	98	5.20	1.78	6.95	≥250

ϕ10cmPVC管包裹大样图

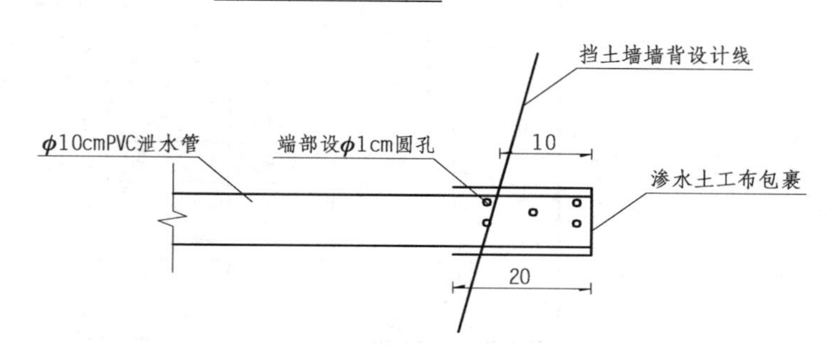

俯斜式路肩挡土墙结构设计图

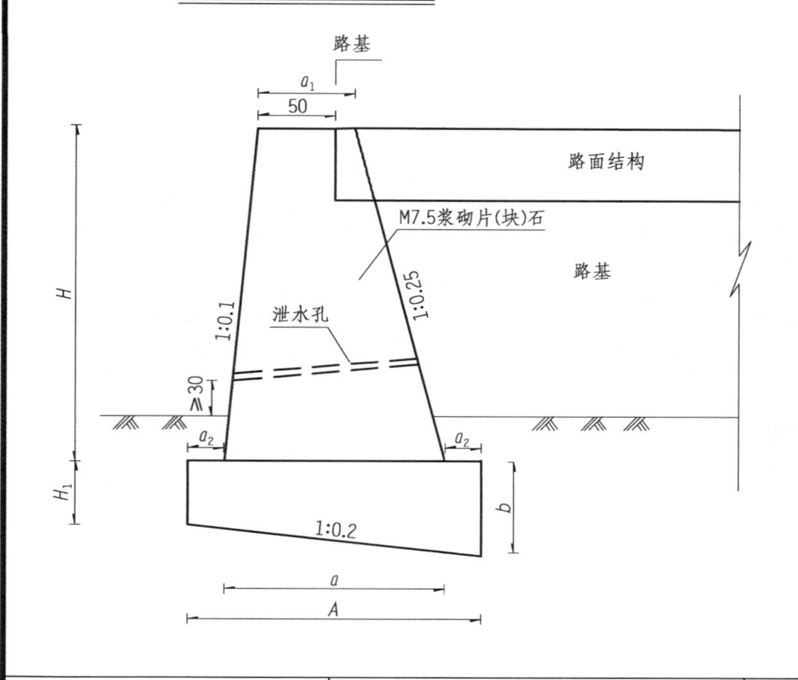

注:

1.图中尺寸单位以cm计。

2.本图为俯斜式路肩挡土墙设计图，适用于路基高度较低路段。

3.挡土墙采用M7.5浆砌片(块)石砌筑，墙体砌筑采用挤浆法施工，墙身外露部分均采用M10砂浆勾缝。挡土墙砌筑应采用不易风化的坚硬岩石，所用片(块)石强度等级不低于MU30。

4.挡土墙每10~15m设置一道沉降伸缩缝，位于岩石地基上的整体式墙身的挡土墙，设缝间距可适当增长，但不应大于25m，沉降伸缩缝的缝宽2~3cm，缝内用沥青麻絮或涂抹沥青的木板沿挡土墙的内、外、顶三侧填塞，填塞深度不小于15cm。

5.泄水孔间距2m，上下左右交错梅花形布置，孔内预埋ϕ10cmPVC排水管，PVC管应超出构造物背面10~20cm，其端部上半圆30cm长应设ϕ1cm圆孔并用双层透水土工布包裹连接。最下一排泄水孔应高出地面0.3m，或高出沟底0.6m，墙背设置30cm厚透水性材料反滤层，管出水口必须低于进水口且按4%的坡度设置。

6.挡土墙砂浆强度达到设计强度的70%以上时，方可分层填筑夯实，确保墙身稳定。挡土墙基坑回填须分层填筑并夯实，压实度不得小于92%。

7.挡土墙基础应埋置在冻结线以下不小于0.25m。

8.其他未尽事项,按有关施工规范、规定办理。

测设单位	工程名称	俯斜式路肩挡土墙设计图	设计		复核		审核		图号	S5-2	日期	

俯斜式路肩挡土墙断面尺寸及工程数量表

H	a_1	a_2	H_1	a	A	b	C20片石混凝土(m³)			地基承载力[σ_0](kPa)
							墙身	基础	合计	
50	50	—	—	67.5	—	—	0.27	—	0.27	≥100
80	50	—	—	78	—	—	0.48	—	0.48	
100	50	20	40	85	125	65	0.68	0.66	1.34	
150	50	20	40	102.5	142.5	68.5	1.14	0.77	1.91	≥150
200	50	20	40	120	160	72	1.7	0.90	2.60	
300	50	20	40	155	195	79	3.08	1.16	4.24	≥200
400	60	20	50	200	240	98	5.20	1.78	6.95	≥250

ϕ10cmPVC管包裹大样图

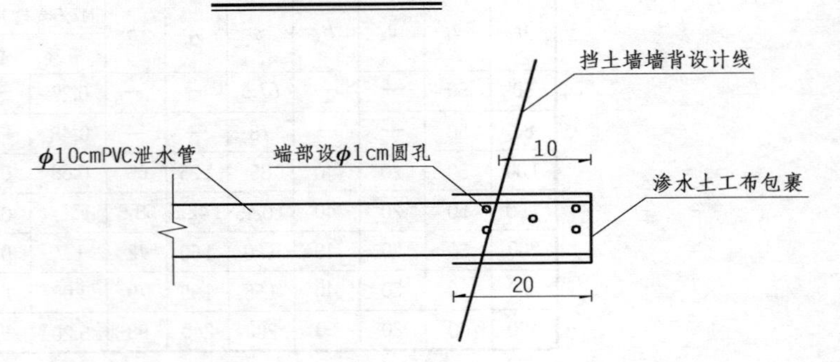

俯斜式路肩挡土墙结构设计图

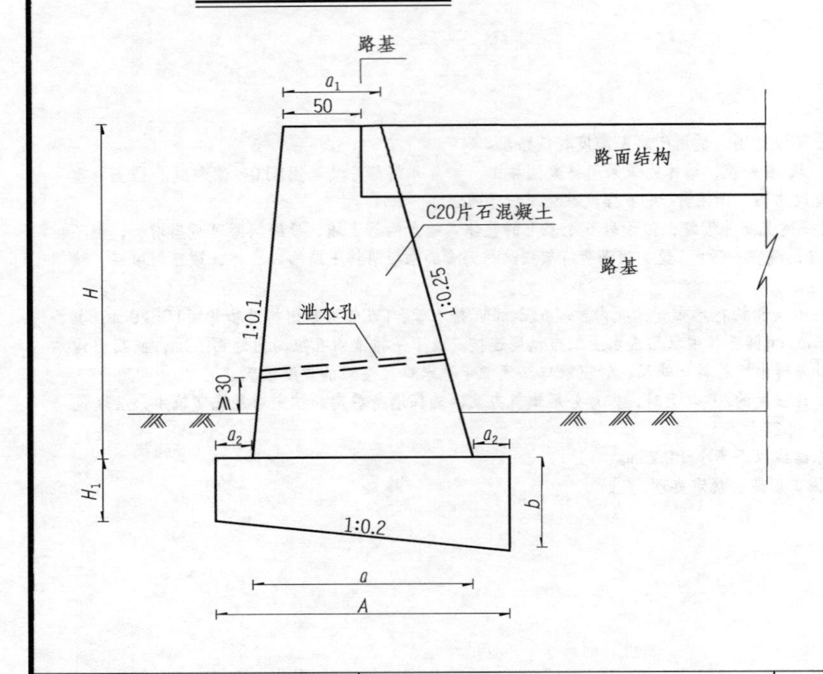

注：
1.图中尺寸单位以cm计。
2.本图为俯斜式路肩挡土墙设计图，适用于路基高度较低路段。
3.挡土墙采用C20片石混凝土浇筑，挡土墙所用片(块)石强度等级不低于MU30，厚度不小于15cm。
4.挡土墙每10~15m设置一道沉降伸缩缝，位于岩石地基上的整体式墙身的挡土墙，设缝间距可适当增长，但不应大于25m。沉降伸缩缝的缝宽2~3cm，缝内用沥青麻絮或涂抹沥青的木板沿挡土墙的内、外、顶三侧填塞，填塞深度不小于15cm。
5.泄水孔间距2m，上下左右交错梅花形布置，孔内预埋ϕ10cmPVC排水管，PVC管应超出构造物背面10~20cm，其端部上半圆30cm长应设ϕ1cm圆孔并用双层透水土工布包裹连接。最下一排泄水孔应高出地面0.3m，或高出沟底0.6m，墙背设置30cm厚透水性材料反滤层，管出水口必须低于进水口且按4%的坡度设置。
6.挡土墙混凝土强度达到设计强度的70%以上时，方可分层填筑夯实，确保墙身稳定。挡土墙基坑回填须分层填筑并夯实，压实度不得小于92%。
7.挡土墙基础应埋置在冻结线以下不小于0.25m。
8.其他未尽事项，按有关施工规范、规定办理。

测设单位		工程名称		俯斜式路肩挡土墙设计图	设计		复核		审核		图号	S5-2	日期	

俯斜式路肩挡土墙断面尺寸及工程数量表

H	a_1	a_2	H_1	a	A	b	C20混凝土(m³)			地基承载力[σ_0](kPa)
							墙身	基础	合计	
50	50	—	—	67.5	—	—	0.27	—	0.27	≥100
80	50	—	—	78	—	—	0.48	—	0.48	
100	50	20	40	85	125	65	0.68	0.66	1.34	
150	50	20	40	102.5	142.5	68.5	1.14	0.77	1.91	
200	50	20	40	120	160	72	1.7	0.90	2.60	≥150
300	50	20	40	155	195	79	3.08	1.16	4.24	≥200
400	60	20	50	200	240	98	5.20	1.78	6.95	≥250

ϕ10cmPVC管包裹大样图

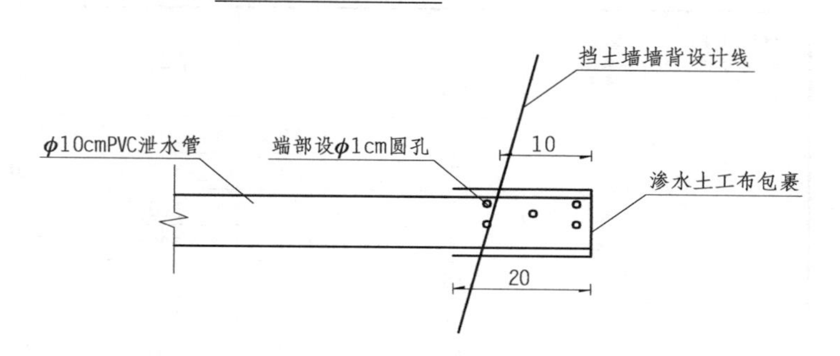

俯斜式路肩挡土墙结构设计图

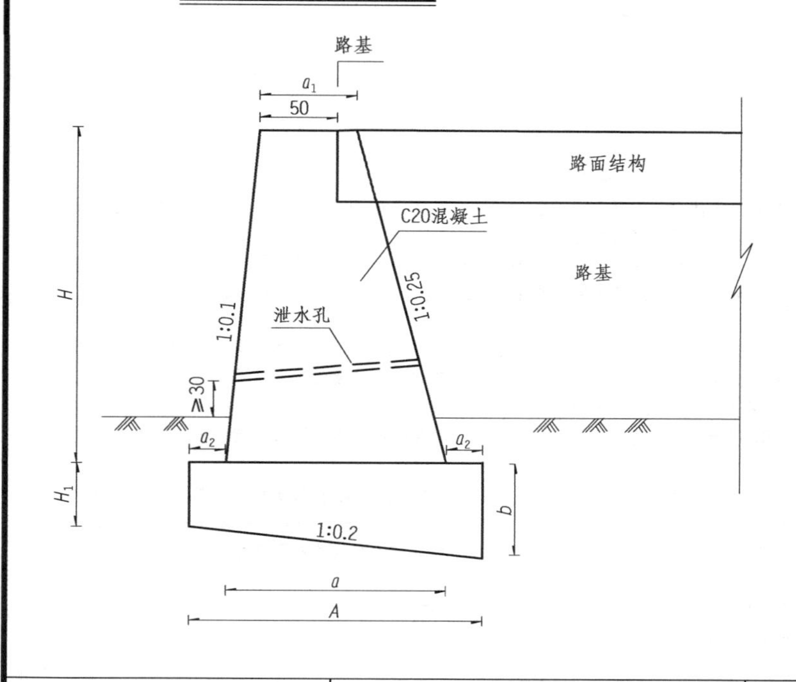

注：

1.图中尺寸单位以cm计。

2.本图为俯斜式路肩挡土墙设计图，适用于路基高度较低路段。

3.挡土墙采用C20混凝土浇筑。

4.挡土墙每10~15m设置一道沉降伸缩缝，位于岩石地基上的整体式墙身的挡土墙，设缝间距可适当增长，但不应大于25m。沉降伸缩缝的缝宽2~3cm，缝内用沥青麻絮或涂抹沥青的木板沿挡土墙的内、外、顶三侧填塞，填塞深度不小于15cm。

5.泄水孔间距2m，上下左右交错梅花形布置，孔内预埋ϕ10cmPVC排水管，PVC管应超出构造物背面10~20cm，其端部上半圆30cm长应设ϕ1cm圆孔并用双层透水土工布包裹连接。最下一排泄水孔应高出地面0.3m，或高出沟底0.6m，墙背设置30cm厚透水性材料反滤层，管出水口必须低于进水口且按4%的坡度设置。

6.挡土墙混凝土强度达到设计强度的70%以上时，方可分层填筑夯实，确保墙身稳定。挡土墙基坑回填须分层填筑并夯实，压实度不得小于92%。

7.挡土墙基础应埋置在冻结线以下不小于0.25m。

8.其他未尽事项,按有关施工规范、规定办理。

测设单位	工程名称	俯斜式路肩挡土墙设计图	设计		复核		审核		图号	S5-2	日期	

仰斜式路肩挡土墙断面尺寸及工程数量表

墙后填土内摩擦角(°)	基底摩擦系数	墙高 H (m)	B (cm)	b_1 (cm)	h_1 (cm)	b_2 (cm)	h_2 (cm)	截面面积(m^2) M7.5浆砌片石	地基承载力[σ_0] (kPa)
35	0.5	6	288.18	100	150	80	100	11.055	210
		7	307.88	100	150	80	100	13.214	250
		8	327.59	100	150	80	100	15.578	260
		9	347.29	100	150	80	100	18.145	300
		10	367.00	100	150	80	100	20.917	320
		11	386.70	100	150	80	100	23.892	350
		12	406.40	100	150	80	100	27.071	380
		13	426.11	100	150	80	100	30.455	400
		14	445.81	100	150	80	100	34.042	420
		15	465.52	100	150	80	100	37.833	440

ϕ10cmPVC管包裹大样图

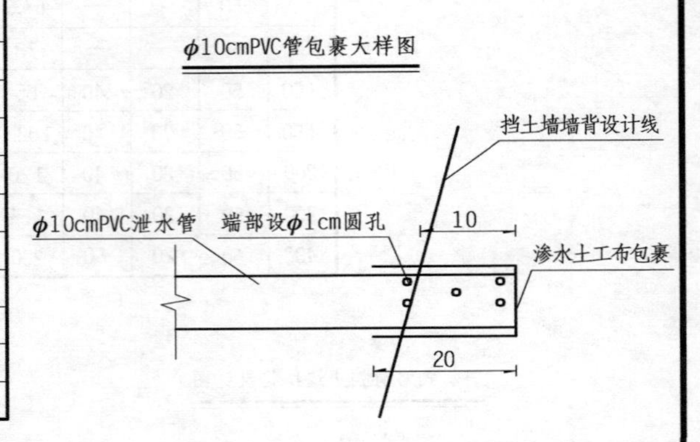

仰斜式路肩挡土墙结构设计图

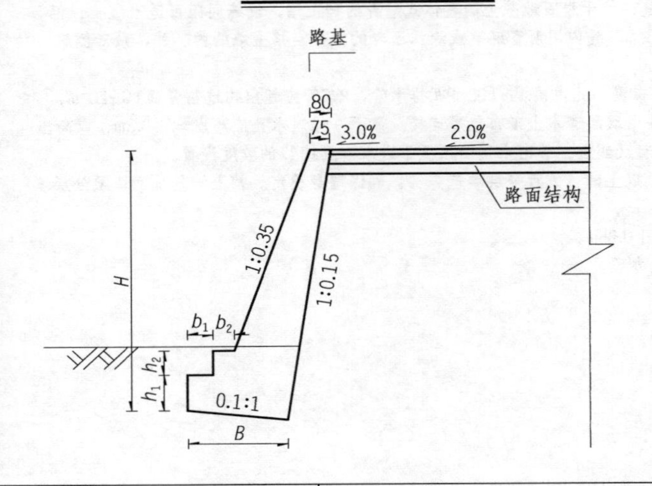

注:

1.本图为仰斜式路肩挡土墙结构设计图，图中尺寸单位以cm计。

2.挡土墙采用M7.5浆砌片(块)石砌筑，墙体砌筑采用挤浆法施工，墙身外露部分均采用M10砂浆勾缝。挡土墙应采用不易风化的坚硬岩石，所用片(块)石强度等级不低于MU30。

3.挡土墙每10~15m设置一道沉降伸缩缝，位于岩石地基上的整体式墙身的挡土墙，设缝间距可适当延长，但不应大于25m。沉降伸缩缝的缝宽2~3cm，缝内用沥青麻絮或涂抹沥青的木板沿挡土墙的内、外、顶三侧填塞，填塞深度不小于15cm。

4.泄水孔间距2m，上下左右交错呈梅花形布置，孔内预埋ϕ10cmPVC排水管，PVC管应超出构造物背面10~20cm，其端部30cm长应设ϕ1cm圆孔并用双层透水土工布包裹。最下一排泄水孔应高出地面0.3m，或高出沟底0.6m，墙背设置30cm厚砂砾(卵)石反滤层，管出水口必须低于进水口且按4%的坡度设置。

5.挡土墙砂浆强度达到设计值的70%以上时，方可分层填筑夯实，确保墙身稳定。挡土墙基坑回填须分层填筑并夯实，压实度不小于92%。

6.挡土墙基础应埋置在冻结线以下不小于0.25m，挡土墙端部嵌入原地层的深度，对于土质地层不小于1.5m，对于风化岩层不小于1.0m，对于微风化岩层不小于0.5m。当挡土墙基础设置在稳定坚硬的岩石斜坡地基上时，基础可做成台阶形，台阶的高宽比不宜大于2，台阶宽度不宜小于1.0m。挡土墙基础有失稳隐患的，应采取锚固措施保证基础的稳定。

7.沿河段仰斜式路肩挡土墙的基底应埋入最大冲刷深度线以下不小于1.0m。

8.其他未尽事项，按有关施工规范、规定办理。

测设单位		工程名称	仰斜式路肩挡土墙设计图	设计	复核	审核	图号	S5-3	日期

仰斜式路肩挡土墙断面尺寸及工程数量表

墙后填土内摩擦角(°)	基底摩擦系数	墙高 H (m)	B (cm)	b_1 (cm)	h_1 (cm)	b_2 (cm)	h_2 (cm)	截面面积(m^2) C20片石混凝土	地基承载力$[\sigma_0]$ (kPa)
35	0.5	6	288.18	100	150	80	100	11.055	210
		7	307.88	100	150	80	100	13.214	250
		8	327.59	100	150	80	100	15.578	260
		9	347.29	100	150	80	100	18.145	300
		10	367.00	100	150	80	100	20.917	320
		11	386.70	100	150	80	100	23.892	350
		12	406.40	100	150	80	100	27.071	380
		13	426.11	100	150	80	100	30.455	400
		14	445.81	100	150	80	100	34.042	420
		15	465.52	100	150	80	100	37.833	440

ϕ10cmPVC管包裹大样图

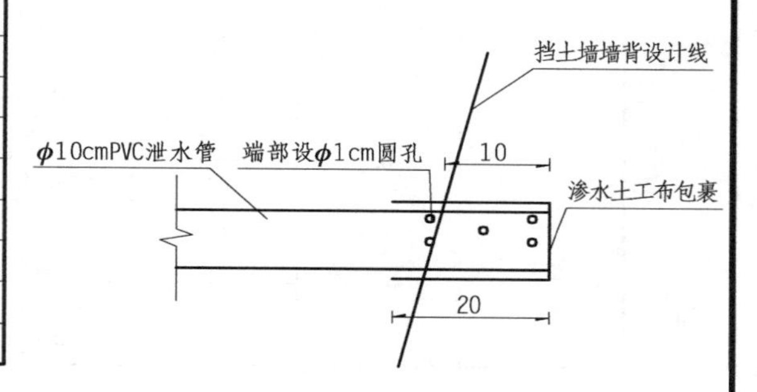

仰斜式路肩挡土墙结构设计图

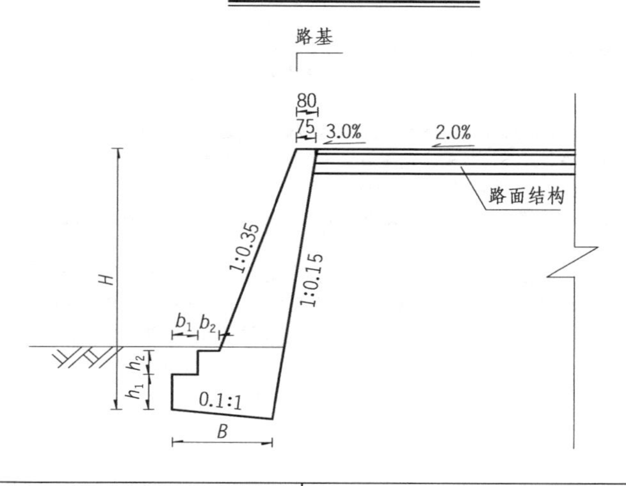

注:

1.本图为仰斜式路肩挡土墙结构设计图，图中尺寸单位以cm计。

2.挡土墙采用C20片石混凝土浇筑，挡土墙所用片(块)石强度等级不低于MU30，厚度不小于15cm。

3.挡土墙每10~15m设置一道沉降伸缩缝，位于岩石地基上的整体式墙身的挡土墙，设缝间距可适当延长，但不应大于25m。沉降伸缩缝的缝宽2~3cm，缝内用沥青麻絮或涂抹沥青的木板沿挡土墙的内、外、顶三侧填塞，填塞深度不小于15cm。

4.泄水孔间距2m，上下左右交错呈梅花形布置，孔内预埋ϕ10cmPVC排水管，PVC管应超出构造物背面10~20cm，其端部30cm长应设ϕ1cm圆孔并用双层透水土工布包裹。最下一排泄水孔应高出地面0.3m，或高出沟底0.6m，墙背设置30cm厚砂砾(卵)石反滤层，管出水口必须低于进水口且按4%的坡度设置。

5.挡土墙混凝土强度达到设计值的70%以上时，方可分层填筑夯实，确保墙身稳定。挡土墙基坑回填须分层填筑并夯实，压实度不小于92%。

6.挡土墙基础应埋置在冻结线以下不小于0.25m，挡土墙端部嵌入原地层的深度，对于土质地层不小于1.5m，对于风化岩层不小于1.0m，对于微风化岩层不小于0.5m。当挡土墙基础设置在稳定坚硬的岩石斜坡地基上时，基础可做成台阶形，台阶的高宽比不宜大于2，台阶宽度不宜小于1.0m。挡土墙基础有失稳隐患的，应采取锚固措施保证基础的稳定。

7.沿河段仰斜式路肩挡土墙的基底应埋入最大冲刷深度线以下不小于1.0m。

8.其他未尽事项，按有关施工规范、规定办理。

测设单位	工程名称	仰斜式路肩挡土墙设计图	设计		复核		审核		图号	S5-3	日期	

仰斜式路肩挡土墙断面尺寸及工程数量表

墙后填土内摩擦角(°)	基底摩擦系数	墙高 H (m)	B (cm)	b_1 (cm)	h_1 (cm)	b_2 (cm)	h_2 (cm)	截面面积(m²) C20混凝土	地基承载力[σ_0] (kPa)
35	0.5	6	288.18	100	150	80	100	11.055	210
		7	307.88	100	150	80	100	13.214	250
		8	327.59	100	150	80	100	15.578	260
		9	347.29	100	150	80	100	18.145	300
		10	367.00	100	150	80	100	20.917	320
		11	386.70	100	150	80	100	23.892	350
		12	406.40	100	150	80	100	27.071	380
		13	426.11	100	150	80	100	30.455	400
		14	445.81	100	150	80	100	34.042	420
		15	465.52	100	150	80	100	37.833	440

ϕ10cmPVC管包裹大样图

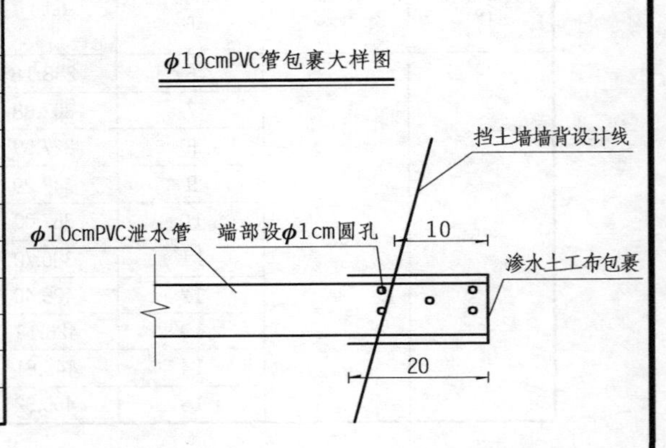

仰斜式路肩挡土墙结构设计图

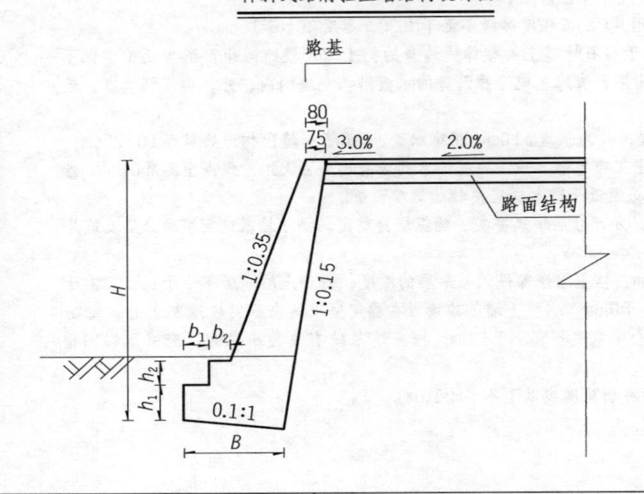

注:

1.本图为仰斜式路肩挡土墙结构设计图，图中尺寸单位以cm计。
2.挡土墙采用C20混凝土浇筑。
3.挡土墙每10~15m设置一道沉降伸缩缝，位于岩石地基上的整体式墙身的挡土墙，设缝间距可适当延长，但不应大于25m。沉降伸缩缝的缝宽2~3cm，缝内用沥青麻絮或涂抹沥青的木板沿挡土墙的内、外、顶三侧填塞，填塞深度不小于15cm。
4.泄水孔间距2m，上下左右交错呈梅花形布置，孔内预埋ϕ10cmPVC排水管，PVC管应超出构造物背面10~20cm，其端部30cm长应设ϕ1cm圆孔并用双层透水土工布包裹。最下一排泄水孔应高出地面0.3m，或高出沟底0.6m，墙背设置30cm厚砂砾(卵)石反滤层，管出水口必须低于进水口且按4%的坡度设置。
5.挡土墙混凝土强度达到设计值的70%以上时，方可分层填筑夯实，确保墙身稳定。挡土墙基坑回填须分层填筑并夯实，压实度不小于92%。
6.挡土墙基础应埋置在冻结线以下不小于0.25m，挡土墙端部嵌入原地层的深度，对于土质地层不小于1.5m，对于风化岩层不小于1.0m，对于微风化岩层不小于0.5m。当挡土墙基础设置在稳定坚硬的岩石斜坡地基上时，基础可做成台阶形，台阶的高宽比不宜大于2，台阶宽度不宜小于1.0m。挡土墙基础有失稳隐患的，应采取锚固措施保证基础的稳定。
7.沿河段仰斜式路肩挡土墙的基底应埋入最大冲刷深度线以下不小于1.0m。
8.其他未尽事项，按有关施工规范、规定办理。

测设单位		工程名称		仰斜式路肩挡土墙设计图	设计		复核		审核		图号	S5-3	日期	

衡重式路肩挡土墙断面尺寸及工程数量表

墙后填土内摩擦角(°)	基底摩擦系数	墙高 H (m)	B (cm)	b (cm)	h (cm)	b_1 (cm)	h_1 (cm)	b_2 (cm)	h_2 (cm)	截面面积(m^2)	地基承载力[σ_0] (kPa)
										M7.5浆砌片石	
35	0.5	3	143.41	40	120	30	50	—	—	3.528	150
		4	152.20	40	160	30	50	—	—	5.101	150
		5	170.73	50	200	30	50	—	—	7.212	160
		6	179.51	50	240	30	50	—	—	9.327	210
		7	217.53	60	280	50	80	—	—	12.398	250
		8	255.61	80	320	60	90	—	—	16.203	260
		9	264.39	80	360	60	90	—	—	19.195	300
		10	312.20	100	400	80	120	—	—	24.160	320
		11	399.02	120	440	80	120	60	90	30.613	350
		12	407.80	120	480	80	120	60	90	34.506	380
		13	484.88	150	520	100	150	80	120	42.838	400
		14	493.65	150	560	100	150	80	120	47.441	420
		15	512.20	160	600	100	150	80	120	53.230	440
		16	530.73	170	640	100	150	80	120	59.376	450

衡重式路肩挡土墙结构设计图

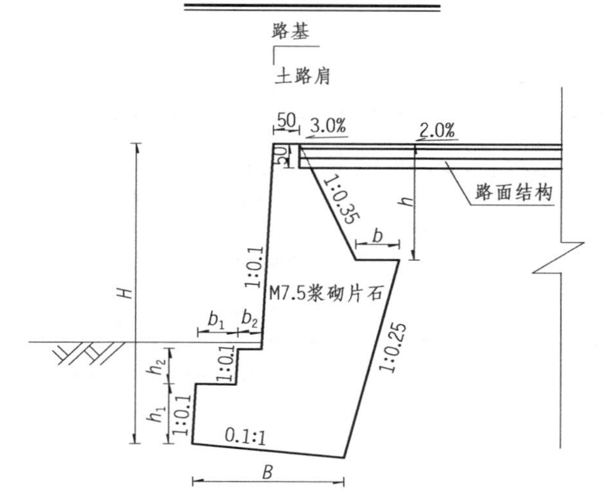

注：
1.本图为衡重式路肩挡土墙设计图，图中尺寸单位以cm计。
2.挡土墙采用M7.5砂浆砌片(块)石砌筑，墙体砌筑采用挤浆法施工，墙身外露部分均采用M10砂浆勾缝。挡土墙应采用不易风化的坚硬岩石，所用片块石强度等级不低于MU30。
3.挡土墙每10~15m设置一道沉降伸缩缝，位于岩石地基上的整体式墙身的挡土墙，设缝间距可适当延长，但不应大于25m。沉降伸缩缝的缝宽2~3cm，缝内用沥青麻絮或涂抹沥青的木板沿挡土墙的内、外、顶三侧填塞，填塞深度不小于15cm。
4.泄水孔间距2m，上下左右交错呈梅花形布置，孔内预埋ϕ10cmPVC排水管，PVC管应超出构造物背面10~20cm，其端部30cm长应设ϕ1cm圆孔并用双层透水土工布包裹。最下一排泄水孔应高出地面0.3m，或高出沟底0.6m，墙背设置30cm厚砂砾(卵)石反滤层，管出水口必须低于进水口且按4%的坡度设置。
5.挡土墙砂浆强度达到设计值的70%以上时，方可分层填筑夯实，确保墙身稳定。挡土墙基坑回填须分层填筑并夯实，压实度不小于92%。
6.挡土墙基础应埋置在冻结线以下不小于0.25m，挡土墙端部嵌入原地层的深度，对于土质地层不小于1.5m，对于风化岩层不小于1.0m，对于微风化岩层不小于0.5m。当挡土墙基础设置在稳定坚硬的岩石斜坡地基上时，基础可做成台阶形，台阶的高宽比不宜大于2，台阶宽度不宜小于0.5m。挡土墙基础有失稳隐患的，应采取锚固措施保证基础的稳定。
7.其他未尽事项,按有关规范、规定办理。

测设单位	工程名称	衡重式路肩挡土墙设计图	设计		复核		审核		图号	S5-4	日期	

衡重式路肩挡土墙断面尺寸及工程数量表

墙后填土内摩擦角(°)	基底摩擦系数	墙高 H (m)	B (cm)	b (cm)	h (cm)	b_1 (cm)	h_1 (cm)	b_2 (cm)	h_2 (cm)	截面面积(m^2) C20片石混凝土	地基承载力[σ_0] (kPa)
35	0.5	3	143.41	40	120	30	50	—	—	3.528	150
		4	152.20	40	160	30	50	—	—	5.101	150
		5	170.73	50	200	30	50	—	—	7.212	160
		6	179.51	50	240	30	50	—	—	9.327	210
		7	217.53	60	280	50	80	—	—	12.398	250
		8	255.61	80	320	60	90	—	—	16.203	260
		9	264.39	80	360	60	90	—	—	19.195	300
		10	312.20	100	400	80	120	—	—	24.160	320
		11	399.02	120	440	80	120	60	90	30.613	350
		12	407.80	120	480	80	120	60	90	34.506	380
		13	484.88	150	520	100	150	80	120	42.838	400
		14	493.65	150	560	100	150	80	120	47.441	420
		15	512.20	160	600	100	150	80	120	53.230	440
		16	530.73	170	640	100	150	80	120	59.376	450

衡重式路肩挡土墙结构设计图

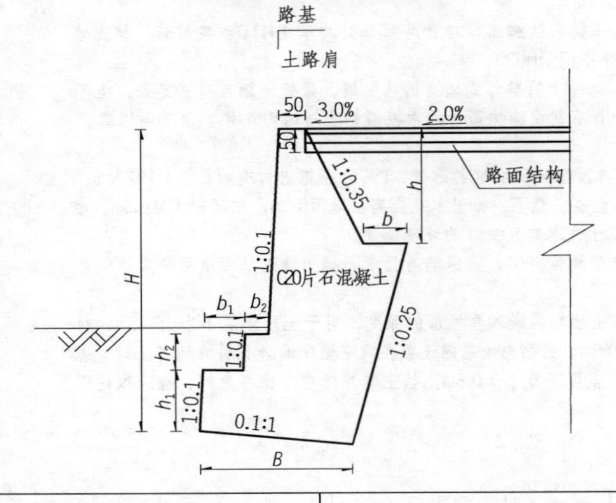

注:

1.本图为衡重式路肩挡土墙设计图，图中尺寸单位以cm计。

2.挡土墙采用C20片石混凝土浇筑，挡土墙所用片块石强度等级不低于MU30，厚度不小于15cm。

3.挡土墙每10~15m设置一道沉降伸缩缝，位于岩石地基上的整体式墙身的挡土墙，设缝间距可适当延长，但不应大于25m。沉降伸缩缝的缝宽2~3cm，缝内用沥青麻絮或涂抹沥青的木板沿挡土墙的内、外、顶三侧填塞，填塞深度不小于15cm。

4.泄水孔间距2m，上下左右交错呈梅花形布置，孔内预埋ϕ10cmPVC排水管，PVC管应超出构造物背面10~20cm，其端部30cm长应设ϕ1cm圆孔并用双层透水土工布包裹。最下一排泄水孔应高出地面0.3m，或高出沟底0.6m，墙背设置30cm厚砂砾(卵)石反滤层，管出水口必须低于进水口且按4%的坡度设置。

5.挡土墙混凝土强度达到设计值的70%以上时，方可分层填筑夯实，确保墙身稳定。挡土墙基坑回填须分层填筑并夯实，压实度不小于92%。

6.挡土墙基础应埋置在冻结线以下不小于0.25m，挡土墙端部嵌入原地层的深度，土质地层不小于1.5m，风化岩层不小于1.0m，微风化岩层不小于0.5m。当挡土墙基础设置在稳定坚硬的岩石斜坡地基上时，基础可做成台阶形，台阶的高宽比不宜大于2，台阶宽度不宜小于0.5m。挡土墙基础有失稳隐患的，应采取锚固措施保证基础的稳定。

7.其他未尽事项,按有关规范、规定办理。

测设单位	工程名称	衡重式路肩挡土墙设计图	设计	复核	审核	图号	S5-4	日期

衡重式路肩挡土墙断面尺寸及工程数量表

墙后填土内摩擦角(°)	基底摩擦系数	墙高 H (m)	B (cm)	b (cm)	h (cm)	b_1 (cm)	h_1 (cm)	b_2 (cm)	h_2 (cm)	截面面积(m²) C20混凝土	地基承载力[σ_0] (kPa)
35	0.5	3	143.41	40	120	30	50	—	—	3.528	150
		4	152.20	40	160	30	50	—	—	5.101	150
		5	170.73	50	200	30	50	—	—	7.212	160
		6	179.51	50	240	30	50	—	—	9.327	210
		7	217.53	60	280	50	80	—	—	12.398	250
		8	255.61	80	320	60	90	—	—	16.203	260
		9	264.39	80	360	60	90	—	—	19.195	300
		10	312.20	100	400	80	120	—	—	24.160	320
		11	399.02	120	440	80	120	60	90	30.613	350
		12	407.80	120	480	80	120	60	90	34.506	380
		13	484.88	150	520	100	150	80	120	42.838	400
		14	493.65	150	560	100	150	80	120	47.441	420
		15	512.20	160	600	100	150	80	120	53.230	440
		16	530.73	170	640	100	150	80	120	59.376	450

衡重式路肩挡土墙结构设计图

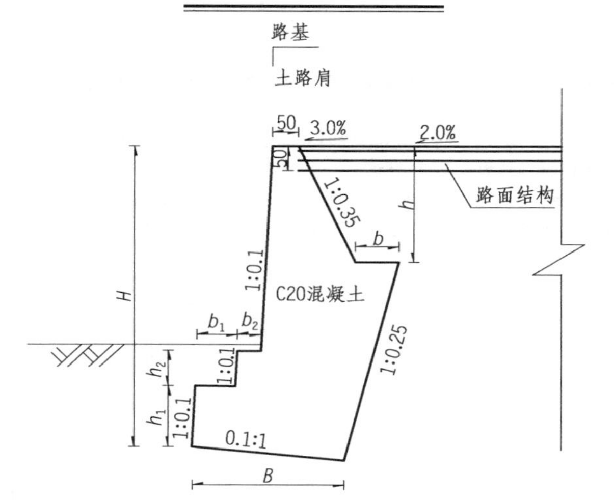

注:

1.本图为衡重式路肩挡土墙设计图，图中尺寸单位以cm计。

2.挡土墙采用C20混凝土浇筑。

3.挡土墙每10~15m设置一道沉降伸缩缝，位于岩石地基上的整体式墙身的挡土墙，设缝间距可适当延长，但不应大于25m。沉降伸缩缝的缝宽2~3cm，缝内用沥青麻絮或涂抹沥青的木板沿挡土墙的内、外、顶三侧填塞，填塞深度不小于15cm。

4.泄水孔间距2m，上下左右交错呈梅花形布置，孔内预埋ϕ10cmPVC排水管，PVC管应超出构造物背面10~20cm，其端部30cm长应设ϕ1cm圆孔并用双层透水土工布包裹。最下一排泄水孔应高出地面0.3m，或高出沟底0.6m，墙背设置30cm厚砂砾(卵)石反滤层，管出水口必须低于进水口且按4%的坡度设置。

5.挡土墙混凝土强度达到设计值的70%以上时，方可分层填筑夯实，确保墙身稳定。挡土墙基坑回填须分层填筑并夯实，压实度不小于92%。

6.挡土墙基础应埋置在冻结线以下不小于0.25m，挡土墙端部嵌入原地层的深度，对于土质地层不小于1.5m，对于风化岩层不小于1.0m，对于微风化岩层不小于0.5m。当挡土墙基础设置在稳定坚硬的岩石斜坡地基上时，基础可做成台阶形，台阶的高宽比不宜大于2，台阶宽度不宜小于0.5m。挡土墙基础有失稳隐患的，应采取锚固措施保证基础的稳定。

7.其他未尽事项,按有关规范、规定办理。

测设单位	工程名称	衡重式路肩挡土墙设计图	设计		复核		审核		图号	S5-4	日期	

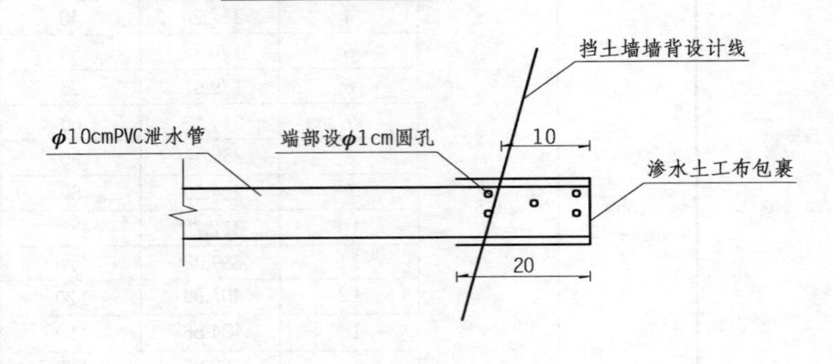

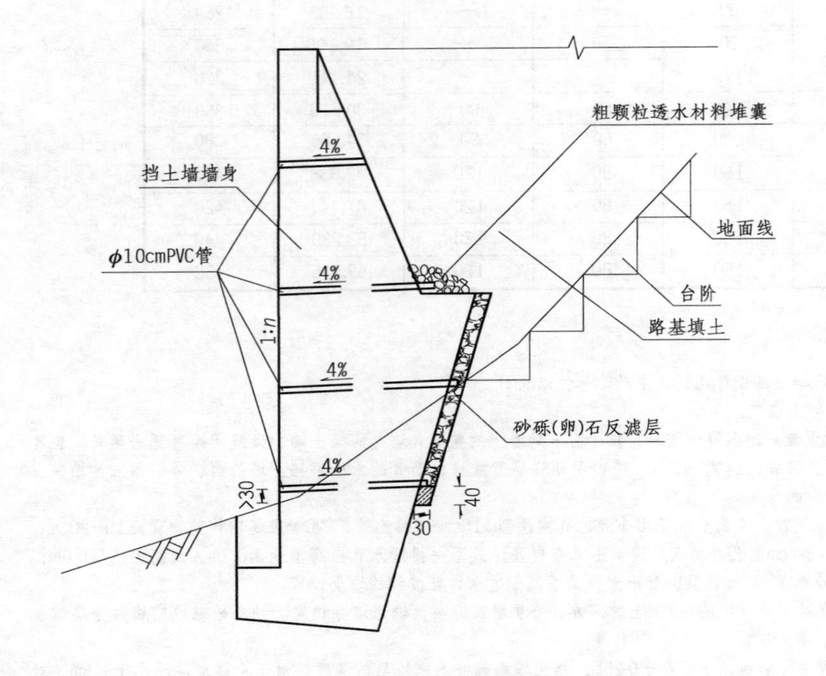

注：

1.本图为衡重式路肩挡土墙开挖泄水孔布置及墙背回填设计图，图中尺寸除注明外，均以cm计。

2.泄水孔间距2.0m，按梅花形交错布设，孔内预埋φ10cmPVC排水管，最低一排PVC管最少应高出地面线30cm，且按3%～4%的坡度倾斜设置。

3.PVC管应超出构造物背面10cm，其端部应设φ1cm圆孔并用双层透水土工布包裹连接。

4.挡土墙基坑回填须分层填筑并夯实，压实度不得小于92%。

5.其他未尽事项，按有关规范、规定办理。

测设单位		工程名称	衡重式路肩挡土墙设计图	设计		复核		审核		图号	S5-4	日期	

浸水衡重式路肩挡土墙断面尺寸及工程数量表

墙后填土内摩擦角(°)	基底摩擦系数	墙高 H (m)	B (cm)	b (cm)	h (cm)	b_1 (cm)	h_1 (cm)	b_2 (cm)	h_2 (cm)	截面面积(m^2)	地基承载力[σ_0] (kPa)
										片石混凝土	
35	0.5	4	182	40	160	30	50	—	—	6.35	150
		5	201	50	200	30	50	—	—	8.78	160
		6	210	50	240	30	50	—	—	11.19	210
		7	248	60	280	50	80	—	—	14.57	250
		8	286	80	320	60	90	—	—	18.68	260
		9	295	80	360	60	90	—	—	21.98	300
		10	343	100	400	80	120	—	—	27.26	320
		11	430	120	440	80	120	60	90	34.04	350
		12	439	120	480	80	120	60	90	38.29	380
		13	504	140	520	100	150	80	120	46.06	400
		14	524	150	560	100	150	80	120	51.79	420

浸水衡重式路肩挡土墙标准图

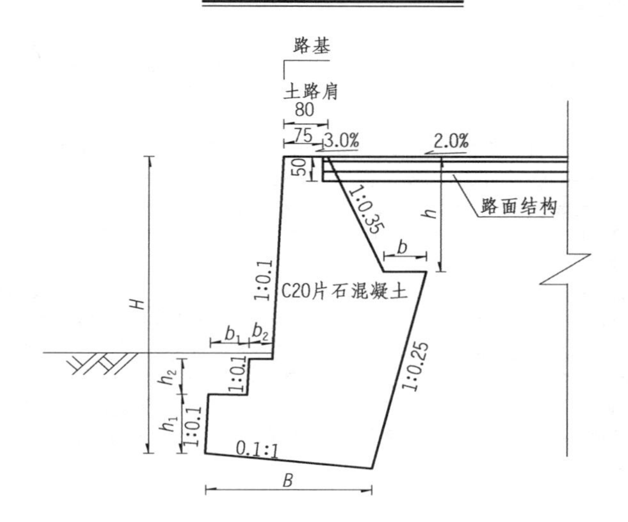

注：

1.本图为浸水衡重式路肩挡土墙，图中尺寸单位以cm计。

2.挡土墙采用C20片石混凝土浇筑，挡土墙所用片块石强度等级不低于MU30，厚度不小于15cm。

3.挡土墙每10~15m设置一道沉降伸缩缝，位于岩石地基上的整体式墙身的挡土墙，设缝间距可适当延长，但不应大于25m。沉降伸缩缝的缝宽2~3cm，缝内用沥青麻絮或涂抹沥青的木板沿挡土墙的内、外、顶三侧填塞，填塞深度不小于15cm。

4.泄水孔间距2m，上下左右交错呈梅花形布置，孔内预埋ϕ10cmPVC排水管，PVC管应超出构造物背面10~20cm，其端部30cm长应设ϕ1cm圆孔并用双层透水土工布包裹。最下一排泄水孔应高出地面0.3m，或高出沟底0.6m，墙背设置30cm厚砂砾(卵)石反滤层，管出水口必须低于进水口且按4%的坡度设置。

5.挡土墙混凝土强度达到设计值的70%以上时，方可分层填筑夯实，确保墙身稳定。挡土墙基坑回填须分层填筑并夯实，压实度不小于92%。

6.受河水浸湿的临河挡土墙均设置为浸水挡土墙，基底埋设在冲刷深度以下不小于1m或嵌入基岩内，浸水挡土墙墙后采用渗水性强的块碎石等填料填筑，挡土墙上设置的排水管应适当加密，间距宜为1.0~1.5m，以便墙后水可自由出入排泄，墙后填筑详见“浸水衡重式路肩墙泄水孔及墙背回填设计图”。

7.挡土墙基础应埋置在冻结线以下不小于0.25m，挡土墙端部嵌入路堑原地层的深度，对于土质地层不小于1.5m，对于风化岩层不小于1.0m，对于微风化岩层不小于0.5m。当挡土墙基础设置在稳定坚硬的岩石斜坡地基上时，基础可做成台阶形，台阶的高度比不宜大于2，台阶宽度不宜小于0.5m。挡土墙基础有失稳隐患的，应采取锚固措施保证基础的稳定。

8.其他未尽事宜，按有关规范、规定办理。

测设单位	工程名称	浸水衡重式路肩挡土墙设计图	设计		复核		审核		图号	S5-5	日期	

浸水衡重式路肩挡土墙断面尺寸及工程数量表

墙后填土内摩擦角(°)	基底摩擦系数	墙高 H (m)	B (cm)	b (cm)	h (cm)	b_1 (cm)	h_1 (cm)	b_2 (cm)	h_2 (cm)	截面面积(m²) 混凝土	地基承载力[σ_0] (kPa)
35	0.5	4	182	40	160	30	50	—	—	6.35	150
		5	201	50	200	30	50	—	—	8.78	160
		6	210	50	240	30	50	—	—	11.19	210
		7	248	60	280	50	80	—	—	14.57	250
		8	286	80	320	60	90	—	—	18.68	260
		9	295	80	360	60	90	—	—	21.98	300
		10	343	100	400	80	120	—	—	27.26	320
		11	430	120	440	80	120	60	90	34.04	350
		12	439	120	480	80	120	60	90	38.29	380
		13	504	140	520	100	150	80	120	46.06	400
		14	524	150	560	100	150	80	120	51.79	420

浸水衡重式路肩挡土墙标准图

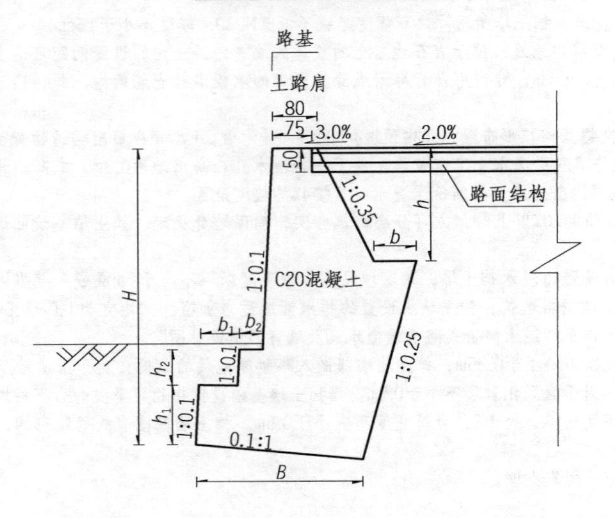

注：

1.本图为浸水衡重式路肩挡土墙，图中尺寸单位以cm计。

2.挡土墙采用C20混凝土浇筑。

3.挡土墙每10~15m设置一道沉降伸缩缝，位于岩石地基上的整体式墙身的挡土墙，设缝间距可适当延长，但不应大于25m。沉降伸缩缝的缝宽2~3cm，缝内用沥青麻絮或涂抹沥青的木板沿挡土墙的内、外、顶三侧填塞，填塞深度不小于15cm。

4.泄水孔间距2m，上下左右交错呈梅花形布置，孔内预埋ϕ10cmPVC排水管，PVC管应超出构造物背面10~20cm，其端部30cm长应设ϕ1cm圆孔并用双层透水土工布包裹。最下一排泄水孔应高出地面0.3m，或高出沟底0.6m，墙背设置30cm厚砂砾(卵)石反滤层，管出水口必须低于进水口且按4%的坡度设置。

5.挡土墙混凝土强度达到设计值的70%以上时，方可分层填筑夯实，确保墙身稳定。挡土墙基坑回填须分层填筑并夯实，压实度不小于92%。

6.受河水浸湿的临河挡土墙均设置为浸水挡土墙，基底埋设在冲刷深度以下不小于1m或嵌入基岩内，浸水挡土墙墙后采用渗水性强的块碎石等填料填筑，挡土墙上设置的排水管应适当加密，间距宜为1.0~1.5m，以便墙后水可自由出入排泄，墙后填筑详见“浸水衡重式路肩墙泄水孔及墙背回填设计图”。

7.挡土墙基础应埋置在冻结线以下不小于0.25m，挡土墙端部嵌入路堑原地层的深度，对于土质地层不小于1.5m，对于风化岩层不小于1.0m，对于微风化岩层不小于0.5m。当挡土墙基础设置在稳定坚硬的岩石斜坡地基上时，基础可做成台阶形，台阶的高度比不宜大于2，台阶宽度不宜小于0.5m。挡土墙基础有失稳隐患的，应采取锚固措施保证基础的稳定。

8.其他未尽事宜，按有关规范、规定办理。

测设单位		工程名称	浸水衡重式路肩挡土墙设计图	设计		复核		审核		图号	S5-5	日期	

浸水路肩衡重式挡土墙泄水孔及回填结构示意图

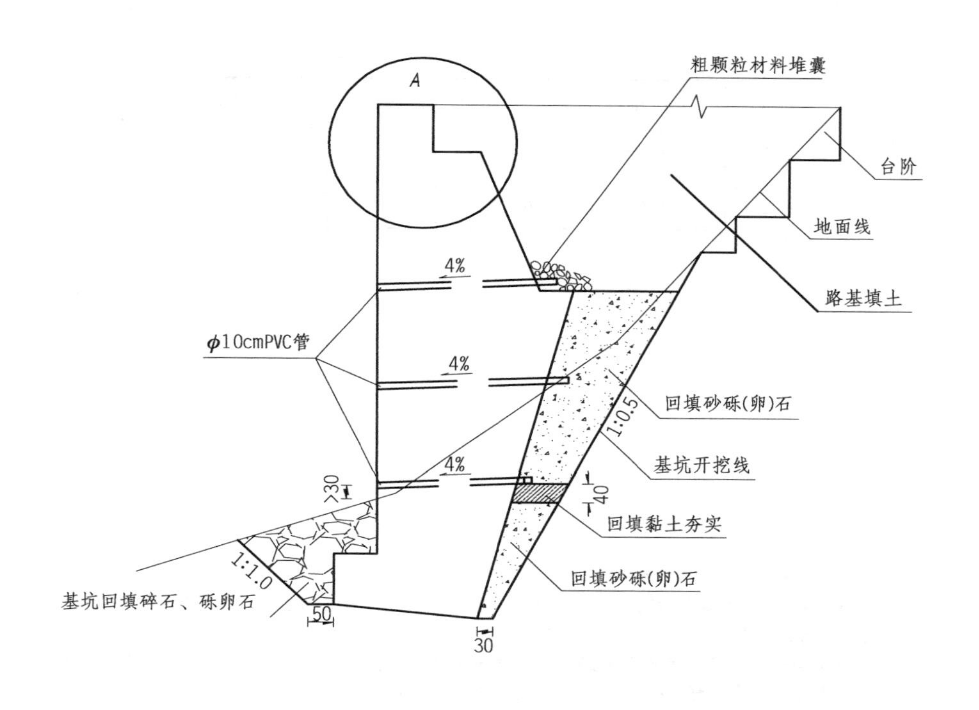

A大样图

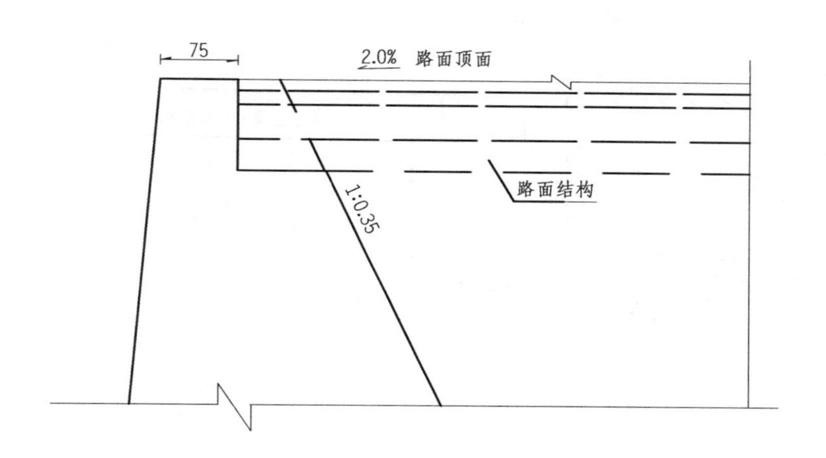

φ10cmPVC管包裹大样图

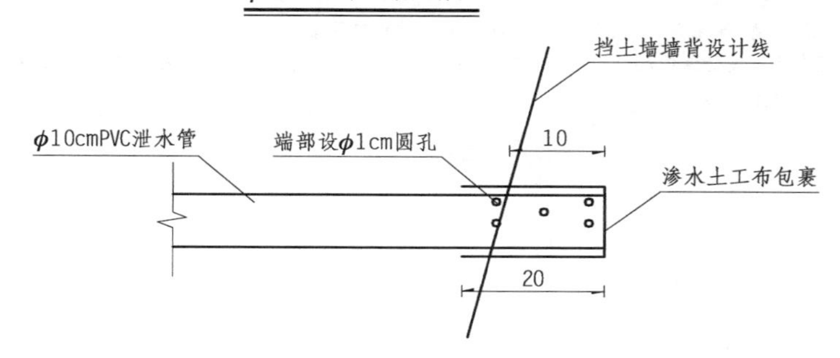

注：

1.图中尺寸除注明外，均以cm计。

2.本图为浸水衡重式路肩墙泄水孔及墙背回填设计图。

3.泄水孔间距2.0m，按梅花形交错布设，孔内预埋φ10cmPVC排水管，最低一排PVC管最少应高出地面线30cm，且按3%~4%的坡度倾斜设置。

4.PVC管应超出构造物背面10cm，其端部上半圆应设φ1cm圆孔并用双层透水土工布包裹连接。

5.浸水挡土墙墙背全部回填透水性砂砾(卵)石,以适应浸水挡土墙对河水位变化的适应。

测设单位	工程名称	浸水衡重式路肩挡土墙设计图	设计		复核		审核		图号	S5-5	日期	

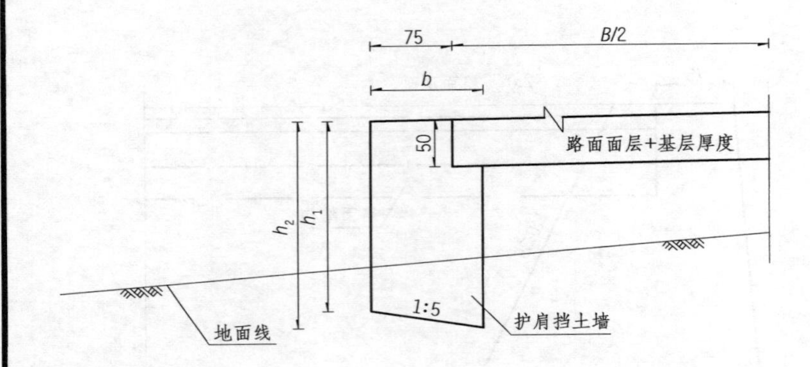

护肩尺寸及工程数量

h_1(m)	h_2(m)	b(m)	M7.5浆砌片石(m^3/m)
≤1.0	$h_1+0.15$	0.75	$h_1b+0.1b^2-0.5b+0.375$
$1.0<h_1\leq2.0$	$h_1+0.20$	1.0	

注:

1.本图为护肩挡土墙设计图，图中尺寸单位以cm计。

2.挡土墙采用M7.5砂浆砌片(块)石砌筑，墙体砌筑采用挤浆法施工，墙身外露部分均采用M10砂浆勾缝。挡土墙应采用不易风化的坚硬岩石，所用片块石强度等级不低于MU30。

3.挡土墙每10~15m设置一道沉降伸缩缝，位于岩石地基上的整体式墙身的挡土墙，设缝间距可适当延长，但不应大于25m。沉降伸缩缝的缝宽2~3cm，缝内用沥青麻絮或涂抹沥青的木板沿挡土墙的内、外、顶三侧填塞，填塞深度不小于15cm。

4.泄水孔间距2m，上下左右交错呈梅花形布置，孔内预埋ϕ10cmPVC排水管，PVC管应超出构造物背面10~20cm，其端部30cm长应设ϕ1cm圆孔并用双层透水土工布包裹。最下一排泄水孔应高出地面0.3m，或高出沟底0.6m，墙背设置30cm厚砂砾(卵)石反滤层，管出水口必须低于进水口且按4%的坡度设置。

5.挡土墙砂浆强度达到设计值的70%以上时，方可分层填筑夯实，确保墙身稳定。挡土墙基坑回填须分层填筑并夯实，压实度不小于92%。

6.其他未尽事项,按有关规范、规定办理。

测设单位		工程名称		护肩挡土墙设计图	设计		复核		审核		图号	S5-6	日期	

护肩挡土墙

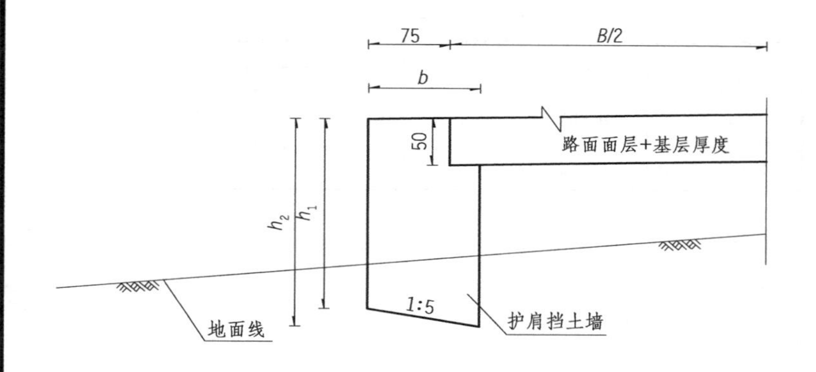

护肩尺寸及工程数量

h_1(m)	h_2(m)	b(m)	C20片石混凝土(m^3/m)
≤1.0	h_1+0.15	0.75	$h_1b+0.1b^2-0.5b+0.375$
1.0<h_1≤2.0	h_1+0.20	1.0	

注:

1.本图为护肩挡土墙设计图，图中尺寸单位以cm计。

2.挡土墙采用C20片石混凝土浇筑，挡土墙所用片块石强度等级不低于MU30，厚度不小于15cm。

3.挡土墙每10~15m设置一道沉降伸缩缝，位于岩石地基上的整体式墙身的挡土墙，设缝间距可适当延长，但不应大于25m。沉降伸缩缝的缝宽2~3cm，缝内用沥青麻絮或涂抹沥青的木板沿挡土墙的内、外、顶三侧填塞，填塞深度不小于15cm。

4.泄水孔间距2m，上下左右交错呈梅花形布置，孔内预埋ϕ10cmPVC排水管，PVC管应超出构造物背面10~20cm，其端部30cm长应设ϕ1cm圆孔并用双层透水土工布包裹。最下一排泄水孔应高出地面0.3m，或高出沟底0.6m，墙背设置30cm厚砂砾(卵)石反滤层，管出水口必须低于进水口且按4%的坡度设置。

5.挡土墙混凝土强度达到设计值的70%以上时，方可分层填筑夯实，确保墙身稳定。挡土墙基坑回填须分层填筑并夯实，压实度不小于92%。

6.其他未尽事项,按有关规范、规定办理。

测设单位	工程名称	护肩挡土墙设计图	设计		复核		审核		图号	S5-6	日期	

护肩挡土墙

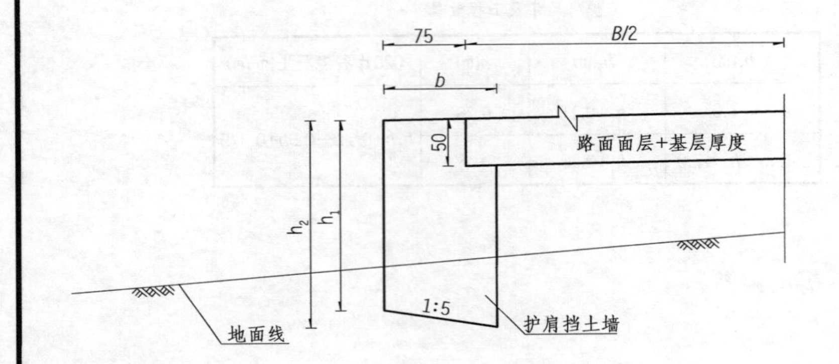

护肩尺寸及工程数量

h_1(m)	h_2(m)	b(m)	C20混凝土(m^3/m)
≤1.0	h_1+0.15	0.75	$h_1b+0.1b^2-0.5b+0.375$
1.0<h_1≤2.0	h_1+0.20	1.0	

注:

1.本图为护肩挡土墙设计图，图中尺寸单位以cm计。

2.挡土墙采用C20混凝土浇筑。

3.挡土墙每10~15m设置一道沉降伸缩缝，位于岩石地基上的整体式墙身的挡土墙，设缝间距可适当延长，但不应大于25m。沉降伸缩缝的缝宽2~3cm，缝内用沥青麻絮或涂抹沥青的木板沿挡土墙的内、外、顶三侧填塞，填塞深度不小于15cm。

4.泄水孔间距2m，上下左右交错呈梅花形布置，孔内预埋ϕ10cmPVC排水管，PVC管应超出构造物背面10~20cm，其端部30cm长应设ϕ1cm圆孔并用双层透水土工布包裹。最下一排泄水孔应高出地面0.3m，或高出沟底0.6m，墙背设置30cm厚砂砾(卵)石反滤层，管出水口必须低于进水口且按4%的坡度设置。

5.挡土墙混凝土强度达到设计值的70%以上时，方可分层填筑夯实，确保墙身稳定。挡土墙基坑回填须分层填筑并夯实，压实度不小于92%。

6.其他未尽事项,按有关规范、规定办理。

测设单位		工程名称		护肩挡土墙设计图	设计		复核		审核		图号	S5-6	日期	

填方边坡4m高衡重式路堤挡土墙断面尺寸及工程数量表

墙后填土内摩擦角(°)	基底摩擦系数	墙高 H (m)	B (cm)	B_1 (cm)	b (cm)	h (cm)	b_1 (cm)	h_1 (cm)	b_2 (cm)	h_2 (cm)	截面面积(m^2) M7.5浆砌片石	地基承载力$[\sigma_0]$ (kPa)
35	0.5	3	100	203.90	40	120	30	50	—	—	5.424	150
		4	100	226.34	50	160	30	50	—	—	8.00	150
		5	100	239.02	50	200	30	50	—	—	10.67	180
		6	100	271.22	50	240	50	80	—	—	13.94	220
		7	110	303.41	60	280	50	80	—	—	18.39	250
		8	120	335.61	70	320	50	80	—	—	23.47	280
		9	120	344.39	70	340	60	90	—	—	27.17	300
		10	130	464.39	90	380	80	120	60	90	35.95	320
		11	140	521.95	100	400	100	150	80	120	43.58	350
		12	140	541.46	100	450	100	150	80	120	49.38	380
		13	150	570.73	100	500	100	150	80	120	56.90	400
		14	150	590.24	100	550	100	150	80	120	63.56	420
		15	160	629.27	110	600	100	150	80	120	73.114	440
		16	170	661.46	120	640	100	150	80	120	82.766	450

填方边坡4m高衡重式路堤挡土墙结构设计图

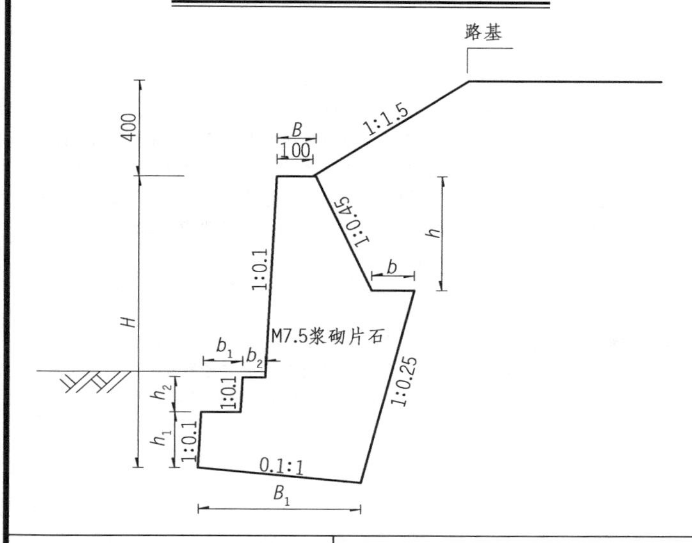

注:

1.本图为填方边坡4m高衡重式路堤挡土墙设计图，图中尺寸单位以cm计。

2.挡土墙采用M7.5砂浆砌片(块)石砌筑，墙体砌筑采用挤浆法施工，墙身外露部分均采用M10砂浆勾缝。挡土墙应采用不易风化的坚硬岩石，所用片块石强度等级不低于MU30。

3.挡土墙每10~15m设置一道沉降伸缩缝，位于岩石地基上的整体式墙身的挡土墙，设缝间距可适当延长，但不应大于25m。沉降伸缩缝的缝宽2~3cm，缝内用沥青麻絮或涂抹沥青的木板沿挡土墙的内、外、顶三侧填塞，填塞深度不小于15cm。

4.泄水孔间距2m，上下左右交错呈梅花形布置，孔内预埋ϕ10cmPVC排水管，PVC管应超出构造物背面10~20cm，其端部30cm长应设ϕ1cm圆孔并用双层透水土工布包裹。最下一排泄水孔应高出地面0.3m，或高出沟底0.6m，墙背设置30cm厚砂砾(卵)石反滤层，管出水口必须低于进水口且按4%的坡度设置。

5.挡土墙砂浆强度达到设计值的70%以上时，方可分层填筑夯实,确保墙身稳定。挡土墙基坑回填须分层填筑并夯实，压实度不小于92%。

6.挡土墙基础应埋置在冻结线以下不小于0.25m，挡土墙端部嵌入原地层的深度，对于土质地层不小于1.5m，对于风化岩层不小于1.0m，对于微风化岩层不小于0.5m。当挡土墙基础设置在稳定坚硬的岩石斜坡地基上时，基础可做成台阶形，台阶的高宽比不宜大于2，台阶宽度不宜小于0.5m。挡土墙基础有失稳隐患的，应采取锚固措施保证基础的稳定。

7.其他未尽事项，按有关规范、规定办理。

测设单位	工程名称	衡重式路堤挡土墙设计图	设计		复核		审核		图号	S5-7	日期	

填方边坡4m高衡重式路堤挡土墙断面尺寸及工程数量表

墙后填土内摩擦角(°)	基底摩擦系数	墙高 H (m)	B (cm)	B_1 (cm)	b (cm)	h (cm)	b_1 (cm)	h_1 (cm)	b_2 (cm)	h_2 (cm)	截面面积(m^2) C20片石混凝土	地基承载力$[\sigma_0]$ (kPa)
35	0.5	3	100	203.90	40	120	30	50	—	—	5.424	150
		4	100	226.34	50	160	30	50	—	—	8.00	150
		5	100	239.02	50	200	30	50	—	—	10.67	180
		6	100	271.22	50	240	50	80	—	—	13.94	220
		7	110	303.41	60	280	50	80	—	—	18.39	250
		8	120	335.61	70	320	50	80	—	—	23.47	280
		9	120	344.39	70	340	60	90	—	—	27.17	300
		10	130	464.39	90	380	80	120	60	90	35.95	320
		11	140	521.95	100	400	100	150	80	120	43.58	350
		12	140	541.46	100	450	100	150	80	120	49.38	380
		13	150	570.73	100	500	100	150	80	120	56.90	400
		14	150	590.24	100	550	100	150	80	120	63.56	420
		15	160	629.27	110	600	100	150	80	120	73.114	440
		16	170	661.46	120	640	100	150	80	120	82.766	450

填方边坡4m高衡重式路堤挡土墙结构设计图

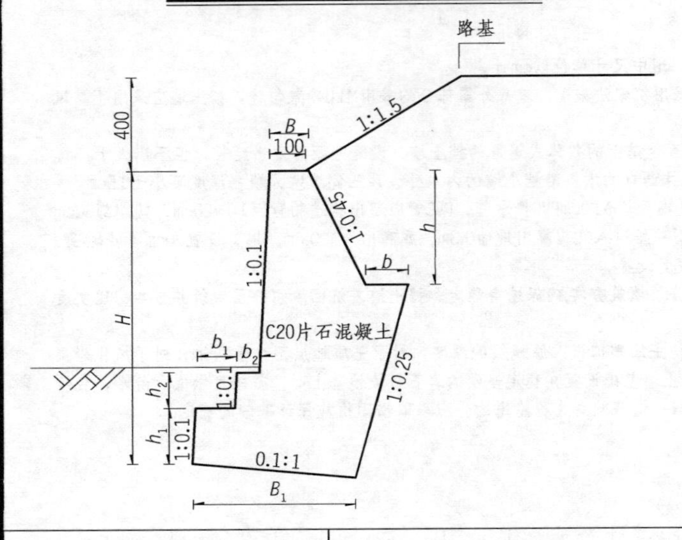

注：

1.本图为填方边坡4m高衡重式路堤挡土墙设计图，图中尺寸单位以cm计。

2.挡土墙采用C20片石混凝土浇筑，挡土墙所用片块石强度等级不低于MU30，厚度不小于15cm。

3.挡土墙每10~15m设置一道沉降伸缩缝，位于岩石地基上的整体式墙身的挡土墙，设缝间距可适当延长，但不应大于25m。沉降伸缩缝的缝宽2~3cm，缝内用沥青麻絮或涂抹沥青的木板沿挡土墙的内、外、顶三侧填塞，填塞深度不小于15cm。

4.泄水孔间距2m，上下左右交错呈梅花形布置，孔内预埋ϕ10cmPVC排水管，PVC管应超出构造物背面10~20cm，其端部30cm长应设ϕ1cm圆孔并用双层透水土工布包裹。最下一排泄水孔应高出地面0.3m，或高出沟底0.6m，墙背设置30cm厚砂砾(卵)石反滤层，管出水口必须低于进水口且按4%的坡度设置。

5.挡土墙混凝土强度达到设计值的70%以上时，方可分层填筑夯实，确保墙身稳定。挡土墙基坑回填须分层填筑并夯实，压实度不小于92%。

6.挡土墙基础应埋置在冻结线以下不小于0.25m，挡土墙端部嵌入原地层的深度，对于土质地层不小于1.5m，对于风化岩层不小于1.0m，对于微风化岩层不小于0.5m。当挡土墙基础设置在稳定坚硬的岩石斜坡地基上时，基础可做成台阶形，台阶的高宽比不宜大于2，台阶宽度不宜小于0.5m。挡土墙基础有失稳隐患的，应采取锚固措施保证基础的稳定。

7.其他未尽事项，按有关规范、规定办理。

测设单位		工程名称		衡重式路堤挡土墙设计图	设计		复核		审核		图号	S5-7	日期	

填方边坡4m高衡重式路堤挡土墙断面尺寸及工程数量表

墙后填土内摩擦角(°)	基底摩擦系数	墙高 H (m)	B (cm)	B_1 (cm)	b (cm)	h (cm)	b_1 (cm)	h_1 (cm)	b_2 (cm)	h_2 (cm)	截面面积(m²)	地基承载力[σ_0] (kPa)
											C20混凝土	
35	0.5	3	100	203.90	40	120	30	50	—	—	5.424	150
		4	100	226.34	50	160	30	50	—	—	8.00	150
		5	100	239.02	50	200	30	50	—	—	10.67	180
		6	100	271.22	50	240	50	80	—	—	13.94	220
		7	110	303.41	60	280	50	80	—	—	18.39	250
		8	120	335.61	70	320	50	80	—	—	23.47	280
		9	120	344.39	70	340	60	90	—	—	27.17	300
		10	130	464.39	90	380	80	120	60	90	35.95	320
		11	140	521.95	100	400	100	150	80	120	43.58	350
		12	140	541.46	100	450	100	150	80	120	49.38	380
		13	150	570.73	100	500	100	150	80	120	56.90	400
		14	150	590.24	100	550	100	150	80	120	63.56	420
		15	160	629.27	110	600	100	150	80	120	73.114	440
		16	170	661.46	120	640	100	150	80	120	82.766	450

填方边坡4m高衡重式路堤挡土墙结构设计图

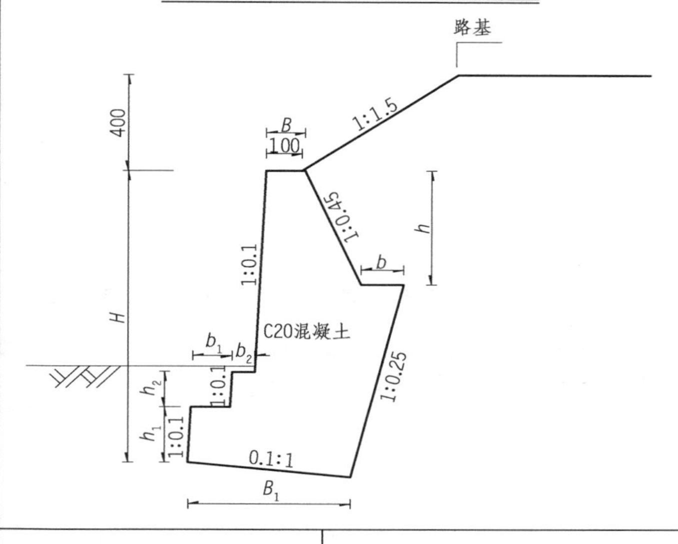

注：

1.本图为填方边坡4m高衡重式路堤挡土墙设计图，图中尺寸单位以cm计。

2.挡土墙采用C20混凝土浇筑。

3.挡土墙每10~15m设置一道沉降伸缩缝，位于岩石地基上的整体式墙身的挡土墙，设缝间距可适当延长，但不应大于25m。沉降伸缩缝的缝宽2~3cm，缝内用沥青麻絮或涂抹沥青的木板沿挡土墙的内、外、顶三侧填塞，填塞深度不小于15cm。

4.泄水孔间距2m，上下左右交错呈梅花形布置，孔内预埋ϕ10cmPVC排水管，PVC管应超出构造物背面10~20cm，其端部30cm长应设ϕ1cm圆孔并用双层透水土工布包裹。最下一排泄水孔应高出地面0.3m，或高出沟底0.6m，墙背设置30cm厚砂砾(卵)石反滤层，管出水口必须低于进水口且按4%的坡度设置。

5.挡土墙混凝土强度达到设计值的70%以上时，方可分层填筑夯实，确保墙身稳定。挡土墙基坑回填须分层填筑并夯实，压实度不小于92%。

6.挡土墙基础应埋置在冻结线以下不小于0.25m，挡土墙端部嵌入原地层的深度，对于土质地层不小于1.5m，对于风化岩层不小于1.0m，对于微风化岩层不小于0.5m。当挡土墙基础设置在稳定坚硬的岩石斜坡地基上时，基础可做成台阶形，台阶的高宽比不宜大于2，台阶宽度不宜小于0.5m。挡土墙基础有失稳隐患的，应采取锚固措施保证基础的稳定。

7.其他未尽事项，按有关规范、规定办理。

测设单位	工程名称	衡重式路堤挡土墙设计图	设计		复核		审核		图号	S5-7	日期	

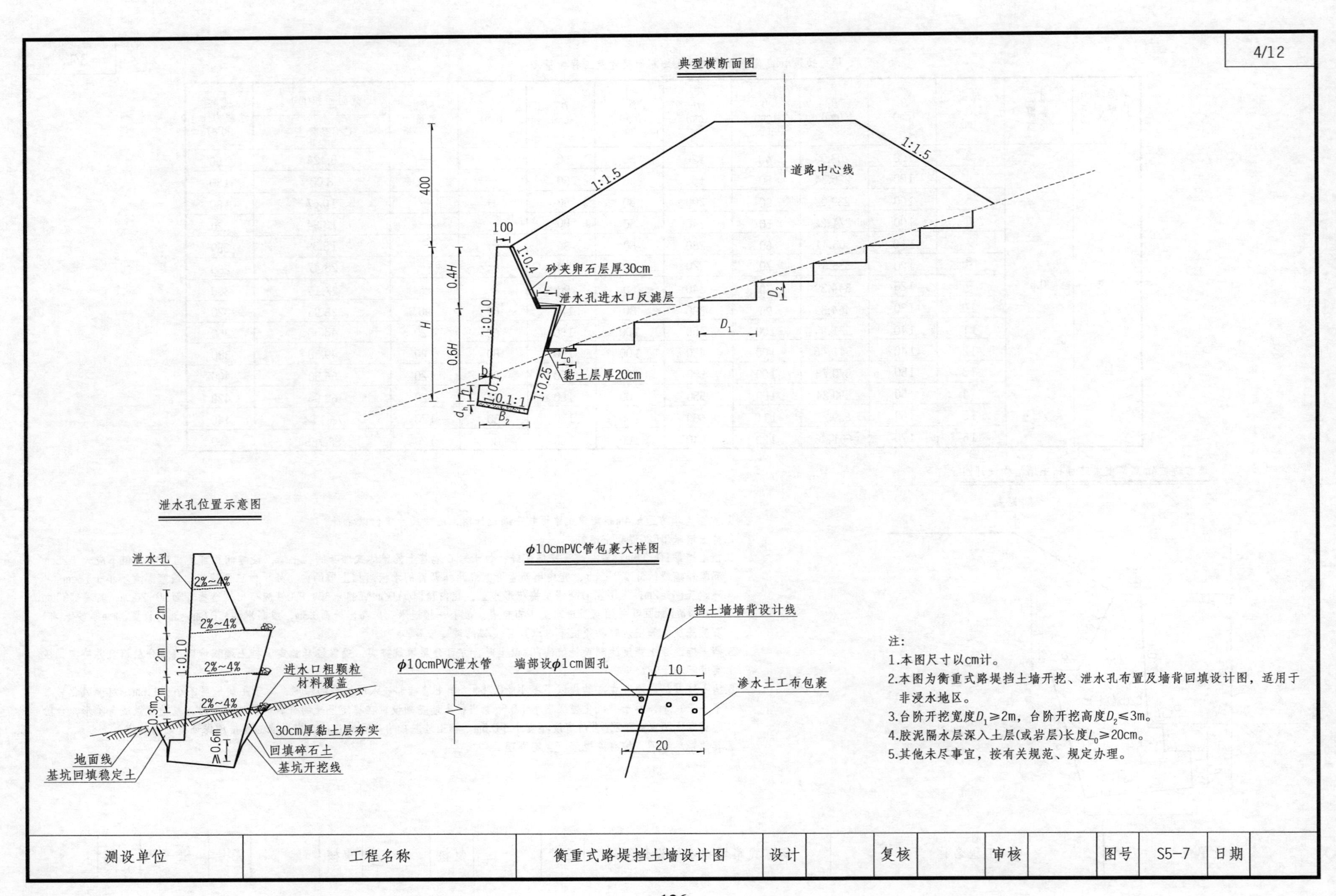

注:

1.本图尺寸以cm计。

2.本图为衡重式路堤挡土墙开挖、泄水孔布置及墙背回填设计图，适用于非浸水地区。

3.台阶开挖宽度$D_1 \geq 2$m，台阶开挖高度$D_2 \leq 3$m。

4.胶泥隔水层深入土层(或岩层)长度$L_0 \geq 20$cm。

5.其他未尽事宜，按有关规范、规定办理。

测设单位	工程名称	衡重式路堤挡土墙设计图	设计	复核	审核	图号	S5-7	日期

填方边坡6m高衡重式路堤挡土墙断面尺寸及工程数量表

墙后填土内摩擦角(°)	基底摩擦系数	墙高 H (m)	B (cm)	B_1 (m)	b (cm)	h (cm)	b_1 (cm)	h_1 (cm)	b_2 (cm)	h_2 (cm)	截面面积(m²) M7.5浆砌片石	地基承载力[σ_0] (kPa)
35	0.5	3	100	223.41	30	120	60	80	—	—	5.617	220
		4	100	245.85	40	160	60	80	—	—	8.134	240
		5	100	268.29	50	200	60	80	—	—	11.074	270
		6	100	281.48	50	240	60	80	—	—	14.081	300
		7	110	342.95	50	280	100	120	—	—	18.940	320
		8	120	404.41	70	320	120	150	—	—	25.159	340
		9	130	495.14	80	360	100	120	80	100	32.352	380
		10	140	517.58	80	400	100	120	80	100	38.065	400
		11	150	540.02	80	440	100	120	80	100	44.298	420
		12	160	571.71	90	480	100	120	80	100	51.771	440
		13	160	584.39	90	520	100	120	80	100	57.711	480
		14	170	606.83	90	560	100	120	80	100	65.411	500
		15	180	639.02	100	600	100	120	80	100	74.578	520
		16	200	680.98	110	640	100	120	80	100	86.041	540
		17	210	742.44	110	680	120	150	100	120	97.306	560
		18	230	784.39	120	720	120	150	100	120	110.289	590

填方边坡6m高衡重式路堤挡土墙结构设计图

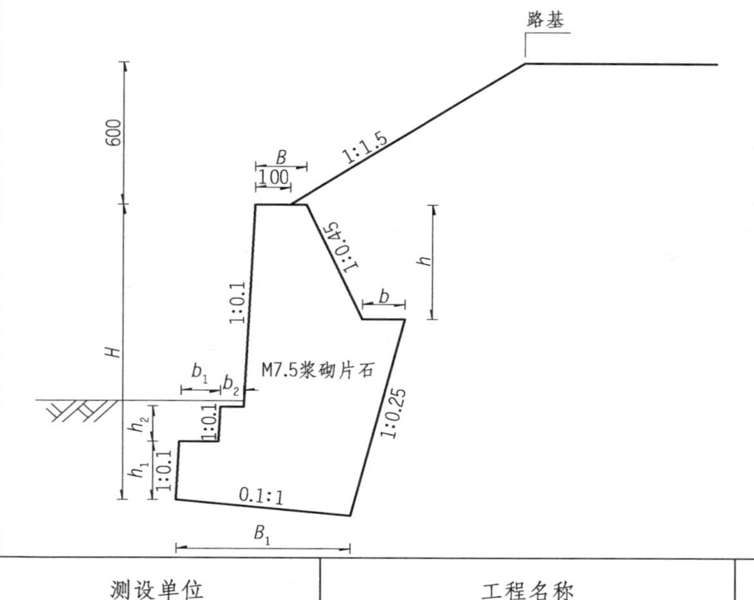

注：
1.本图为填方边坡6m高衡重式路堤挡土墙设计图，图中尺寸单位以cm计。
2.挡土墙采用M7.5砂浆砌片(块)石砌筑，墙体砌筑采用挤浆法施工，墙身外露部分均采用M10砂浆勾缝。挡土墙应采用不易风化的坚硬岩石，所用片块石强度等级不低于MU30。
3.挡土墙每10~15m设置一道沉降伸缩缝，位于岩石地基上的整体式墙身的挡土墙，设缝间距可适当延长，但不应大于25m。沉降伸缩缝的缝宽2~3cm，缝内用沥青麻絮或涂抹沥青的木板沿挡土墙的内、外、顶三侧填塞，填塞深度不小于15cm。
4.泄水孔间距2m，上下左右交错呈梅花形布置，孔内预埋ϕ10cmPVC排水管，PVC管应超出构造物背面10~20cm，其端部30cm长应设ϕ1cm圆孔并用双层透水土工布包裹。最下一排泄水孔应高出地面0.3m，或高出沟底0.6m，墙背设置30cm厚砂砾(卵)石反滤层，管出水口必须低于进水口且按4%的坡度设置。
5.挡土墙砂浆强度达到设计值的70%以上时，方可分层填筑夯实，确保墙身稳定。挡土墙基坑回填须分层填筑并夯实，压实度不小于92%。
6.挡土墙基础应埋置在冻结线以下不小于0.25m，挡土墙端部嵌入原地层的深度，对于土质地层不小于1.5m，对于风化岩层不小于1.0m，对于微风化岩层不小于0.5m。当挡土墙基础设置在稳定坚硬的岩石斜坡地基上时，基础可做成台阶形，台阶的高宽比不宜大于2，台阶宽度不宜小于0.5m。挡土墙基础有失稳隐患的，应采取锚固措施保证基础的稳定。
7.其他未尽事项，按有关规范、规定办理。

测设单位	工程名称	衡重式路堤挡土墙设计图	设计		复核		审核		图号	S5-7	日期	

填方边坡6m高衡重式路堤挡土墙断面尺寸及工程数量表

墙后填土内摩擦角(°)	基底摩擦系数	墙高 H (m)	B (cm)	B_1 (m)	b (cm)	h (cm)	b_1 (cm)	h_1 (cm)	b_2 (cm)	h_2 (cm)	截面面积(m^2) C20片石混凝土	地基承载力[σ_0] (kPa)
35	0.5	3	100	223.41	30	120	60	80	—	—	5.617	220
		4	100	245.85	40	160	60	80	—	—	8.134	240
		5	100	268.29	50	200	60	80	—	—	11.074	270
		6	100	281.48	50	240	60	80	—	—	14.081	300
		7	110	342.95	50	280	100	120	—	—	18.940	320
		8	120	404.41	70	320	120	150	—	—	25.159	340
		9	130	495.14	80	360	100	120	80	100	32.352	380
		10	140	517.58	80	400	100	120	80	100	38.065	400
		11	150	540.02	80	440	100	120	80	100	44.298	420
		12	160	571.71	90	480	100	120	80	100	51.771	440
		13	160	584.39	90	520	100	120	80	100	57.711	480
		14	170	606.83	90	560	100	120	80	100	65.411	500
		15	180	639.02	100	600	100	120	80	100	74.578	520
		16	200	680.98	110	640	100	120	80	100	86.041	540
		17	210	742.44	110	680	120	150	100	120	97.306	560
		18	230	784.39	120	720	120	150	100	120	110.289	590

填方边坡6m高衡重式路堤挡土墙结构设计图

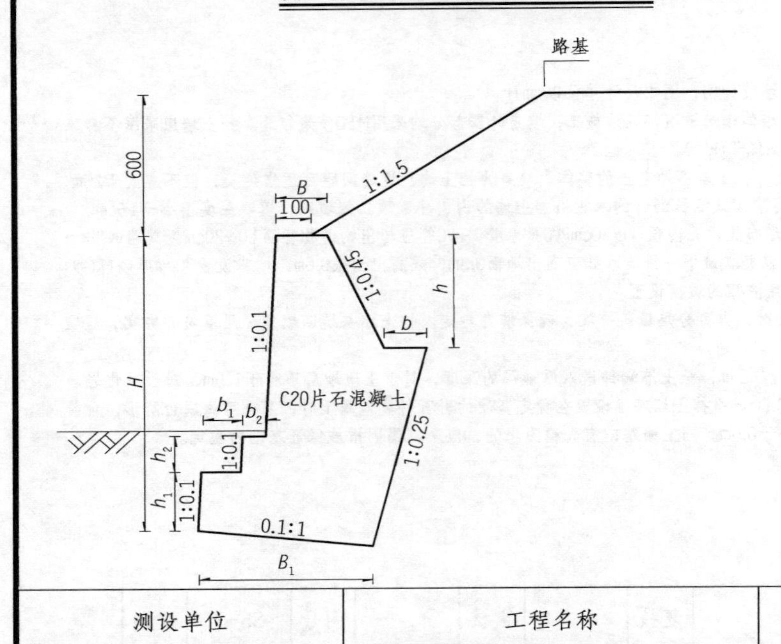

注:
1.本图为填方边坡6m高衡重式路堤挡土墙设计图，图中尺寸单位以cm计。
2.挡土墙采用C20片石混凝土浇筑，挡土墙所用片块石强度等级不低于MU30，厚度不小于15cm。
3.挡土墙每10~15m设置一道沉降伸缩缝，位于岩石地基上的整体式墙身的挡土墙，设缝间距可适当延长，但不应大于25m。沉降伸缩缝的缝宽2~3cm，缝内用沥青麻絮或涂抹沥青的木板沿挡土墙的内、外、顶三侧填塞，填塞深度不小于15cm。
4.泄水孔间距2m，上下左右交错呈梅花形布置，孔内预埋ϕ10cmPVC排水管，PVC管应超出构造物背面10~20cm，其端部30cm长应设ϕ1cm圆孔并用双层透水土工布包裹。最下一排泄水孔应高出地面0.3m，或高出沟底0.6m，墙背设置30cm厚砂砾(卵)石反滤层，管出水口必须低于进水口且按4%的坡度设置。
5.挡土墙混凝土强度达到设计值的70%以上时，方可分层填筑夯实，确保墙身稳定。挡土墙基坑回填须分层填筑并夯实，压实度不小于92%。
6.挡土墙基础应埋置在冻结线以下不小于0.25m，挡土墙端部嵌入原地层的深度，对于土质地层不小于1.5m，对于风化岩层不小于1.0m，对于微风化岩层不小于0.5m。当挡土墙基础设置在稳定坚硬的岩石斜坡地基上时，基础可做成台阶形，台阶的高宽比不宜大于2，台阶宽度不宜小于0.5m。挡土墙基础有失稳隐患的，应采取锚固措施保证基础的稳定。
7.其他未尽事项，按有关规范、规定办理。

测设单位		工程名称	衡重式路堤挡土墙设计图	设计		复核		审核		图号	S5-7	日期	

填方边坡6m高衡重式路堤挡土墙断面尺寸及工程数量表

墙后填土内摩擦角(°)	基底摩擦系数	墙高 H (m)	B (cm)	B_1 (m)	b (cm)	h (cm)	b_1 (cm)	h_1 (cm)	b_2 (cm)	h_2 (cm)	截面面积(m^2) C20混凝土	地基承载力[σ_0] (kPa)
35	0.5	3	100	223.41	30	120	60	80	—	—	5.617	220
		4	100	245.85	40	160	60	80	—	—	8.134	240
		5	100	268.29	50	200	60	80	—	—	11.074	270
		6	100	281.48	50	240	60	80	—	—	14.081	300
		7	110	342.95	50	280	100	120	—	—	18.940	320
		8	120	404.41	70	320	120	150	—	—	25.159	340
		9	130	495.14	80	360	100	120	80	100	32.352	380
		10	140	517.58	80	400	100	120	80	100	38.065	400
		11	150	540.02	80	440	100	120	80	100	44.298	420
		12	160	571.71	90	480	100	120	80	100	51.771	440
		13	160	584.39	90	520	100	120	80	100	57.711	480
		14	170	606.83	90	560	100	120	80	100	65.411	500
		15	180	639.02	100	600	100	120	80	100	74.578	520
		16	200	680.98	110	640	100	120	80	100	86.041	540
		17	210	742.44	110	680	120	150	100	120	97.306	560
		18	230	784.39	120	720	120	150	100	120	110.289	590

填方边坡6m高衡重式路堤挡土墙结构设计图

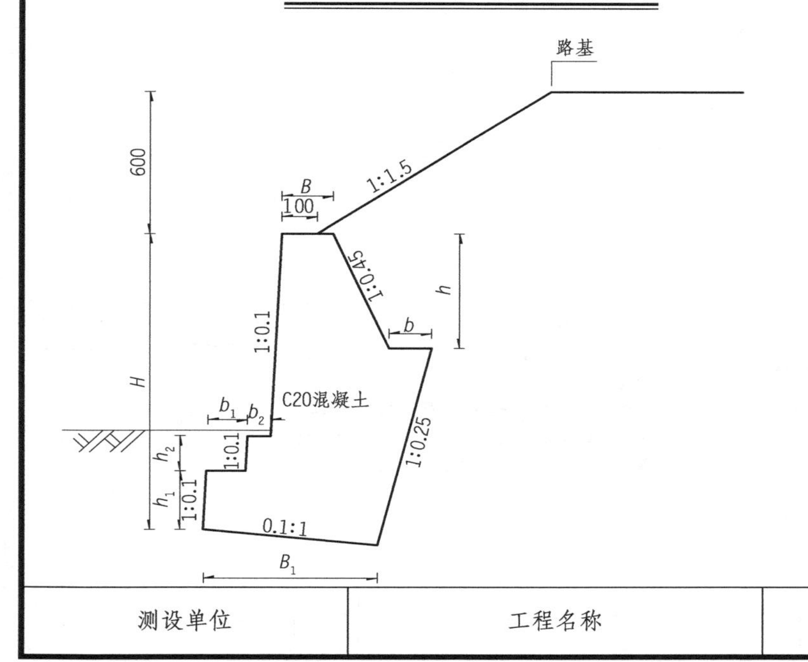

注:

1.本图为填方边坡6m高衡重式路堤挡土墙设计图，图中尺寸单位以cm计。

2.挡土墙采用C20混凝土浇筑。

3.挡土墙每10~15m设置一道沉降伸缩缝，位于岩石地基上的整体式墙身的挡土墙，设缝间距可适当延长，但不应大于25m。沉降伸缩缝的缝宽2~3cm，缝内用沥青麻絮或涂抹沥青的木板沿挡土墙的内、外、顶三侧填塞，填塞深度不小于15cm。

4.泄水孔间距2m，上下左右交错呈梅花形布置，孔内预埋ϕ10cmPVC排水管，PVC管应超出构造物背面10~20cm，其端部30cm长应设ϕ1cm圆孔并用双层透水土工布包裹。最下一排泄水孔应高出地面0.3m，或高出沟底0.6m，墙背设置30cm厚砂砾(卵)石反滤层，管出水口必须低于进水口且按4%的坡度设置。

5.挡土墙混凝土强度达到设计值的70%以上时，方可分层填筑夯实，确保墙身稳定。挡土墙基坑回填须分层填筑并夯实，压实度不小于92%。

6.挡土墙基础应埋置在冻结线以下不小于0.25m，挡土墙端部嵌入原地层的深度，对于土质地层不小于1.5m，对于风化岩层不小于1.0m，对于微风化岩层不小于0.5m。当挡土墙基础设置在稳定坚硬的岩石斜坡地基上时，基础可做成台阶形，台阶的高宽比不宜大于2，台阶宽度不宜小于0.5m。挡土墙基础有失稳隐患的，应采取锚固措施保证基础的稳定。

7.其他未尽事项，按有关规范、规定办理。

测设单位	工程名称	衡重式路堤挡土墙设计图	设计		复核		审核		图号	S5-7	日期	

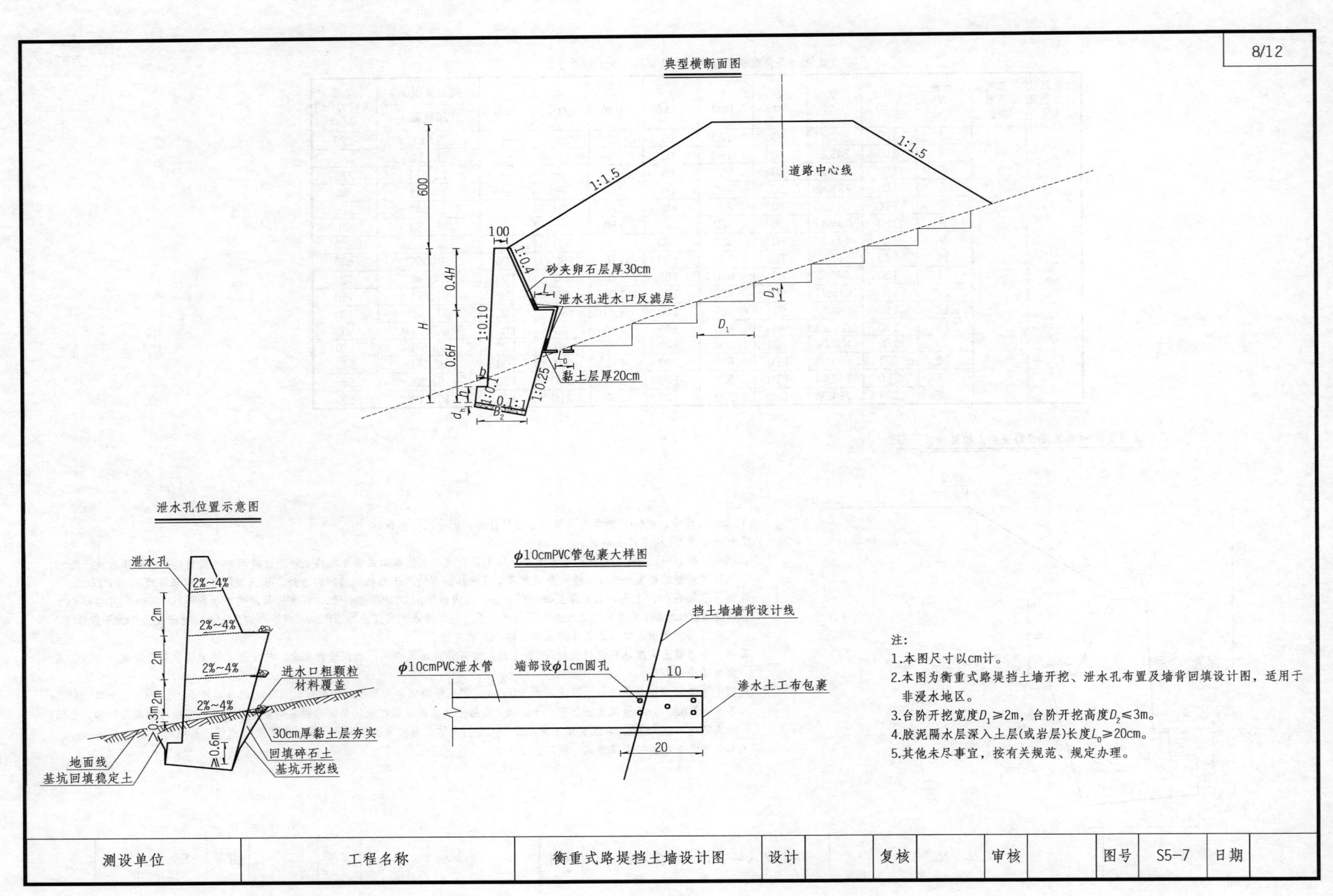
8/12
典型横断面图
1:1.5
1:1.5
道路中心线
600
100
1:0.4
砂夹卵石层厚30cm
0.4H
L
泄水孔进水口反滤层
H
1:0.10
D2
D1
0.6H
L0
黏土层厚20cm
b
1:0.25
0.1:1
dh
B2
泄水孔位置示意图
泄水孔
2%~4%
2m
2%~4%
2m
2%~4%
进水口粗颗粒
材料覆盖
2m
2%~4%
0.3m
30cm厚黏土层夯实
0.6m
回填碎石土
地面线
基坑开挖线
基坑回填稳定土
ϕ10cmPVC管包裹大样图
挡土墙墙背设计线
ϕ10cmPVC泄水管
端部设ϕ1cm圆孔
10
渗水土工布包裹
20
注:
1.本图尺寸以cm计。
2.本图为衡重式路堤挡土墙开挖、泄水孔布置及墙背回填设计图，适用于非浸水地区。
3.台阶开挖宽度D1≥2m，台阶开挖高度D2≤3m。
4.胶泥隔水层深入土层(或岩层)长度L0≥20cm。
5.其他未尽事宜，按有关规范、规定办理。
测设单位
工程名称
衡重式路堤挡土墙设计图
设计
复核
审核
图号
S5-7
日期

填方边坡8m高衡重式路堤挡土墙断面尺寸及工程数量表

墙后填土内摩擦角(°)	基底摩擦系数	墙高 H (m)	B (cm)	B_1 (m)	b (cm)	h (cm)	b_1 (cm)	h_1 (cm)	b_2 (cm)	h_2 (cm)	截面面积(m²) M7.5浆砌片石	地基承载力$[\sigma_0]$ (kPa)
35	0.5	3	100	233.17	40	120	60	80	—	—	5.820	230
		4	100	255.61	50	160	60	80	—	—	8.399	250
		5	100	287.80	50	200	80	100	—	—	11.450	280
		6	100	300.49	50	240	80	100	—	—	14.427	300
		7	120	381.46	80	280	100	120	—	—	21.007	320
		8	140	433.17	80	320	120	150	—	—	27.338	350
		9	150	514.15	80	360	100	120	80	100	34.204	380
		10	150	526.83	80	400	100	120	80	100	39.082	400
		11	160	549.27	80	440	100	120	80	100	45.415	420
		12	170	571.71	80	480	100	120	80	100	52.251	450
		13	170	584.39	80	520	100	120	80	100	58.231	480
		14	180	655.22	90	560	120	150	100	120	68.667	500
		15	190	687.80	100	600	120	150	100	120	77.950	520
		16	210	739.51	120	640	120	150	100	120	90.567	550
		17	230	771.71	120	680	120	150	100	120	101.953	580
		18	240	794.15	120	720	120	150	100	120	112.168	600

填方边坡8m高衡重式路堤挡土墙结构设计图

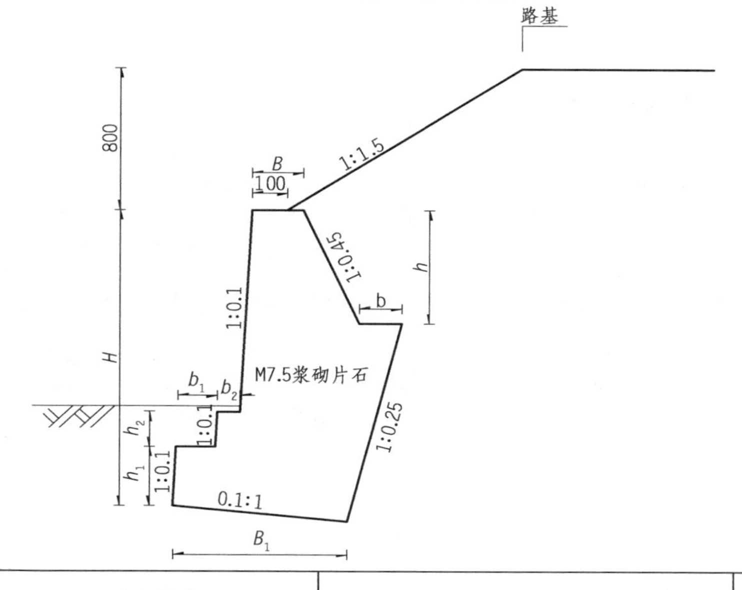

注:

1.本图为填方边坡8m高衡重式路堤挡土墙设计图，图中尺寸单位以cm计。

2.挡土墙采用M7.5砂浆砌片(块)石砌筑，墙体砌筑采用挤浆法施工，墙身外露部分均采用M10砂浆勾缝。挡土墙应采用不易风化的坚硬岩石，所用片块石强度等级不低于MU30。

3.挡土墙每10~15m设置一道沉降伸缩缝，位于岩石地基上的整体式墙身的挡土墙，设缝间距可适当延长，但不应大于25m。沉降伸缩缝的缝宽2~3cm，缝内用沥青麻絮或涂抹沥青的木板沿挡土墙的内、外、顶三侧填塞，填塞深度不小于15cm。

4.泄水孔间距2m，上下左右交错呈梅花形布置，孔内预埋ϕ10cmPVC排水管，PVC管应超出构造物背面10~20cm，其端部30cm长应设ϕ1cm圆孔并用双层透水土工布包裹。最下一排泄水孔应高出地面0.3m，或高出沟底0.6m，墙背设置30cm厚砂砾(卵)石反滤层，管出水口必须低于进水口且按4%的坡度设置。

5.挡土墙砂浆强度达到设计值的70%以上时，方可分层填筑夯实，确保墙身稳定。挡土墙基坑回填须分层填筑并夯实，压实度不小于92%。

6.挡土墙基础应埋置在冻结线以下不小于0.25m，挡土墙端部嵌入原地层的深度，对于土质地层不小于1.5m，对于风化岩层不小于1.0m,对于微风化岩层不小于0.5m。当挡土墙基础设置在稳定坚硬的岩石斜坡地基上时，基础可做成台阶形，台阶的高宽比不宜大于2，台阶宽度不宜小于0.5m。挡土墙基础有失稳隐患的，应采取锚固措施保证基础的稳定。

7.其他未尽事项，按有关规范、规定办理。

测设单位	工程名称	衡重式路堤挡土墙设计图	设计		复核		审核		图号	S5-7	日期	

填方边坡8m高衡重式路堤挡土墙断面尺寸及工程数量表

墙后填土内摩擦角(°)	基底摩擦系数	墙高 H (m)	B (cm)	B_1 (cm)	b (cm)	h (cm)	b_1 (cm)	h_1 (cm)	b_2 (cm)	h_2 (cm)	截面面积(m^2) C20片石混凝土	地基承载力[σ_0] (kPa)
35	0.5	3	100	233.17	40	120	60	80	—	—	5.820	230
		4	100	255.61	50	160	60	80	—	—	8.399	250
		5	100	287.80	50	200	80	100	—	—	11.450	280
		6	100	300.49	50	240	80	100	—	—	14.427	300
		7	120	381.46	80	280	100	120	—	—	21.007	320
		8	140	433.17	80	320	120	150	—	—	27.338	350
		9	150	514.15	80	360	100	120	80	100	34.204	380
		10	150	526.83	80	400	100	120	80	100	39.082	400
		11	160	549.27	80	440	100	120	80	100	45.415	420
		12	170	571.71	80	480	100	120	80	100	52.251	450
		13	170	584.39	80	520	100	120	80	100	58.231	480
		14	180	655.22	90	560	120	150	100	120	68.667	500
		15	190	687.80	100	600	120	150	100	120	77.950	520
		16	210	739.51	120	640	120	150	100	120	90.567	550
		17	230	771.71	120	680	120	150	100	120	101.953	580
		18	240	794.15	120	720	120	150	100	120	112.168	600

填方边坡8m高衡重式路堤挡土墙结构设计图

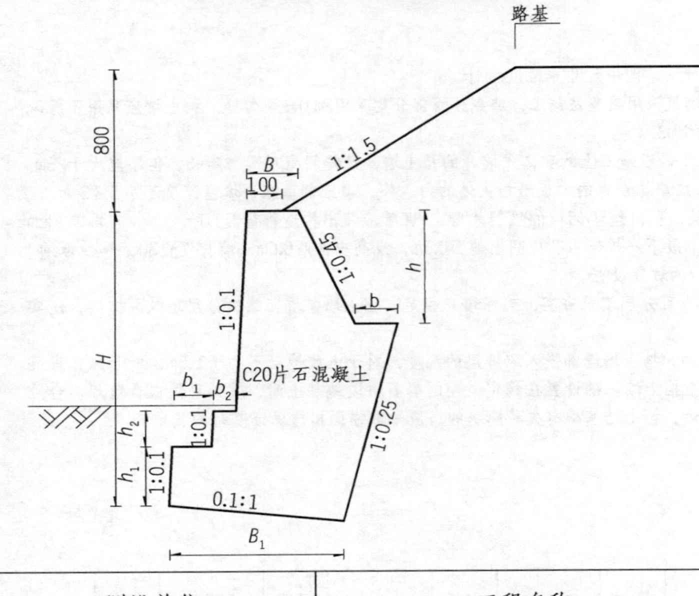

注：

1.本图为填方边坡8m高衡重式路堤挡土墙设计图，图中尺寸单位以cm计。

2.挡土墙采用C20片石混凝土浇筑，挡土墙所用片块石强度等级不低于MU30，厚度不小于15cm。

3.挡土墙每10~15m设置一道沉降伸缩缝，位于岩石地基上的整体式墙身的挡土墙，设缝间距可适当延长，但不应大于25m。沉降伸缩缝的缝宽2~3cm，缝内用沥青麻絮或涂抹沥青的木板沿挡土墙的内、外、顶三侧填塞，填塞深度不小于15cm。

4.泄水孔间距2m，上下左右交错呈梅花形布置，孔内预埋ϕ10cmPVC排水管，PVC管应超出构造物背面10~20cm，其端部30cm长应设ϕ1cm圆孔并用双层透水土工布包裹。最下一排泄水孔应高出地面0.3m，或高出沟底0.6m，墙背设置30cm厚砂砾(卵)石反滤层，管出水口必须低于进水口且按4%的坡度设置。

5.挡土墙混凝土强度达到设计值的70%以上时，方可分层填筑夯实，确保墙身稳定。挡土墙基坑回填须分层填筑并夯实，压实度不小于92%。

6.挡土墙基础应埋置在冻结线以下不小于0.25m，挡土墙端部嵌入原地层的深度，对于土质地层不小于1.5m，对于风化岩层不小于1.0m，对于微风化岩层不小于0.5m。当挡土墙基础设置在稳定坚硬的岩石斜坡地基上时，基础可做成台阶形，台阶的高宽比不宜大于2，台阶宽度不宜小于0.5m。挡土墙基础有失稳隐患的，应采取锚固措施保证基础的稳定。

7.其他未尽事项，按有关规范、规定办理。

测设单位		工程名称		衡重式路堤挡土墙设计图	设计		复核		审核		图号	S5-7	日期	

填方边坡8m高衡重式路堤挡土墙断面尺寸及工程数量表

墙后填土内摩擦角(°)	基底摩擦系数	墙高 H (m)	B (cm)	B_1 (m)	b (cm)	h (cm)	b_1 (cm)	h_1 (cm)	b_2 (cm)	h_2 (cm)	截面面积(m²) C20混凝土	地基承载力$[\sigma_0]$ (kPa)
35	0.5	3	100	233.17	40	120	60	80	—	—	5.820	230
		4	100	255.61	50	160	60	80	—	—	8.399	250
		5	100	287.80	50	200	80	100	—	—	11.450	280
		6	100	300.49	50	240	80	100	—	—	14.427	300
		7	120	381.46	80	280	100	120	—	—	21.007	320
		8	140	433.17	80	320	120	150	—	—	27.338	350
		9	150	514.15	80	360	100	120	80	100	34.204	380
		10	150	526.83	80	400	100	120	80	100	39.082	400
		11	160	549.27	80	440	100	120	80	100	45.415	420
		12	170	571.71	80	480	100	120	80	100	52.251	450
		13	170	584.39	80	520	100	120	80	100	58.231	480
		14	180	655.22	90	560	120	150	100	120	68.667	500
		15	190	687.80	100	600	120	150	100	120	77.950	520
		16	210	739.51	120	640	120	150	100	120	90.567	550
		17	230	771.71	120	680	120	150	100	120	101.953	580
		18	240	794.15	120	720	120	150	100	120	112.168	600

填方边坡8m高衡重式路堤挡土墙结构设计图

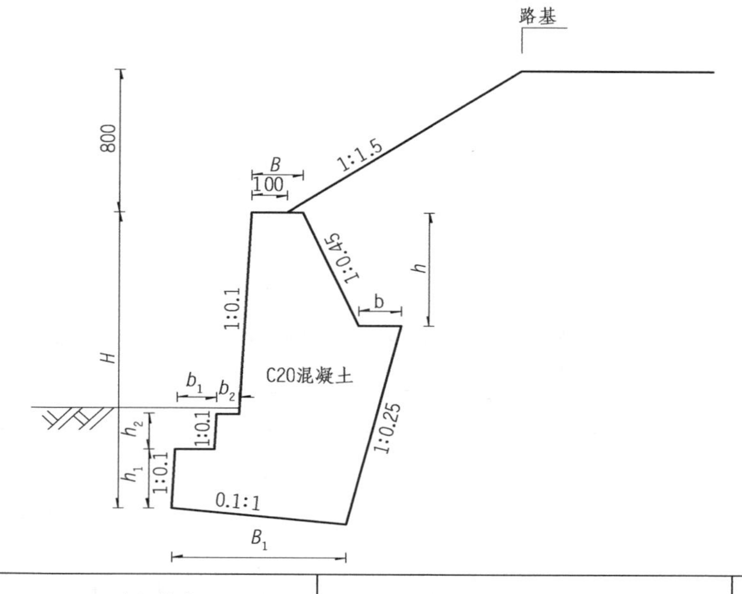

注：

1.本图为填方边坡8m高衡重式路堤挡土墙设计图，图中尺寸单位以cm计。

2.挡土墙采用C20混凝土浇筑。

3.挡土墙每10~15m设置一道沉降伸缩缝，位于岩石地基上的整体式墙身的挡土墙，设缝间距可适当延长，但不应大于25m。沉降伸缩缝的缝宽2~3cm，缝内用沥青麻絮或涂抹沥青的木板沿挡土墙的内、外、顶三侧填塞，填塞深度不小于15cm。

4.泄水孔间距2m，上下左右交错呈梅花形布置，孔内预埋ϕ10cmPVC排水管，PVC管应超出构造物背面10~20cm，其端部30cm长应设ϕ1cm圆孔并用双层透水土工布包裹。最下一排泄水孔应高出地面0.3m，或高出沟底0.6m，墙背设置30cm厚砂砾(卵)石反滤层，管出水口必须低于进水口且按4%的坡度设置。

5.挡土墙混凝土强度达到设计值的70%以上时，方可分层填筑夯实，确保墙身稳定。挡土墙基坑回填须分层填筑并夯实，压实度不小于92%。

6.挡土墙基础应埋置在冻结线以下不小于0.25m，挡土墙端部嵌入原地层的深度，对于土质地层不小于1.5m，对于风化岩层不小于1.0m，对于微风化岩层不小于0.5m。当挡土墙基础设置在稳定坚硬的岩石斜坡地基上时，基础可做成台阶形，台阶的高宽比不宜大于2，台阶宽度不宜小于0.5m。挡土墙基础有失稳隐患的，应采取锚固措施保证基础的稳定。

7.其他未尽事项，按有关规范、规定办理。

测设单位	工程名称	衡重式路堤挡土墙设计图	设计		复核		审核		图号	S5-7	日期	

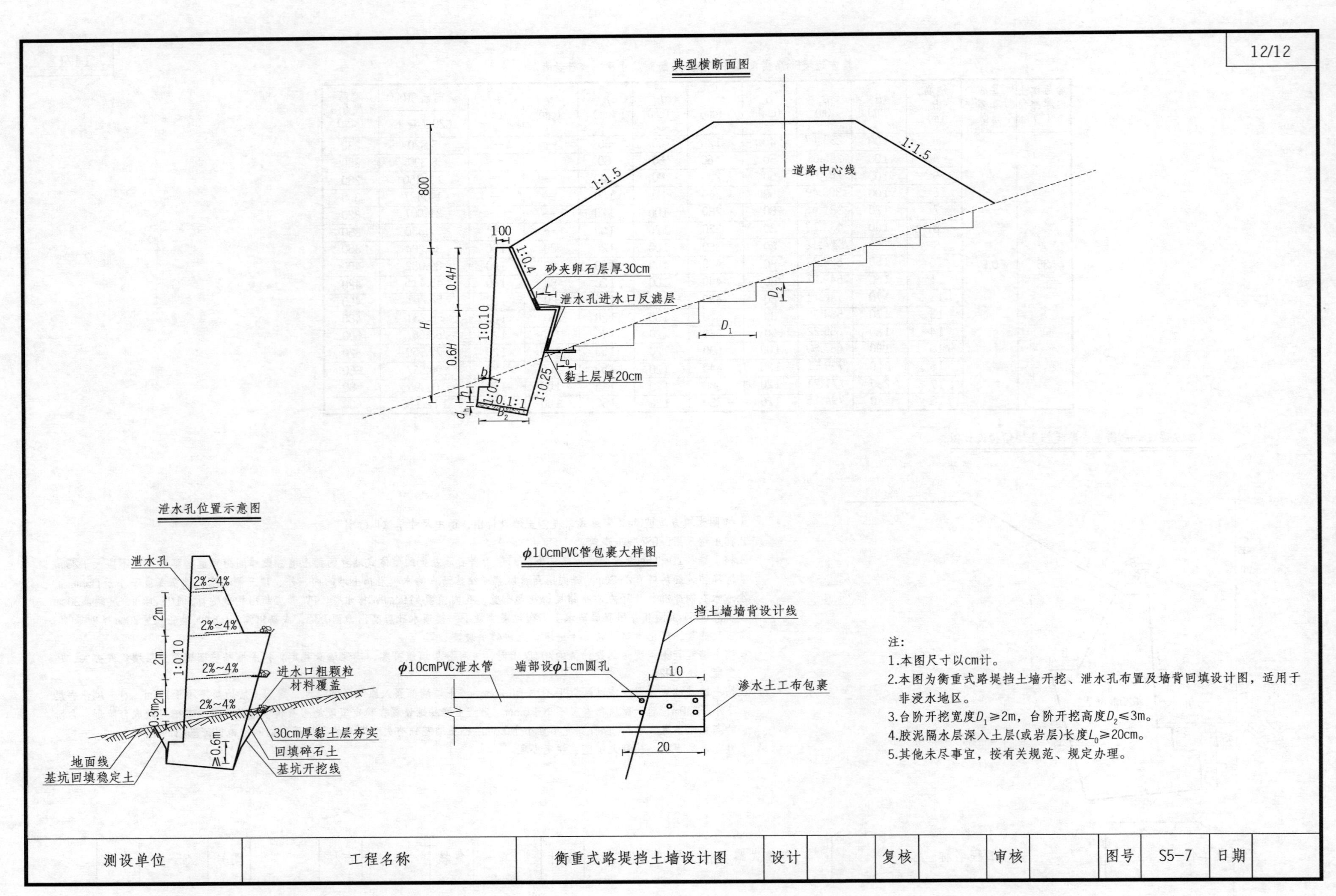
12/12
典型横断面图
1:1.5
1:1.5
道路中心线
800
100
1:0.4
0.4H
砂夹卵石层厚30cm
L
泄水孔进水口反滤层
D_2
D_1
H
1:0.10
0.6H
L_0
1:0.25
黏土层厚20cm
b
0.1:1
B_2
泄水孔位置示意图
泄水孔
2%~4%
2m
2%~4%
1:0.10
2m
2%~4%
进水口粗颗粒
材料覆盖
0.3m
2m
2%~4%
30cm厚黏土层夯实
回填碎石土
≥0.6m
地面线
基坑回填稳定土
基坑开挖线
φ10cmPVC管包裹大样图
挡土墙墙背设计线
φ10cmPVC泄水管
端部设φ1cm圆孔
10
渗水土工布包裹
20
注:
1.本图尺寸以cm计。
2.本图为衡重式路堤挡土墙开挖、泄水孔布置及墙背回填设计图，适用于非浸水地区。
3.台阶开挖宽度D_1≥2m，台阶开挖高度D_2≤3m。
4.胶泥隔水层深入土层(或岩层)长度L_0≥20cm。
5.其他未尽事宜，按有关规范、规定办理。
测设单位
工程名称
衡重式路堤挡土墙设计图
设计
复核
审核
图号
S5-7
日期

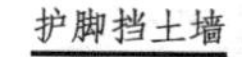

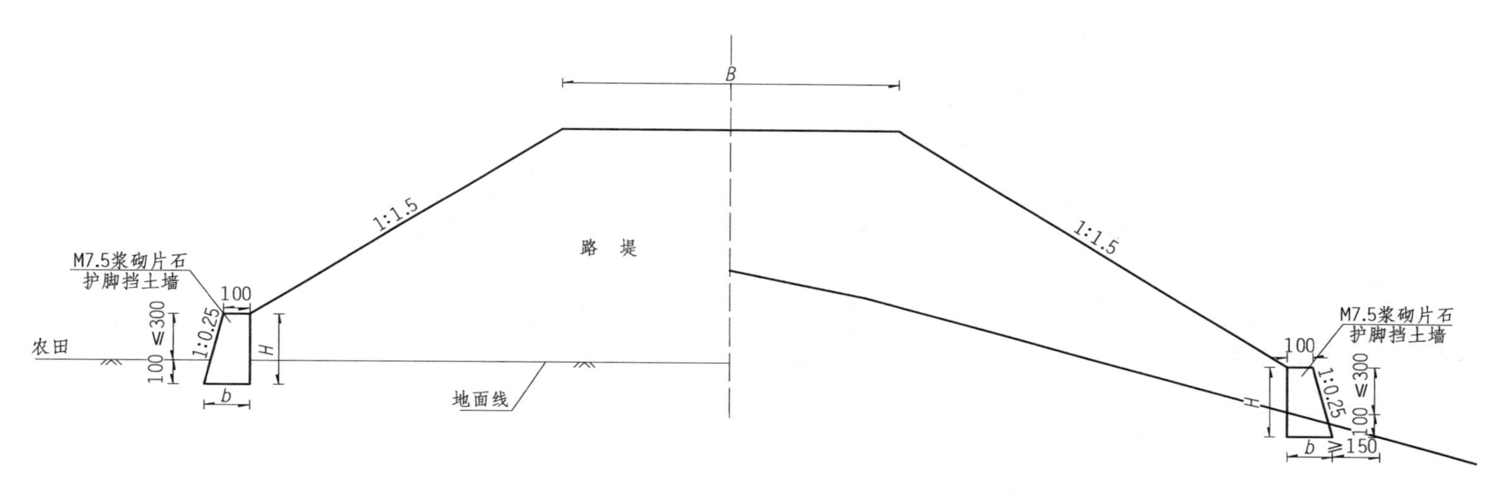

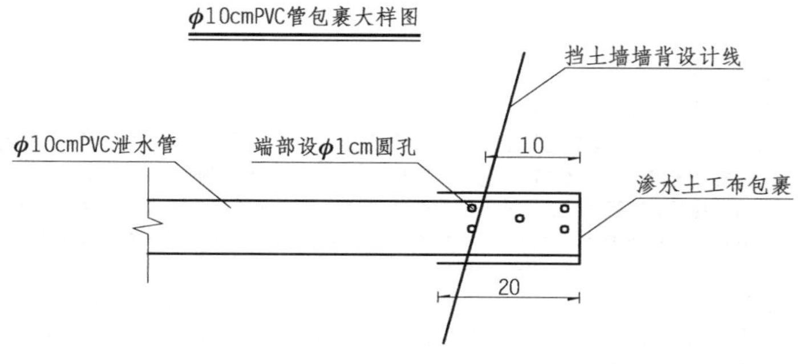

每延米工程数量表

项目	M7.5浆砌片石	挖基土石方
	(m^3/m)	(m^3/m)
护脚挡土墙	$(2+0.25H)H/2$	$0.875+0.25H$

注:

1.本图为护脚挡土墙设计图，图中尺寸单位以cm计，B为路基宽度。

2.挡土墙采用M7.5砂浆砌片(块)石砌筑，墙体砌筑采用挤浆法施工，墙身外露部分均采用M10砂浆勾缝。挡土墙应采用不易风化的坚硬岩石，所用片块石强度等级不低于MU30。

3.护脚挡土墙顶要求纵向渐变，不随地表线变化，也就是通过墙高来调整，保证顶面为线(折线)。

4.挡土墙每10~15m设置一道沉降伸缩缝，位于岩石地基上的整体式墙身的挡土墙，设缝间距可适当延长，但不应大于25m。沉降伸缩缝的缝宽2~3cm，缝内用沥青麻絮或涂抹沥青的木板沿挡土墙的内、外、顶三侧填塞，填塞深度不小于15cm。

5.泄水孔间距2m，上下左右交错呈梅花形布置，孔内预埋ϕ10cmPVC排水管，PVC管应超出构造物背面10~20cm，其端部30cm长应设ϕ1cm圆孔并用双层透水土工布包裹。最下一排泄水孔应高出地面0.3m，或高出沟底0.6m，墙背设置30cm厚砂砾(卵)石反滤层，管出水口必须低于进水口且按4%的坡度设置。

6.挡土墙砂浆强度达到设计值的70%以上时，方可分层填筑夯实，确保墙身稳定。挡土墙基坑回填须分层填筑并夯实，压实度不小于92%。

7.其他未尽事项，按有关规范、规定办理。

测设单位	工程名称	护脚挡土墙设计图	设计		复核		审核		图号	S5-8	日期	

护脚挡土墙

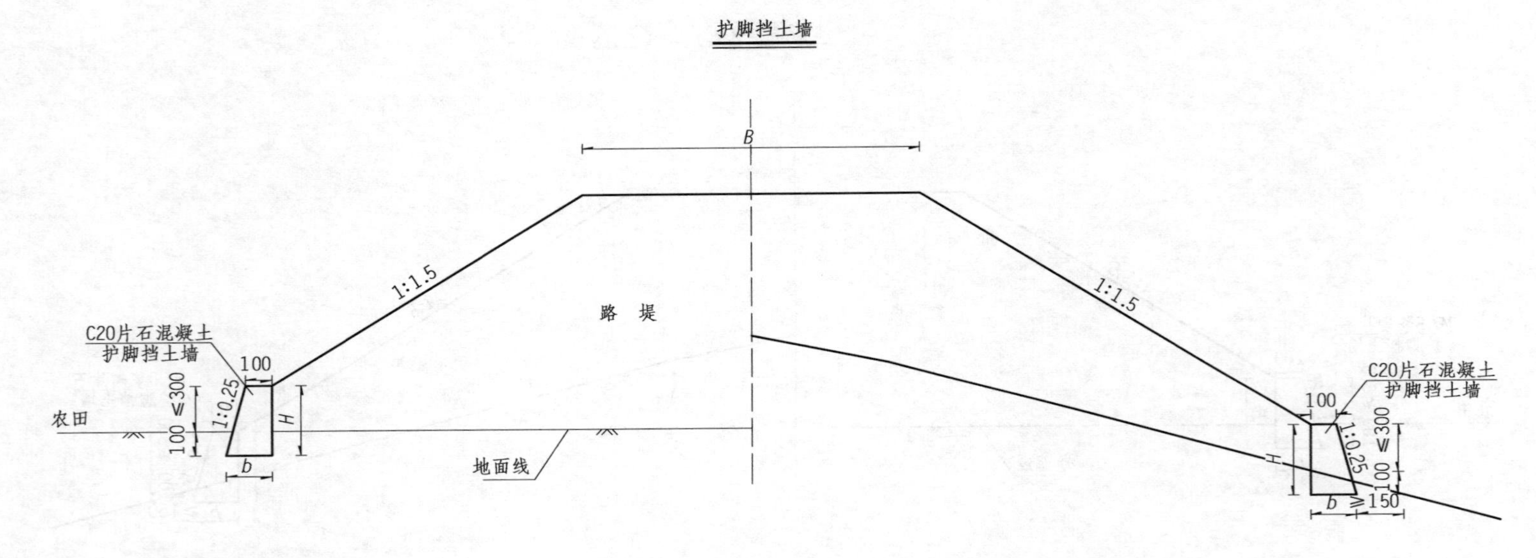

ϕ10cmPVC管包裹大样图

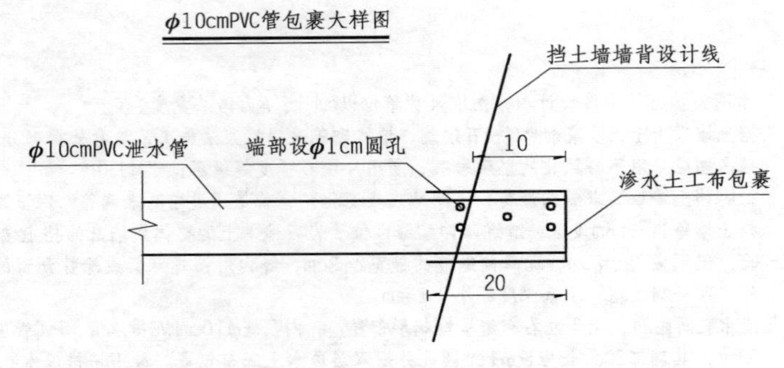

每延米工程数量表

项目	C20片石混凝土	挖基土石方
	(m^3/m)	(m^3/m)
护脚挡土墙	$(2+0.25H)H/2$	$0.875+0.25H$

注:

1.本图为护脚挡土墙设计图，图中尺寸单位以cm计，B为路基宽度。

2.挡土墙采用C20片石混凝土浇筑，挡土墙所用片块石强度等级不低于MU30，厚度不小于15cm。

3.护脚挡土墙顶要求纵向渐变，不随地表线变化，也就是通过墙高来调整，保证顶面为线(折线)。

4.挡土墙每10~15m设置一道沉降伸缩缝，位于岩石地基上的整体式墙身的挡土墙，设缝间距可适当延长，但不应大于25m。沉降伸缩缝的缝宽2~3cm，缝内用沥青麻絮或涂抹沥青的木板沿挡土墙的内、外、顶三侧填塞，填塞深度不小于15cm。

5.泄水孔间距2m，上下左右交错呈梅花形布置，孔内预埋ϕ10cmPVC排水管，PVC管应超出构造物背面10~20cm，其端部30cm长应设ϕ1cm圆孔并用双层透水土工布包裹。最下一排泄水孔应高出地面0.3m，或高出沟底0.6m，墙背设置30cm厚砂砾(卵)石反滤层，管出水口必须低于进水口且按4%的坡度设置。

6.挡土墙混凝土强度达到设计值的70%以上时，方可分层填筑夯实，确保墙身稳定。挡土墙基坑回填须分层填筑并夯实，压实度不小于92%。

7.其他未尽事项，按有关规范、规定办理。

测设单位		工程名称		护脚挡土墙设计图	设计		复核		审核		图号	S5-8	日期	

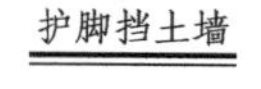

护脚挡土墙

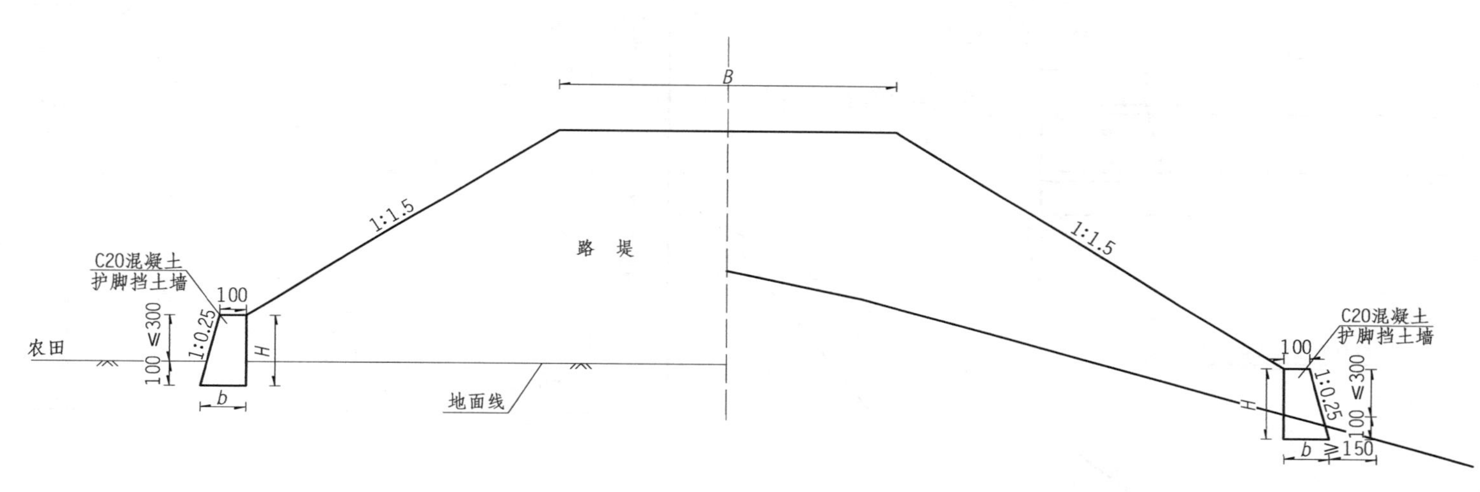

ϕ10cmPVC管包裹大样图

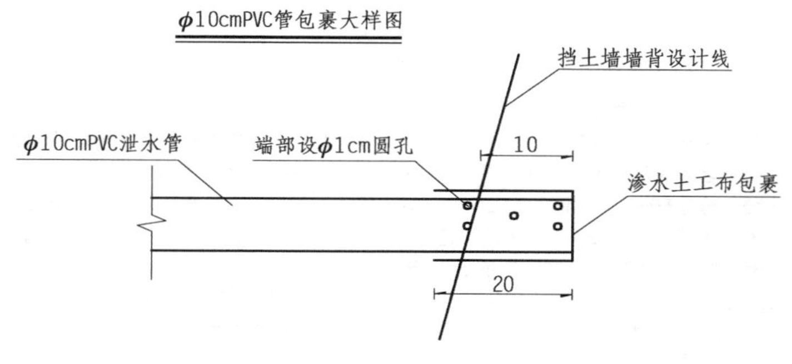

每延米工程数量表

项目	C20混凝土	挖基土石方
	(m^3/m)	(m^3/m)
护脚挡土墙	$(2+0.25H)H/2$	$0.875+0.25H$

注:

1.本图为护脚挡土墙设计图，图中尺寸单位以cm计，B为路基宽度。

2.挡土墙采用C20混凝土浇筑。

3.护脚挡土墙顶要求纵向渐变，不随地表线变化，也就是通过墙高来调整，保证顶面为线(折线)。

4.挡土墙每10~15m设置一道沉降伸缩缝，位于岩石地基上的整体式墙身的挡土墙，设缝间距可适当延长，但不应大于25m。沉降伸缩缝的缝宽2~3cm，缝内用沥青麻絮或涂抹沥青的木板沿挡土墙的内、外、顶三侧填塞，填塞深度不小于15cm。

5.泄水孔间距2m，上下左右交错呈梅花形布置，孔内预埋ϕ10cmPVC排水管，PVC管应超出构造物背面10~20cm，其端部30cm长应设ϕ1cm圆孔并用双层透水土工布包裹。最下一排泄水孔应高出地面0.3m，或高出沟底0.6m，墙背设置30cm厚砂砾(卵)石反滤层，管出水口必须低于进水口且按4%的坡度设置。

6.挡土墙混凝土强度达到设计值的70%以上时，方可分层填筑夯实，确保墙身稳定。 挡土墙基坑回填须分层填筑并夯实，压实度不小于92%。

7其他未尽事项，按有关规范、规定办理。

测设单位	工程名称	护脚挡土墙设计图	设计		复核		审核		图号	S5-8	日期	

ϕ10cmPVC管包裹大样图

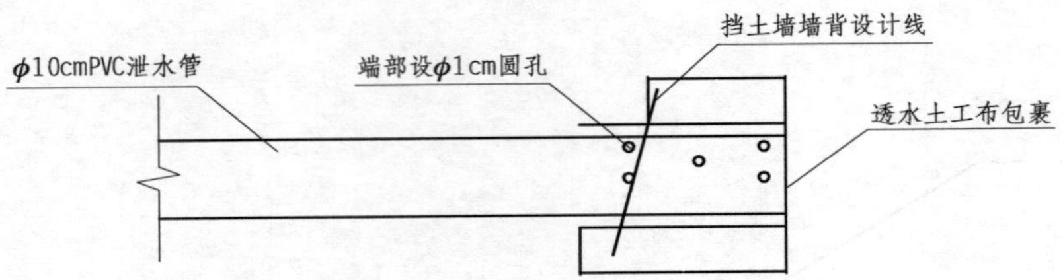

ϕ10cmPVC泄水管
端部设ϕ1cm圆孔
挡土墙墙背设计线
透水土工布包裹

路堑挡墙断面构造图

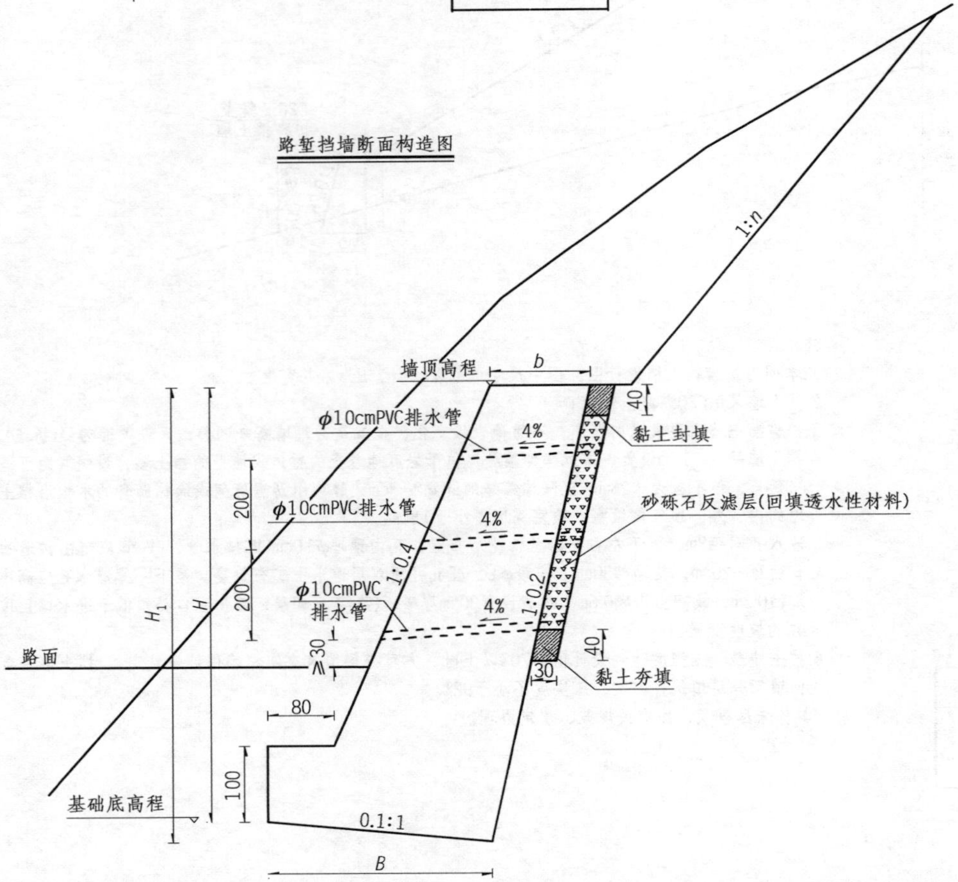

墙顶高程
b
40
ϕ10cmPVC排水管
4%
黏土封填
ϕ10cmPVC排水管
4%
砂砾石反滤层(回填透水性材料)
ϕ10cmPVC排水管
4%
1:0.4
1:0.2
1:n
200
200
≥30
H_1
H
路面
40
30
黏土夯填
80
100
基础底高程
0.1:1
B

仰斜式路堑挡墙断面尺寸及工程数量表

挡墙型式	地基承载力 $[\sigma_0]$ (kPa)	墙高 H (m)	H_1 (cm)	B (cm)	b (cm)	M7.5浆砌片石 (m³/m)	砂砾石反滤层 (m³/m)	封填黏土 (m³/m)	ϕ10cmPVC排水管 (m/m)
路堑挡土墙	200	3	319.6	196.1	100	4.69	0.28	0.24	0.90
		4	421.6	215.7	100	6.43	0.58	0.24	1.00
		5	525.5	254.9	120	9.42	0.87	0.24	2.17
	250	6	627.5	274.5	120	11.78	1.17	0.24	2.36
		7	732.4	323.5	150	16.53	1.47	0.24	4.00
		8	834.3	343.1	150	19.60	1.75	0.24	4.29
	300	9	941.8	411.8	200	27.54	2.04	0.24	6.72
		10	1043.1	431.4	200	31.55	2.34	0.24	7.11
	350	11	1145.1	451.0	200	35.74	2.64	0.24	8.88
		12	1247.1	470.6	200	40.13	2.93	0.24	9.36

注：

1. 本图为仰斜式路堑挡土墙设计图，图中尺寸单位以cm计。
2. 挡土墙采用M7.5砂浆砌片(块)石砌筑，墙体砌筑采用挤浆法施工，墙身外露部分均采用M10砂浆勾缝。挡土墙应采用不易风化的坚硬岩石，所用片块石强度等级不低于MU30。
3. 挡土墙每10~15m设置一道沉降伸缩缝，位于岩石地基上的整体式墙身的挡土墙，设缝间距可适当增长，但不应大于25m。沉降伸缩缝的缝宽2~3cm，缝内用沥青麻丝或涂抹沥青的木板沿挡土墙的内、外、顶三侧填塞，填塞深度不小于15cm。
4. 泄水孔间距2m，上下左右交错梅花形布置，孔内预埋ϕ10cmPVC排水管，PVC管应超出构造物背面10~20cm，其端部30cm长应设ϕ1cm圆孔并用双层透水土工布包裹连接。最下一排泄水孔应高出地面0.3m，或高出沟底0.6m，墙背设置30cm厚砂砾石反滤层，管出水口必须低于进水口且按4%的坡度设置。
5. 挡土墙砂浆强度达到设计强度的70%以上时，方可分层填筑夯实，确保墙身稳定。挡土墙基坑回填须分层填筑并夯实，压实度不得小于90%。
6. 挡土墙基础应埋置在冻结线以下不小于0.25m，挡土墙端部嵌入路堑原地层的深度，对于土质地层不小于1.5m，对于风化岩层不小于1.0m，对于微风化岩层不小于0.5m。
7. 其余要求，按有关规范要求执行。

测设单位	工程名称	仰斜式路堑挡土墙设计图	设计		复核		审核		图号	S5-9	日期	

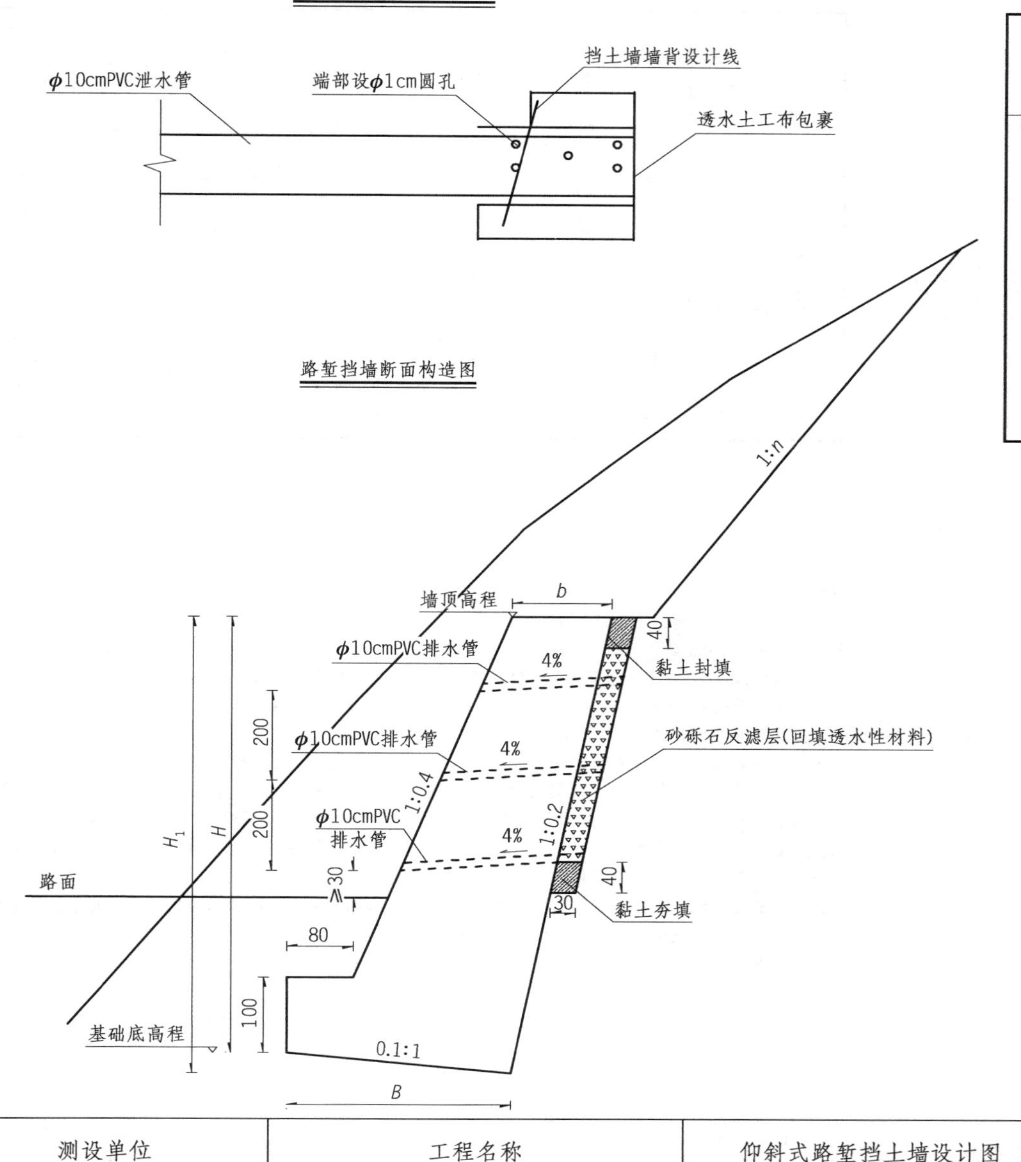

仰斜式路堑挡墙断面尺寸及工程数量表

挡墙型式	地基承载力 $[\sigma_0]$ (kPa)	墙高 H (m)	H_1 (cm)	B (cm)	b (cm)	C20片石混凝土 (m³/m)	砂砾石反滤层 (m³/m)	封填黏土 (m³/m)	φ10cmPVC排水管 (m/m)
路堑挡土墙	200	3	319.6	196.1	100	4.69	0.28	0.24	0.90
		4	421.6	215.7	100	6.43	0.58	0.24	1.00
		5	525.5	254.9	120	9.42	0.87	0.24	2.17
	250	6	627.5	274.5	120	11.78	1.17	0.24	2.36
		7	732.4	323.5	150	16.53	1.47	0.24	4.00
		8	834.3	343.1	150	19.60	1.75	0.24	4.29
	300	9	941.8	411.8	200	27.54	2.04	0.24	6.72
		10	1043.1	431.4	200	31.55	2.34	0.24	7.11
	350	11	1145.1	451.0	200	35.74	2.64	0.24	8.88
		12	1247.1	470.6	200	40.13	2.93	0.24	9.36

注：

1.本图为仰斜式路堑挡土墙设计图，图中尺寸单位以cm计。

2.挡土墙采用C20片石混凝土浇筑，挡土墙所用片块石强度等级不低于MU30，厚度不小于15cm。

3.挡土墙每10~15m设置一道沉降伸缩缝，位于岩石地基上的整体式墙身的挡土墙，设缝间距可适当增长，但不应大于25m。沉降伸缩缝的缝宽2~3cm，缝内用沥青麻丝或涂抹沥青的木板沿挡土墙的内、外、顶三侧填塞，填塞深度不小于15cm。

4.泄水孔间距2m，上下左右交错梅花形布置，孔内预埋φ10cmPVC排水管，PVC管应超出构造物背面10~20cm，其端部30cm长应设φ1cm圆孔并用双层透水土工布包裹连接。最下一排泄水孔应高出地面0.3m，或高出沟底0.6m，墙背设置30cm厚砂砾石反滤层，管出水口必须低于进水口且按4%的坡度设置。

5.挡土墙混凝土强度达到设计强度的70%以上时，方可分层填筑夯实，确保墙身稳定。挡土墙基坑回填须分层填筑并夯实，压实度不得小于90%。

6.挡土墙基础应埋置在冻结线以下不小于0.25m，挡土墙端部嵌入路堑原地层的深度，对于土质地层不小于1.5m，对于风化岩层不小于1.0m，对于微风化岩层不小于0.5m。

7.其余要求，按有关规范要求执行。

测设单位	工程名称	仰斜式路堑挡土墙设计图	设计		复核		审核		图号	S5-9	日期	

ϕ10cmPVC管包裹大样图

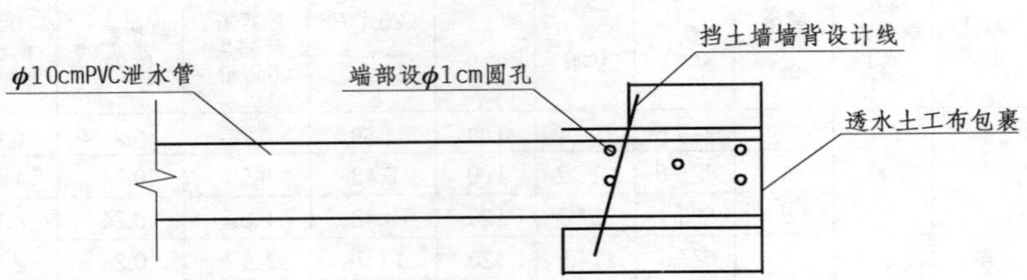

路堑挡墙断面构造图

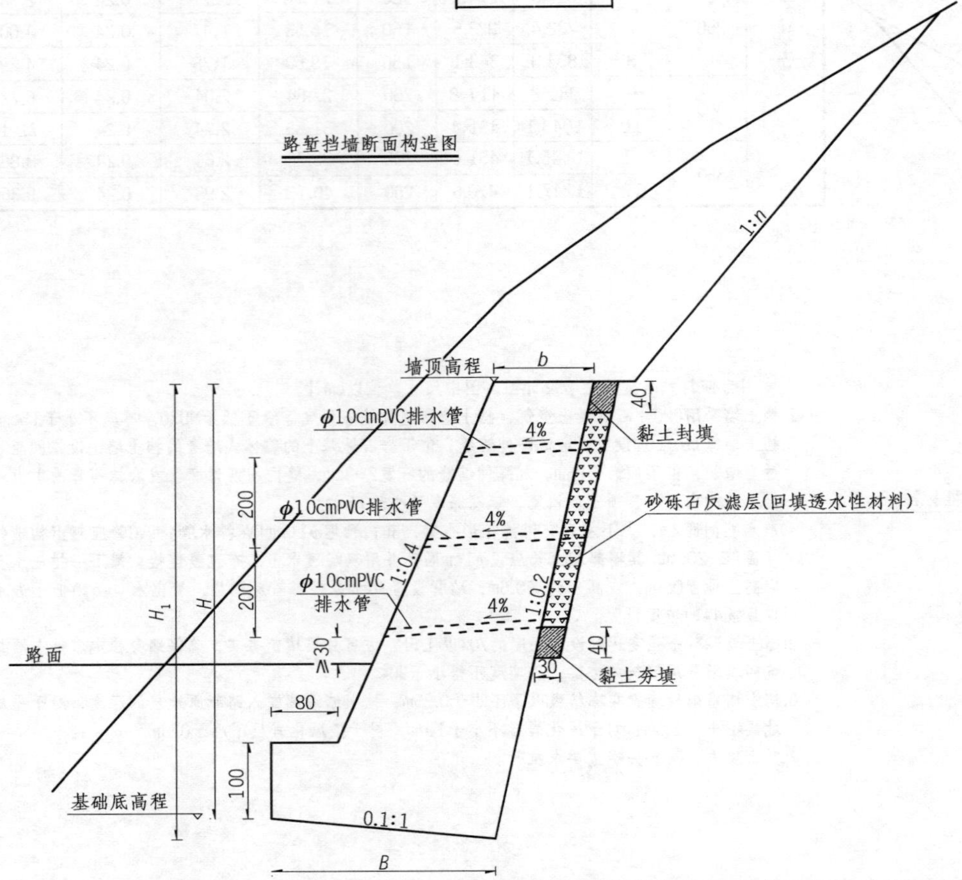

仰斜式路堑挡墙断面尺寸及工程数量表

挡墙型式	地基承载力 $[\sigma_0]$ (kPa)	墙高 H (m)	H_1 (cm)	B (cm)	b (cm)	C20混凝土 (m³/m)	砂砾石反滤层 (m³/m)	封填黏土 (m³/m)	ϕ10cmPVC排水管 (m/m)
路堑挡土墙	200	3	319.6	196.1	100	4.69	0.28	0.24	0.90
		4	421.6	215.7	100	6.43	0.58	0.24	1.00
		5	525.5	254.9	120	9.42	0.87	0.24	2.17
	250	6	627.5	274.5	120	11.78	1.17	0.24	2.36
		7	732.4	323.5	150	16.53	1.47	0.24	4.00
		8	834.3	343.1	150	19.60	1.75	0.24	4.29
	300	9	941.8	411.8	200	27.54	2.04	0.24	6.72
		10	1043.1	431.4	200	31.55	2.34	0.24	7.11
	350	11	1145.1	451.0	200	35.74	2.64	0.24	8.88
		12	1247.1	470.6	200	40.13	2.93	0.24	9.36

注：

1.本图为仰斜式路堑挡土墙设计图，图中尺寸单位以cm计。

2.挡土墙采用C20混凝土浇筑。

3.挡土墙每10~15m设置一道沉降伸缩缝，位于岩石地基上的整体式墙身的挡土墙，设缝间距可适当增长，但不应大于25m。沉降伸缩缝的缝宽2~3cm，缝内用沥青麻丝或涂抹沥青的木板沿挡土墙的内、外、顶三侧填塞，填塞深度不小于15cm。

4.泄水孔间距2m，上下左右交错梅花形布置，孔内预埋ϕ10cmPVC排水管，PVC管应超出构造物背面10~20cm，其端部30cm长应设ϕ1cm圆孔并用双层透水土工布包裹连接。最下一排泄水孔应高出地面0.3m，或高出沟底0.6m，墙背设置30cm厚砂砾石反滤层，管出水口必须低于进水口且按4%的坡度设置。

5.挡土墙混凝土强度达到设计强度的70%以上时，方可分层填筑夯实，确保墙身稳定，挡土墙基坑回填须分层填筑并夯实，压实度不得小于90%。

6.挡土墙基础应埋置在冻结线以下不小于0.25m，挡土墙端部嵌入路堑原地层的深度，对于土质地层不小于1.5m，对于风化岩层不小于1.0m，对于微风化岩层不小于0.5m。

7.其余要求，按有关规范要求执行。

测设单位		工程名称		仰斜式路堑挡土墙设计图	设计		复核		审核		图号	S5-9	日期	

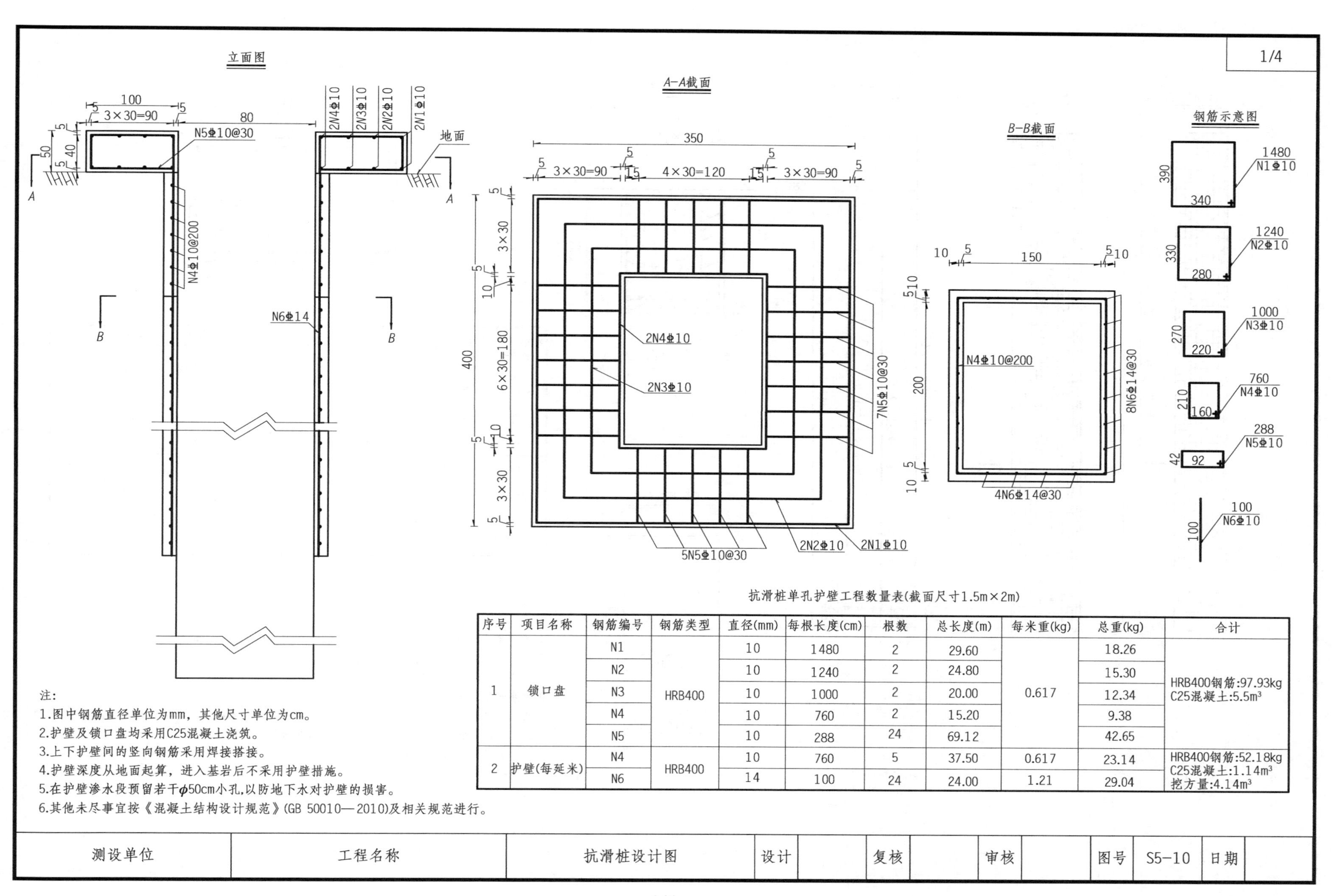

抗滑桩单孔护壁工程数量表(截面尺寸1.5m×2m)

序号	项目名称	钢筋编号	钢筋类型	直径(mm)	每根长度(cm)	根数	总长度(m)	每米重(kg)	总重(kg)	合计
1	锁口盘	N1	HRB400	10	1480	2	29.60	0.617	18.26	HRB400钢筋:97.93kg C25混凝土:5.5m³
		N2		10	1240	2	24.80		15.30	
		N3		10	1000	2	20.00		12.34	
		N4		10	760	2	15.20		9.38	
		N5		10	288	24	69.12		42.65	
2	护壁(每延米)	N4	HRB400	10	760	5	37.50	0.617	23.14	HRB400钢筋:52.18kg C25混凝土:1.14m³ 挖方量:4.14m³
		N6		14	100	24	24.00	1.21	29.04	

注:
1.图中钢筋直径单位为mm，其他尺寸单位为cm。
2.护壁及锁口盘均采用C25混凝土浇筑。
3.上下护壁间的竖向钢筋采用焊接搭接。
4.护壁深度从地面起算，进入基岩后不采用护壁措施。
5.在护壁渗水段预留若干ϕ50cm小孔,以防地下水对护壁的损害。
6.其他未尽事宜按《混凝土结构设计规范》(GB 50010—2010)及相关规范进行。

测设单位	工程名称	抗滑桩设计图	设计		复核		审核		图号	S5-10	日期	

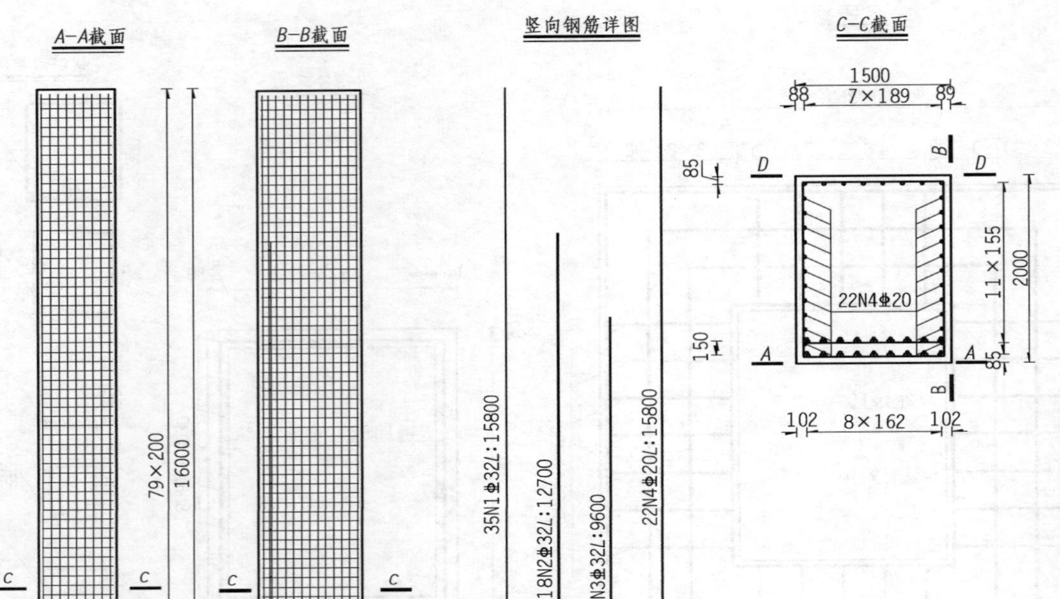

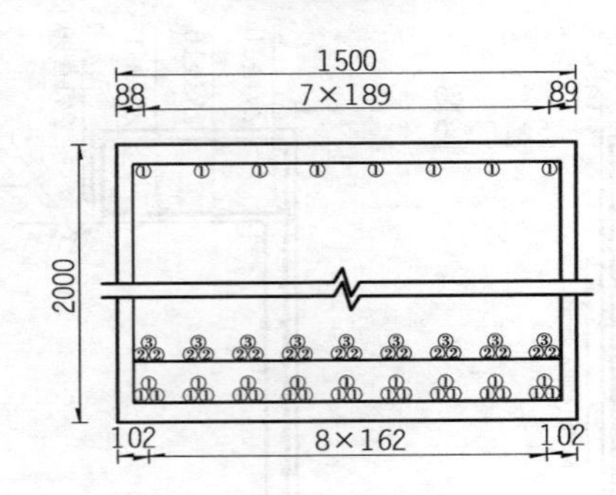

单桩工程量表

钢筋编号	钢筋类型	直径 (mm)	每根长度 (mm)	根数	总长度 (m)	每米重 (kg/m)	总重 (kg)	备注
N1	HRB400	32	15800	35	553.0	6.32	3495.7	—
N2	HRB400	32	12700	18	228.6	6.32	1445.1	—
N3	HRB400	32	9600	9	86.4	6.32	546.2	—
N4	HRB400	20	15800	22	347.6	2.47	858.3	架立筋
N5	HRB400	20	6760	79	534.0	2.47	1318.7	箍筋
N6	HRB400	160	1658	13	21.6	1.58	34.1	拉接筋
HRB400钢筋合计:7698.1kg C30混凝土:48.00m³								

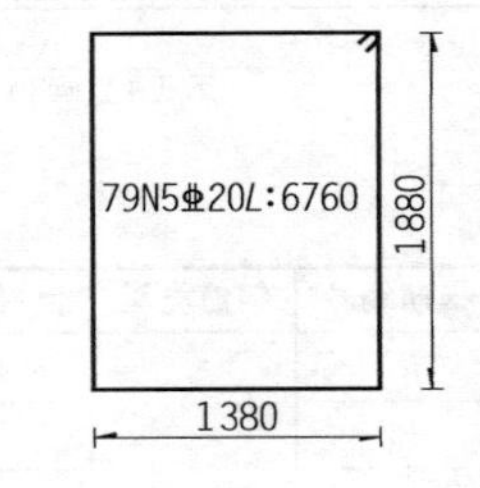

注:

1.本图尺寸除钢筋直径以mm计外，均以cm计，适用于1.5m×2m抗滑桩。

2.布置主筋的A-A面须置于路堤填方一侧。

3.钢筋的混凝土保护层不应小于6cm。

4.束筋间距标注均为中心间距离。

5.纵向受力钢筋的接头采用焊接接头，在接头处的35d范围内，有接头的受力钢筋面积不得大于该截面钢筋面积的50%，本图钢筋数量未计搭接和损耗。

6.未尽事宜按《混凝土结构设计规范》(GB 50010—2010)及相关施工规范办理。

测设单位	工程名称	抗滑桩设计图	设计	复核	审核	图号	S5-10	日期

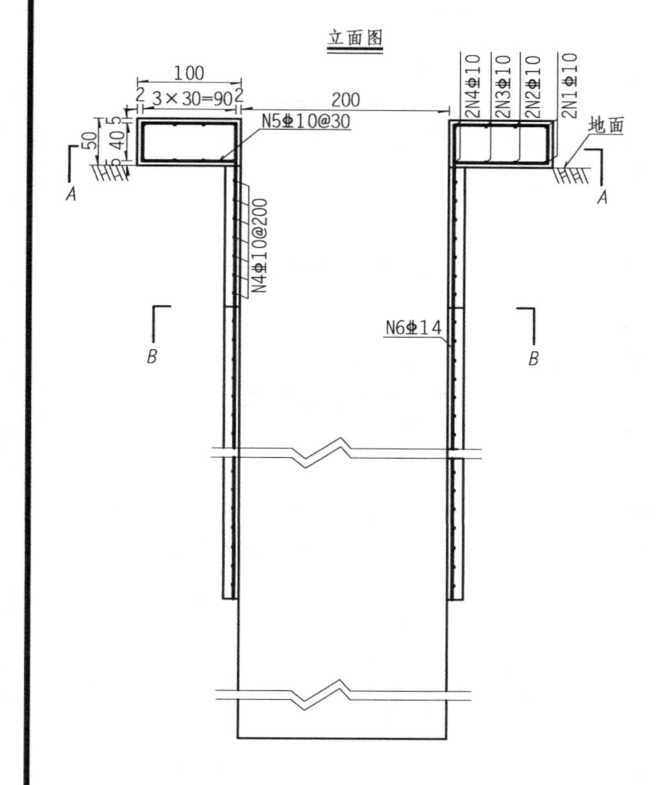

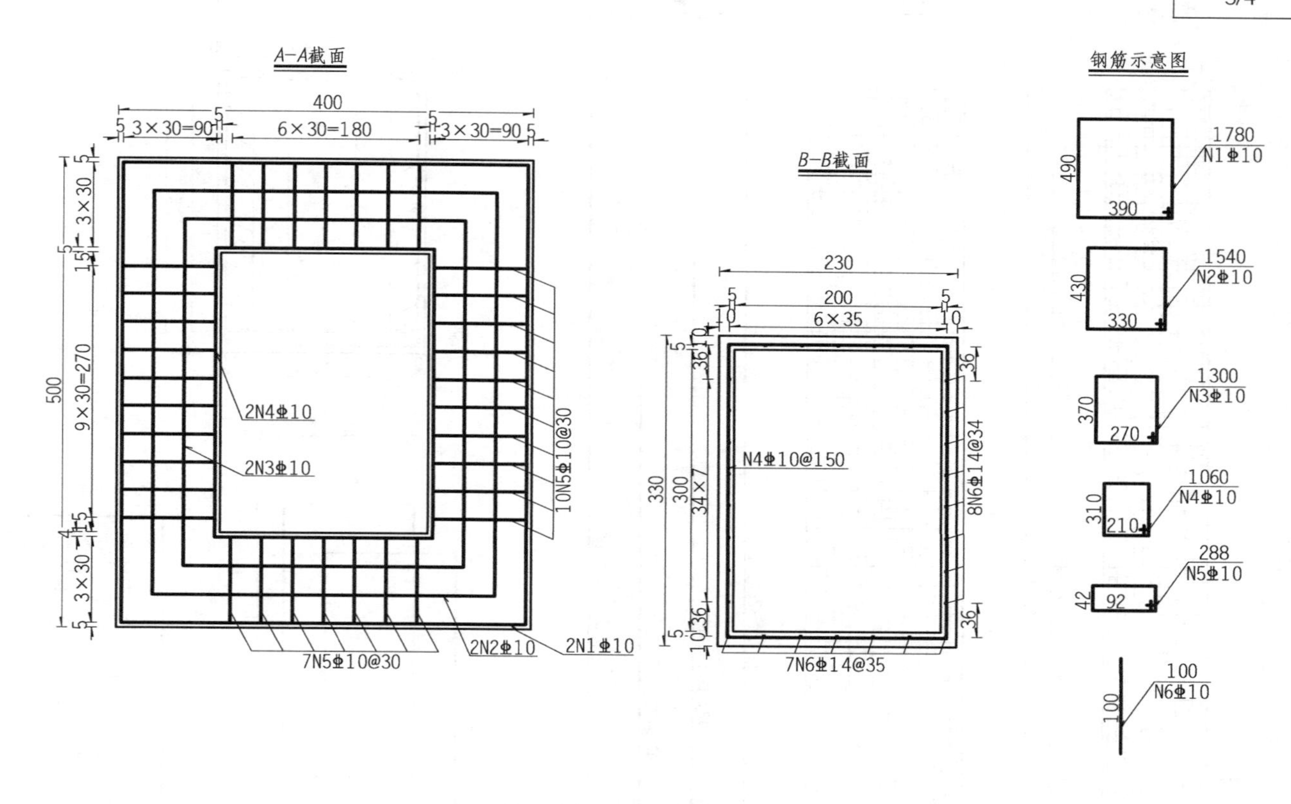

抗滑桩单孔护壁工程数量表(截面尺寸2m×3m)

序号	项目名称	钢筋编号	钢筋类型	直径(mm)	每根长度(cm)	根数	总长度(m)	每米重(kg)	总重(kg)	合计
1	锁口盘	N1	HRB400	10	1780	2	35.60	0.617	21.97	HRB400钢筋:130.51kg C25混凝土:7m^3
		N2		10	1540	2	30.80		19.00	
		N3		10	1300	2	26.00		16.04	
		N4		10	1060	2	21.20		13.08	
		N5		10	288	34	97.92		60.42	
2	护壁(每延米)	N4	HRB400	10	1060	7	74.2	0.617	45.78	HRB400钢筋:82.08kg C25混凝土:1.59m^3 挖方量:7.59m^3
		N6		14	100	30	30.00	1.21	36.3	

注:
1图中钢筋直径单位为mm，其他尺寸单位为cm。
2.护壁及锁口盘均采用C25混凝土浇筑。
3.上下护壁间的竖向钢筋采用焊接搭接。
4.护壁深度从地面起算，进入基岩后不采用护壁措施。
5.在护壁渗水段预留若干ϕ50cm小孔,以防地下水对护壁的损害。
6.其他未尽事宜按《混凝土结构设计规范》(GB 50010—2010)及相关规范进行。

测设单位	工程名称	抗滑桩设计图	设计		复核		审核		图号	S5-10	日期	

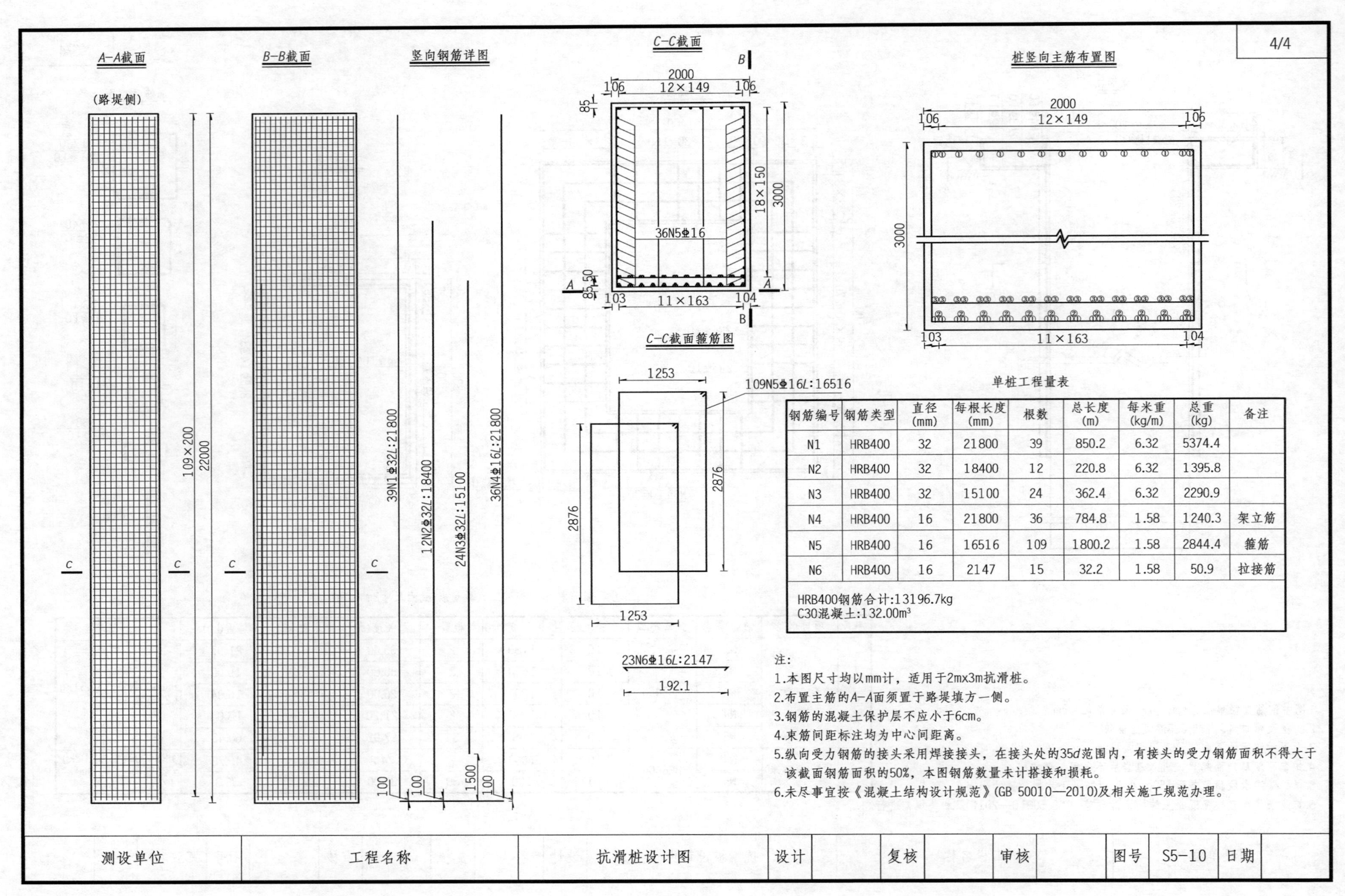

单桩工程量表

钢筋编号	钢筋类型	直径(mm)	每根长度(mm)	根数	总长度(m)	每米重(kg/m)	总重(kg)	备注
N1	HRB400	32	21800	39	850.2	6.32	5374.4	
N2	HRB400	32	18400	12	220.8	6.32	1395.8	
N3	HRB400	32	15100	24	362.4	6.32	2290.9	
N4	HRB400	16	21800	36	784.8	1.58	1240.3	架立筋
N5	HRB400	16	16516	109	1800.2	1.58	2844.4	箍筋
N6	HRB400	16	2147	15	32.2	1.58	50.9	拉接筋
HRB400钢筋合计:13196.7kg C30混凝土:132.00m³								

注:

1.本图尺寸均以mm计，适用于2mx3m抗滑桩。

2.布置主筋的A-A面须置于路堤填方一侧。

3.钢筋的混凝土保护层不应小于6cm。

4.束筋间距标注均为中心间距离。

5.纵向受力钢筋的接头采用焊接接头，在接头处的35d范围内，有接头的受力钢筋面积不得大于该截面钢筋面积的50%，本图钢筋数量未计搭接和损耗。

6.未尽事宜按《混凝土结构设计规范》(GB 50010—2010)及相关施工规范办理。

六、排水设施修复设计

排水设施修复工程数量表

工程名称

序号	起讫桩号	位置	处治方案	处治尺寸			边沟								排水沟					经济指标		备注
				长度	宽度	高度	C25现浇混凝土	M7.5浆砌片石	3%水泥土垫层	两布一膜土工布	挖土方	盖板			C25现浇混凝土	M7.5浆砌片石	两布一膜土工布	挖土方	挡土埝土方	单位	费用	
												C25预制混凝土	HRB400钢筋	HPB300钢筋								
				m	m	m	m^3	m^3	m^3	m^2	m^3	m^3	kg	kg	m^3	m^3	m^2	m^3	m^3		元	
1	K0+100~K0+200	左侧	盖板边沟	100.0	0.6	0.8														m		
2	K0+100~K0+200	左侧	排水沟	100.0	0.6	0.8														m		
合计																						

编制：　　　　复核：　　　　审核：　　　　图号：S6-1

排水设施修复工程数量表

工程名称

序号	起讫桩号	位置	处治方案	处治尺寸			截水沟					急流槽							经济指标		备注
				长度	宽度	高度	C25 现浇混凝土	M7.5 浆砌片石	两布一膜土工布	挖土方	换填黏土	道数	C25 现浇混凝土	M10 浆砌片石	两布一膜土工布	C25 预制混凝土	M10 水泥砂浆垫层	挖土方	单位	费用	
				m	m	m	m^3	m^3	m^2	m^3	m^3	道	m^3	m^3	m^2	m^3	m^3	m^3		元	
1	K0 + 100 ~ K0 + 200	左侧	截水沟	100.0	0.5	0.5													m		示例
2	K0 + 100 ~ K0 + 200	左侧	急流槽	100.0		8.0													m		示例
合计																					

编制：　　　　　　　　复核：　　　　　　　　审核：　　　　　　　　图号：S6-1

排水设施修复工程数量表

工程名称

序号	起讫桩号	位置	处治方案	处治尺寸			超高排水														经济指标		备注
							集水槽			集水槽盖板			集水井			M10水泥砂浆垫层	挖土方	横向排水管			单位	费用	
				长度	宽度	高度	C25现浇混凝土	HRB400钢筋	HPB300钢筋	C25预制混凝土	HRB400钢筋	HPB300钢筋	数量	C25现浇混凝土	HRB400钢筋			C15混凝土	挖基土方	DN315 HDPE管			
				m	m	m	m^3	kg	kg	m^3	kg	kg	个	m^3	kg	kg	m^3	m^3	m^3	m^3		元	
1	K0+100~K0+200	左侧	急流槽	100.0		8.0																m	
合计																							

注：HDPE管为高密度聚乙烯管。

编制： 复核： 审核： 图号：S6-1

排水设施修复工程数量表

工程名称

序号	起讫桩号	位置	处治方案	处治尺寸			预成孔顶管						经济指标		备注
				长度	宽度	高度	单根顶管长度	根数	ϕ550mm 钻孔	DN500 HDPE 管	ϕ40mm 注浆管	M30 水泥注浆	单位	费用	
				m	m	m	m	根	m	m	m	m^3		元	
1	K0 + 100 ~ K0 + 200	左侧	预成孔顶管										根		
合计															

编制：　　　　复核：　　　　审核：　　　　图号：S6-1

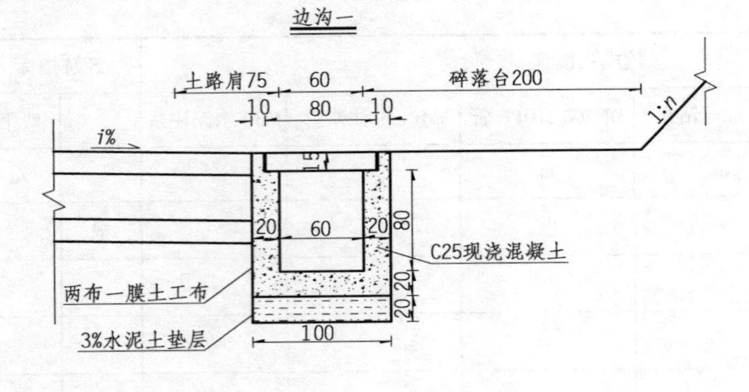

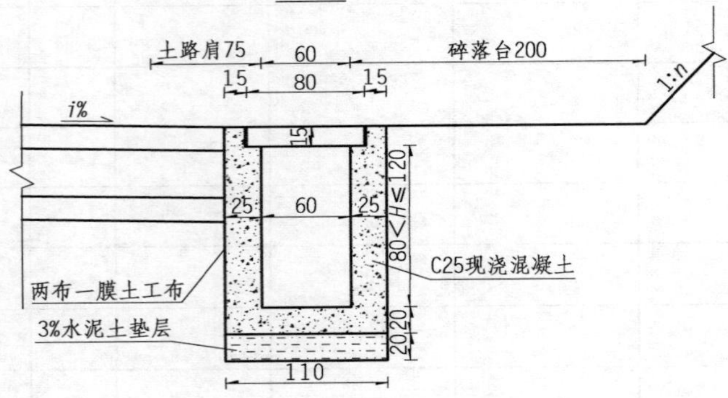

每延米边沟工程数量表

项目	C25现浇混凝土(m³)	3%水泥土垫层(m³)	挖土方(m³)	两布一膜土工布(m²)
边沟一	0.55	0.2	1.35	3.3
边沟二	0.265+0.5*H*	0.22	1.1*H*+0.605	1.8+2*H*

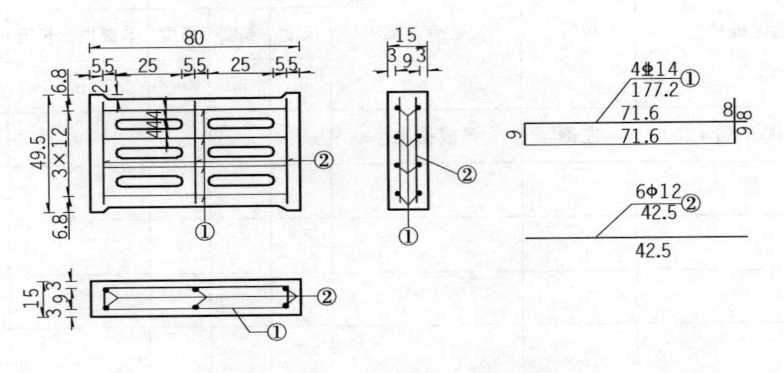

每块(长50cm)盖板工程数量表

编号	直径(mm)	根数(根)	长度(m)	总长(m)	总重(kg)	C25预制混凝土(m³)
①	Φ14	4	1.772	7.09	8.562	0.048
②	Φ12	6	0.425	2.55	2.264	
合计					10.827	

注：

1.本图为边沟设计图，图中尺寸除钢筋直径以mm计外，其余均以cm计。

2.边沟沟体采用C25混凝土现浇，盖板采用C25混凝土预制。

3.边沟一适用于一般路段，边沟二用于边沟加深路段。

4.C25现浇混凝土边沟应每10m设置一道2cm宽伸缩缝或者沉降缝，采用沥青麻絮填塞。

5.边沟底部设置20cm厚3%水泥土垫层，并在边沟底部及两侧铺二布一膜土工布，两布一膜土工布规格为200g/0.5mm/200g。

6.其他未尽事宜按施工规范办理。

测设单位	工程名称	边沟设计图	设计		复核		审核		图号	S6-2	日期	

边沟一

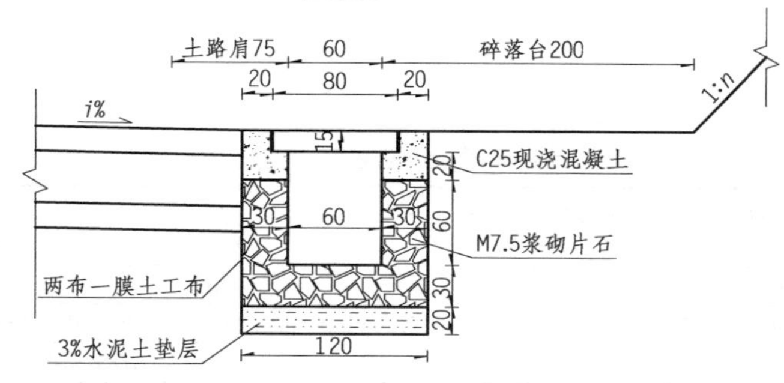

边沟二

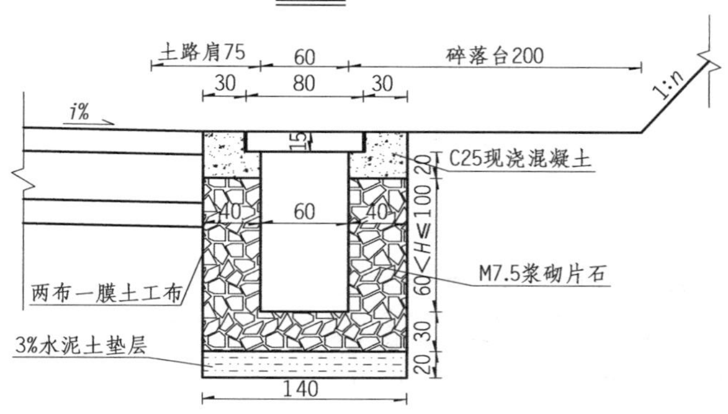

每延米边沟工程数量表

项目	M7.5浆砌片石 (m³)	C25现浇混凝土 (m³)	3%水泥土垫层 (m³)	挖土方 (m³)	两布一膜土工布 (m²)
边沟一	0.72	0.18	0.24	1.74	3.7
边沟二	0.42+0.8*H*	0.25	0.28	1.4*H*+1.19	2.7+2*H*

边沟盖板钢筋布置图

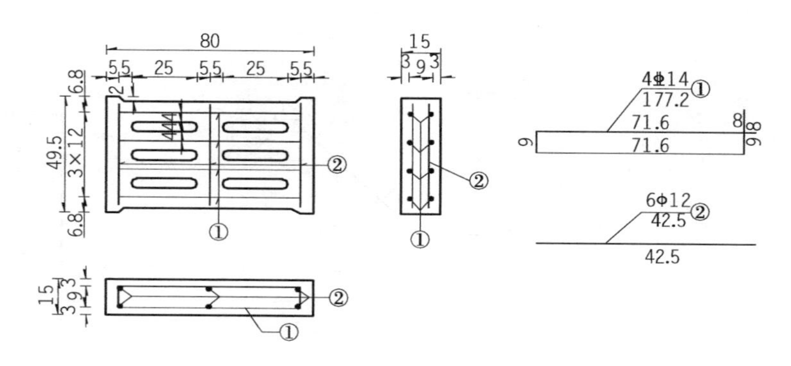

每块(长50cm)盖板工程数量表

编号	直径 (mm)	根数 (根)	长度 (m)	总长 (m)	总重 (kg)	C25预制混凝土 (m³)
①	Φ14	4	1.772	7.09	8.562	0.048
②	Φ12	6	0.425	2.55	2.264	
合计	—	—	—	—	10.827	

注：

1.本图为边沟设计图，图中尺寸除钢筋直径以mm计外，其余均以cm计。

2.边沟沟体采用M7.5浆砌片石砌筑，顶部35cm采用C25混凝土现浇，盖板采用C25混凝土预制。

3.边沟一适用于一般路段，边沟二用于边沟加深路段。

4.C25现浇混凝土边沟应每10m设置一道2cm宽伸缩缝或者沉降缝，采用沥青麻絮填塞。

5.边沟底部设置20cm厚3%水泥土垫层，并在边沟底部及两侧铺二布一膜土工布，两布一膜土工布规格为200g/0.5mm/200g。

6.其他未尽事宜按施工规范办理。

测设单位	工程名称	边沟设计图	设计		复核		审核		图号	S6-2	日期	

排水沟一

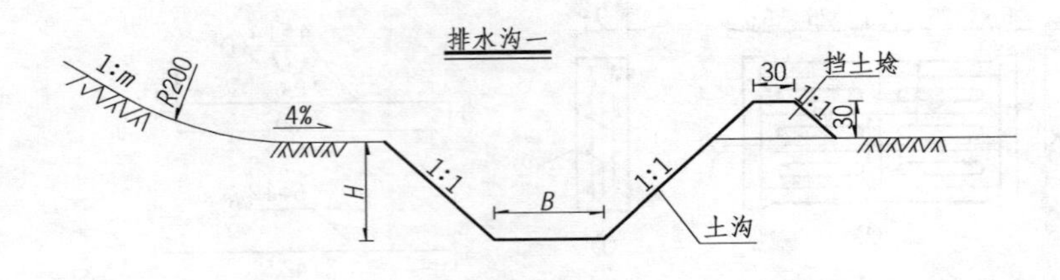

排水沟二

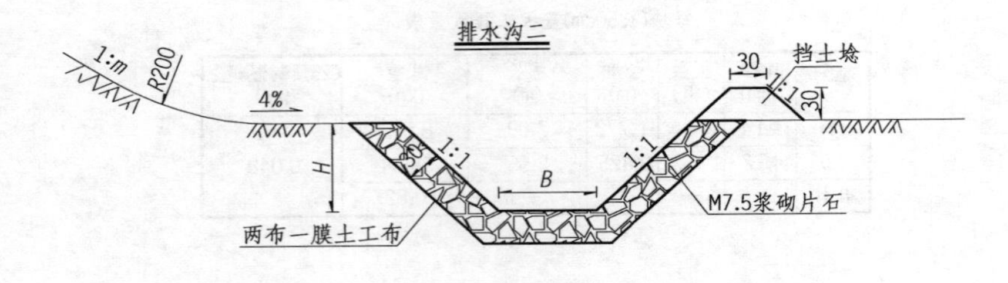

排水沟三

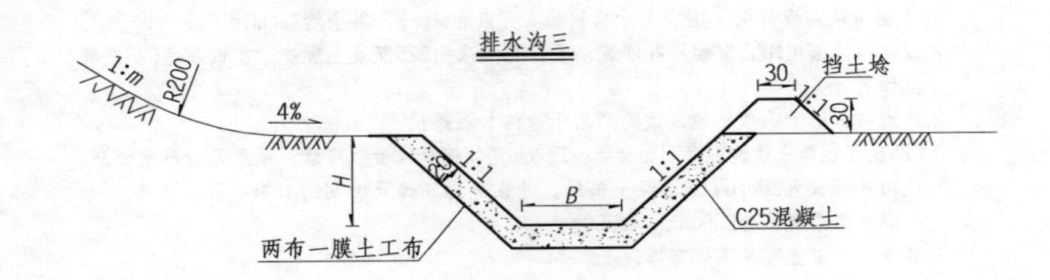

每延米排水沟工程数量表

项目	M7.5浆砌片石 (m^3)	C25现浇混凝土 (m^3)	挖土方 (m^3)	两布一膜土工布 (m^2)	挡土埝土方 (m^3)
排水沟一	—	—	$(B+H)\times H$	—	0.18
排水沟二	$0.1646+0.8484H+0.3B$	—	$0.1646+0.8484H+0.3B+(B+H)\times H$	$1.097+B+2.848H$	0.18
排水沟三	—	$0.0731+0.5656H+0.2B$	$0.0731+0.5656H+0.2B+(B+H)\times H$	$0.732+B+2.848H$	0.18

注：

1.本图为排水沟设计图，图中B为排水沟底宽，H为排水沟深，尺寸单位均以cm计。
2.排水沟一为土质边沟，排水沟二为M7.5浆砌片石边沟，排水沟三为C25混凝土边沟。
3.排水沟可根据汇水量调整沟底宽度或深度。
4.C25现浇混凝土排水沟沟应每10m设置一道2cm宽伸缩缝或者沉降缝，采用沥青麻絮填塞。
5.排水沟底部及两侧铺二布一膜土工布，两布一膜土工布规格为200g/0.5mm/200g。
6.其他未尽事宜按施工规范办理。

测设单位		工程名称	排水沟设计图	设计		复核		审核		图号	S6-3	日期	

截水沟一

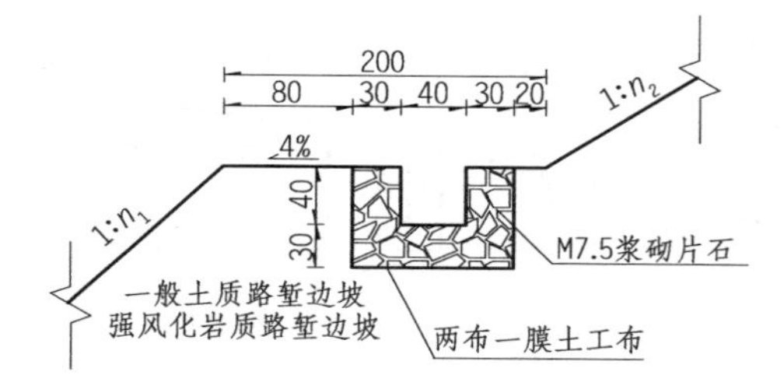

堑顶截水沟

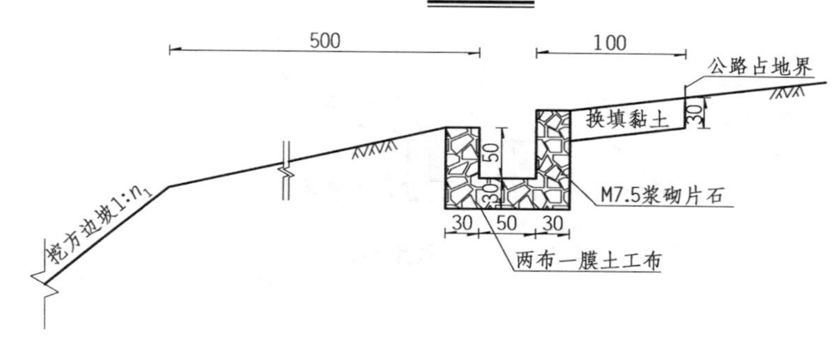

截水沟二

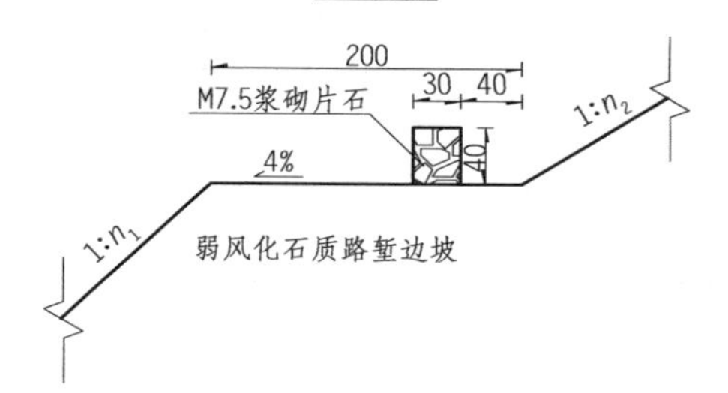

每延米截水沟工程数量表

项目	M7.5浆砌片石(m^3)	挖土方(m^3)	两布一膜土工布(m^2)	换填黏土(m^3)
截水沟一	0.54	0.70	2.40	—
截水沟二	0.12	—	—	—
截水沟三	1.07	1.23	4.08	—
堑顶截水沟	0.69	1.29	2.90	0.30

截水沟三

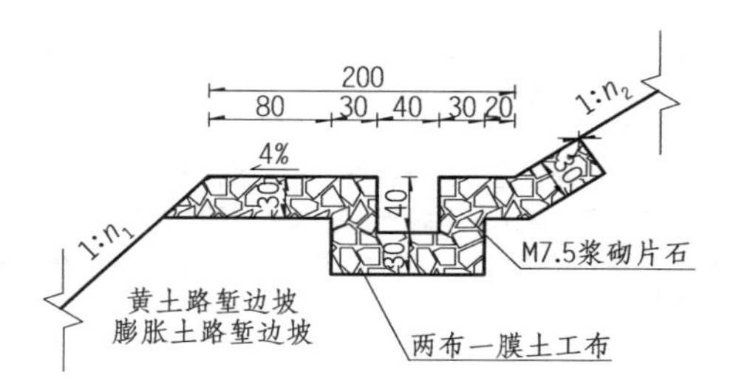

注:

1.本图尺寸均以cm计。

2.平台截水沟一适用于一般土质及强风化岩质路堑边坡；平台截水沟二适用于弱风化的石质边坡平台；平台截水沟三适用于湿陷性黄土或膨胀土等不良岩土路堑边坡。

3.坡顶截水沟适用于一般路段的截水沟。

4.截水沟施工时沟型开挖应顺畅、规则,基底、坡面应夯实并保持干燥。

5.截水沟沟壁及底部均铺设一层两布一膜土工布，土工布规格为200g/0.5mm/200g。

6.沟壁与边坡岩土接触面须采用黏土夯填密实，以免地表水渗入，土台土体及基底须夯实。

7.其他未尽事宜按施工规范办理。

测设单位	工程名称	截水沟设计图	设计		复核		审核		图号	S6-4	日期	

截水沟一

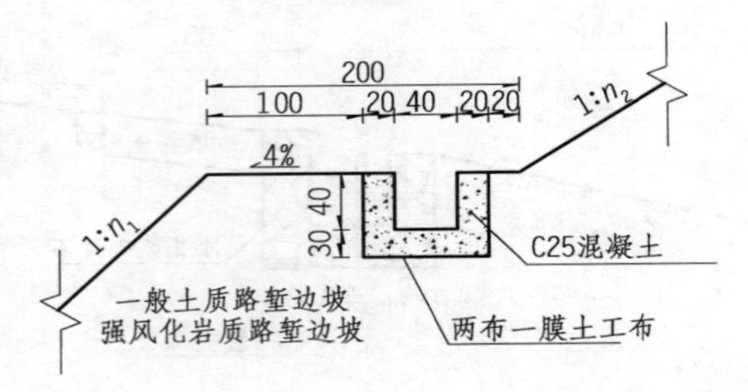

堑顶截水沟

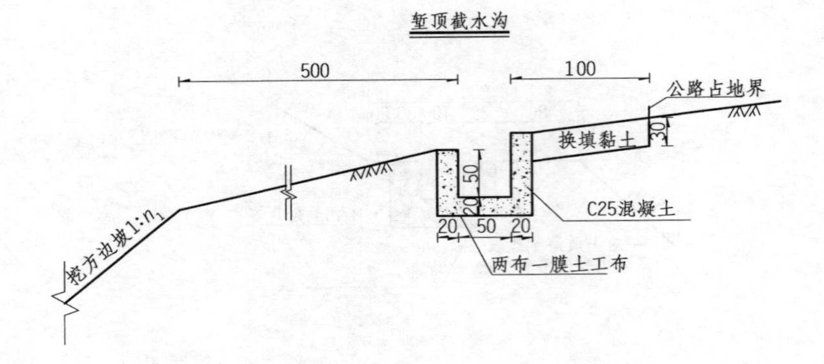

截水沟二

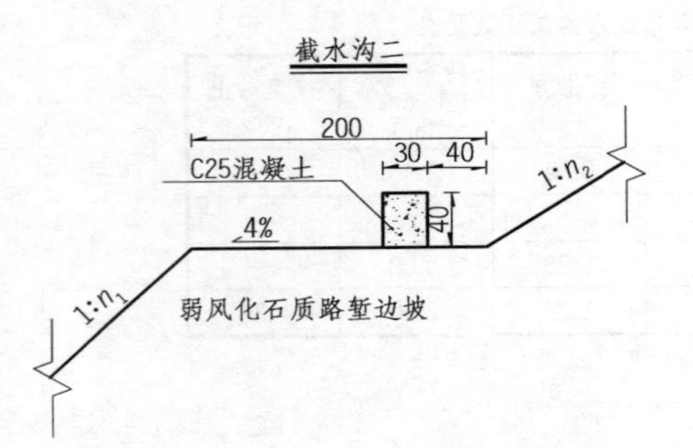

每延米截水沟工程数量表

项目	C25混凝土 (m^3)	挖土方 (m^3)	两布一膜土工布 (m^2)	换填黏土 (m^3)
截水沟一	0.40	0.56	2.20	—
截水沟二	0.12	—	—	—
截水沟三	0.69	0.85	3.82	—
堑顶截水沟	0.42	0.72	2.50	0.30

截水沟三

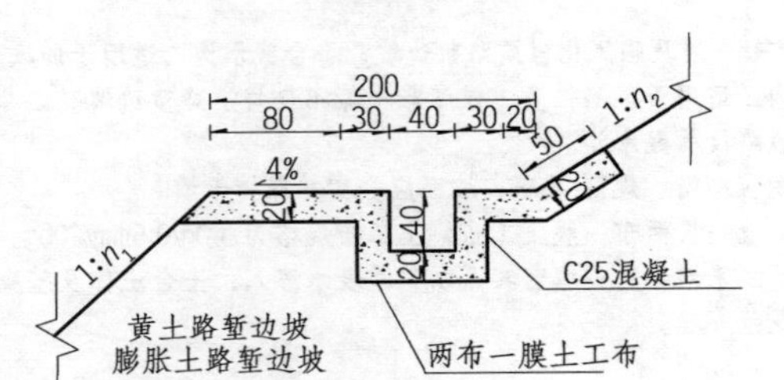

注：

1.本图尺寸均以cm计。

2.平台截水沟一适用于一般土质及强风化岩质路堑边坡；平台截水沟二适用于弱风化的石质边坡平台；平台截水沟三适用于湿陷性黄土或膨胀土等不良岩土路堑边坡。

3.坡顶截水沟适用于一般路段的截水沟。

4.截水沟施工时沟型开挖应顺畅、规则，基底、坡面应夯实并保持干燥。

5.截水沟沟壁及底部均铺设一层两布一膜土工布，土工布规格为200g/0.5mm/200g。

6.沟壁与边坡岩土接触面须采用黏土夯填密实，以免地表水渗入,土台土体及基底须夯实。

7.其他未尽事宜按施工规范办理。

测设单位		工程名称		截水沟设计图	设计		复核		审核		图号	S6-4	日期	

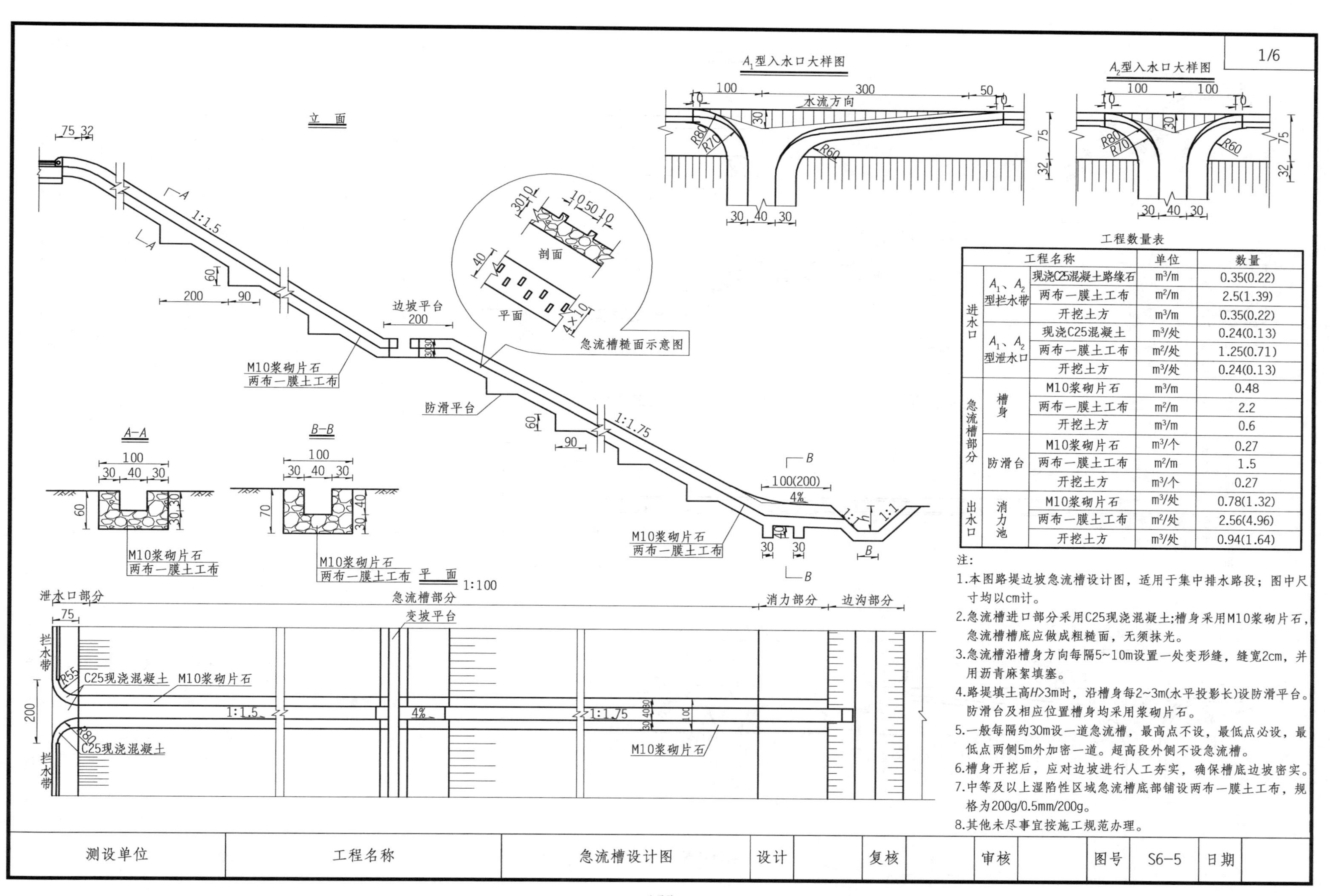

工程数量表

工程名称			单位	数量
进水口	A_1、A_2型拦水带	现浇C25混凝土路缘石	m³/m	0.35(0.22)
		两布一膜土工布	m²/m	2.5(1.39)
		开挖土方	m³/m	0.35(0.22)
	A_1、A_2型泄水口	现浇C25混凝土	m³/处	0.24(0.13)
		两布一膜土工布	m²/处	1.25(0.71)
		开挖土方	m³/处	0.24(0.13)
急流槽部分	槽身	M10浆砌片石	m³/m	0.48
		两布一膜土工布	m²/m	2.2
		开挖土方	m³/m	0.6
	防滑台	M10浆砌片石	m³/个	0.27
		两布一膜土工布	m²/m	1.5
		开挖土方	m³/个	0.27
出水口	消力池	M10浆砌片石	m³/处	0.78(1.32)
		两布一膜土工布	m²/处	2.56(4.96)
		开挖土方	m³/处	0.94(1.64)

注：

1. 本图路堤边坡急流槽设计图，适用于集中排水路段；图中尺寸均以cm计。
2. 急流槽进口部分采用C25现浇混凝土；槽身采用M10浆砌片石，急流槽槽底应做成粗糙面，无须抹光。
3. 急流槽沿槽身方向每隔5~10m设置一处变形缝，缝宽2cm，并用沥青麻絮填塞。
4. 路堤填土高H>3m时，沿槽身每2~3m(水平投影长)设防滑平台。防滑台及相应位置槽身均采用浆砌片石。
5. 一般每隔约30m设一道急流槽，最高点不设，最低点必设，最低点两侧5m外加密一道。超高段外侧不设急流槽。
6. 槽身开挖后，应对边坡进行人工夯实，确保槽底边坡密实。
7. 中等及以上湿陷性区域急流槽底部铺设两布一膜土工布，规格为200g/0.5mm/200g。
8. 其他未尽事宜按施工规范办理。

测设单位	工程名称	急流槽设计图	设计		复核		审核		图号	S6-5	日期	

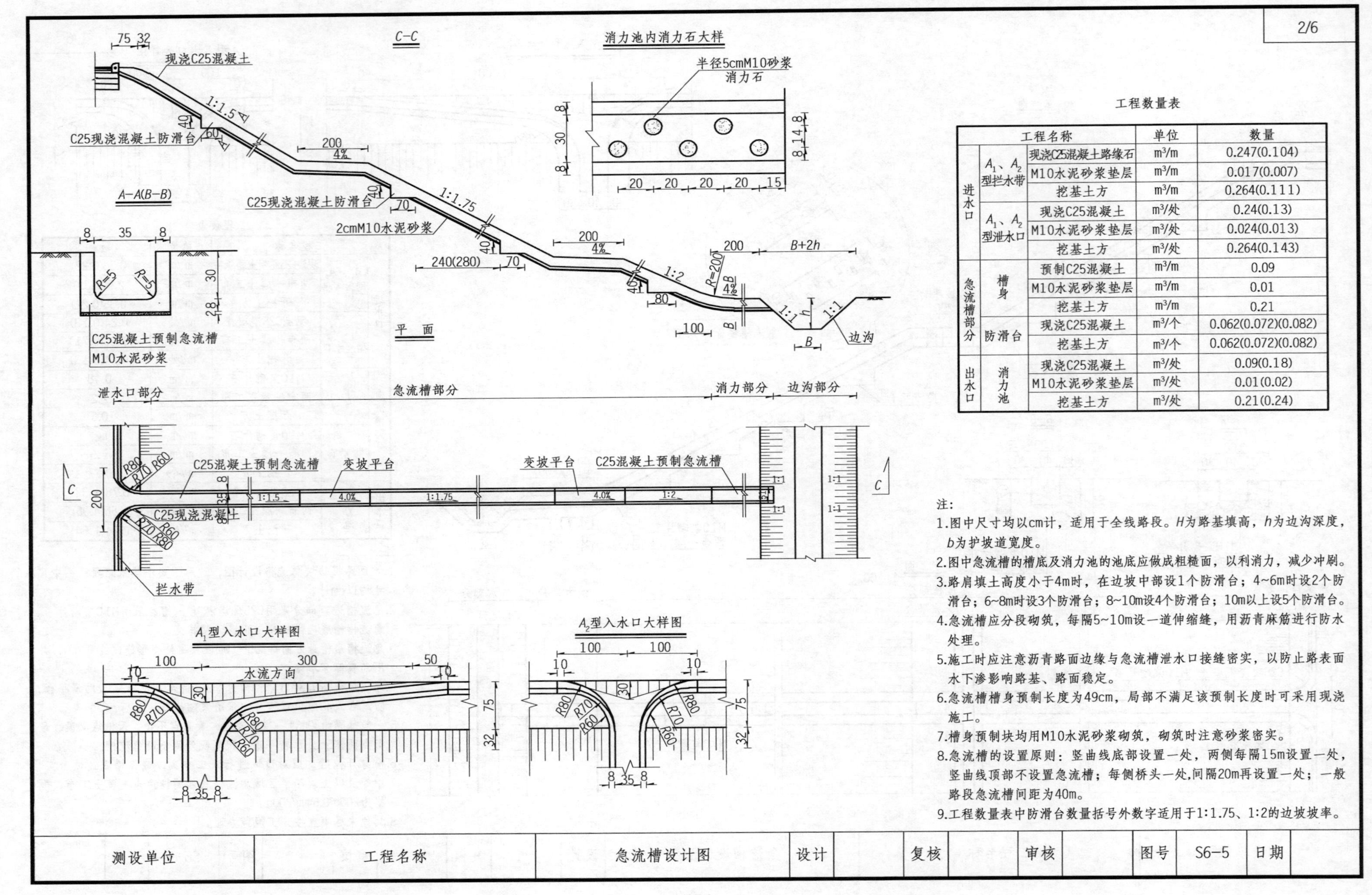

工程数量表

工程名称			单位	数量
进水口	A_1、A_2型拦水带	现浇C25混凝土路缘石	m³/m	0.247(0.104)
		M10水泥砂浆垫层	m³/m	0.017(0.007)
		挖基土方	m³/m	0.264(0.111)
	A_1、A_2型泄水口	现浇C25混凝土	m³/处	0.24(0.13)
		M10水泥砂浆垫层	m³/处	0.024(0.013)
		挖基土方	m³/处	0.264(0.143)
急流槽部分	槽身	预制C25混凝土	m³/m	0.09
		M10水泥砂浆垫层	m³/m	0.01
		挖基土方	m³/m	0.21
	防滑台	现浇C25混凝土	m³/个	0.062(0.072)(0.082)
		挖基土方	m³/个	0.062(0.072)(0.082)
出水口	消力池	现浇C25混凝土	m³/处	0.09(0.18)
		M10水泥砂浆垫层	m³/处	0.01(0.02)
		挖基土方	m³/处	0.21(0.24)

注：

1. 图中尺寸均以cm计，适用于全线路段。H为路基填高，h为边沟深度，b为护坡道宽度。
2. 图中急流槽的槽底及消力池的池底应做成粗糙面，以利消力，减少冲刷。
3. 路肩填土高度小于4m时，在边坡中部设1个防滑台；4~6m时设2个防滑台；6~8m时设3个防滑台；8~10m设4个防滑台；10m以上设5个防滑台。
4. 急流槽应分段砌筑，每隔5~10m设一道伸缩缝，用沥青麻筋进行防水处理。
5. 施工时应注意沥青路面边缘与急流槽泄水口接缝密实，以防止路表面水下渗影响路基、路面稳定。
6. 急流槽槽身预制长度为49cm，局部不满足该预制长度时可采用现浇施工。
7. 槽身预制块均用M10水泥砂浆砌筑，砌筑时注意砂浆密实。
8. 急流槽的设置原则：竖曲线底部设置一处，两侧每隔15m设置一处，竖曲线顶部不设置急流槽；每侧桥头一处，间隔20m再设置一处；一般路段急流槽间距为40m。
9. 工程数量表中防滑台数量括号外数字适用于1:1.75、1:2的边坡坡率。

测设单位	工程名称	急流槽设计图	设计	复核	审核	图号	S6-5	日期

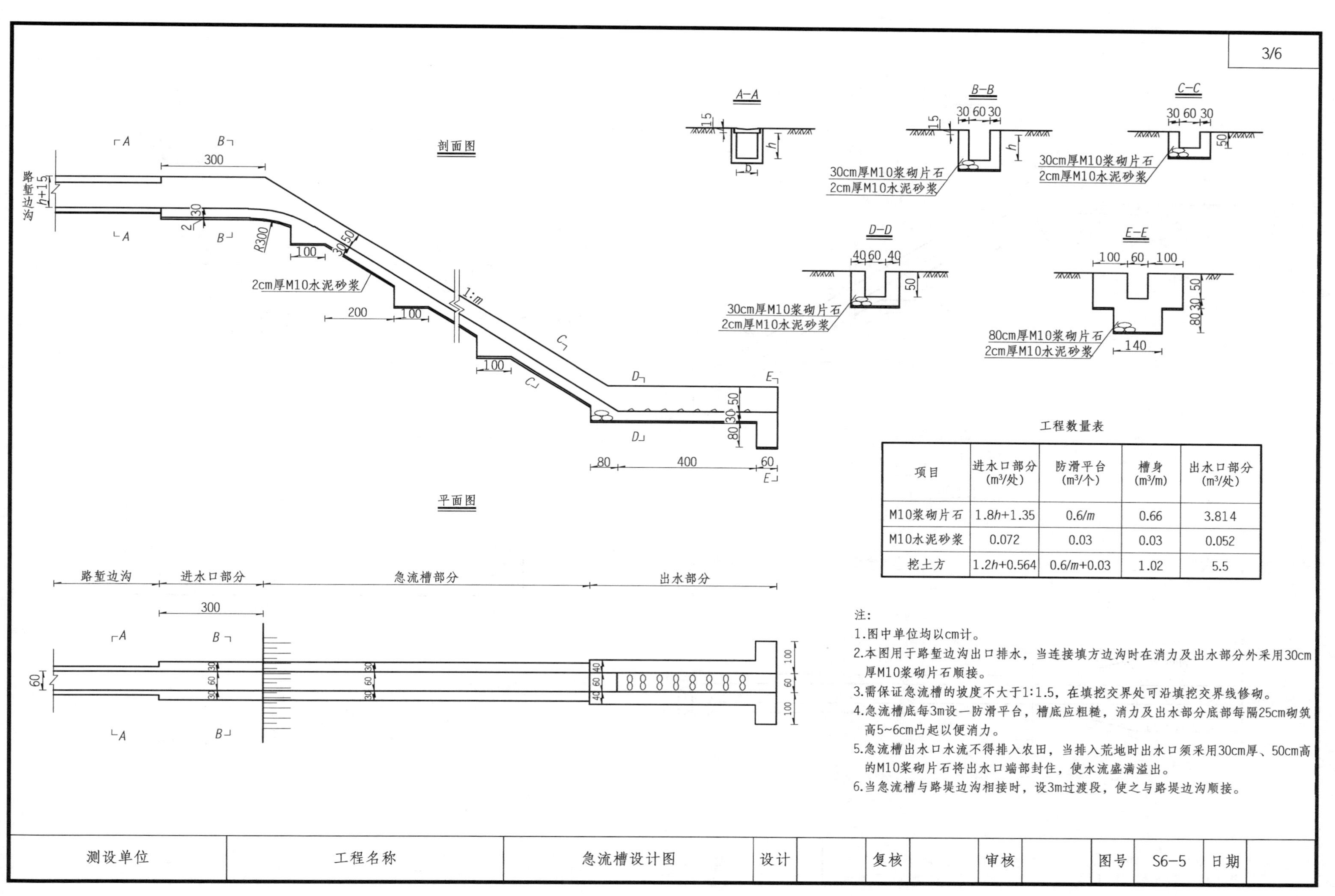

工程数量表

项目	进水口部分 (m^3/处)	防滑平台 (m^3/个)	槽身 (m^3/m)	出水口部分 (m^3/处)
M10浆砌片石	$1.8h+1.35$	$0.6/m$	0.66	3.814
M10水泥砂浆	0.072	0.03	0.03	0.052
挖土方	$1.2h+0.564$	$0.6/m+0.03$	1.02	5.5

注:

1.图中单位均以cm计。

2.本图用于路堑边沟出口排水，当连接填方边沟时在消力及出水部分外采用30cm厚M10浆砌片石顺接。

3.需保证急流槽的坡度不大于1:1.5，在填挖交界处可沿填挖交界线修砌。

4.急流槽底每3m设一防滑平台，槽底应粗糙，消力及出水部分底部每隔25cm砌筑高5~6cm凸起以便消力。

5.急流槽出水口水流不得排入农田，当排入荒地时出水口须采用30cm厚、50cm高的M10浆砌片石将出水口端部封住，使水流盛满溢出。

6.当急流槽与路堤边沟相接时，设3m过渡段，使之与路堤边沟顺接。

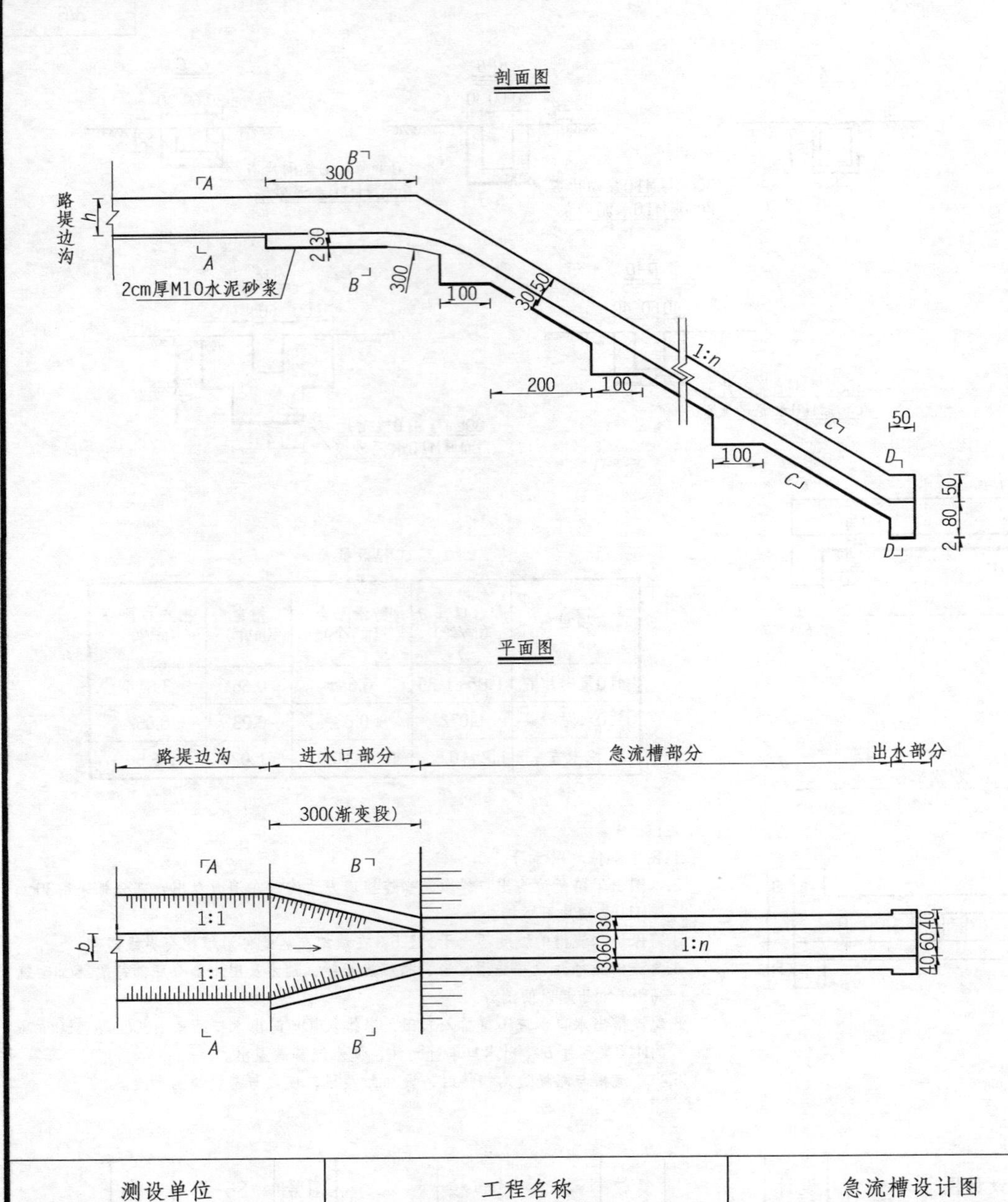

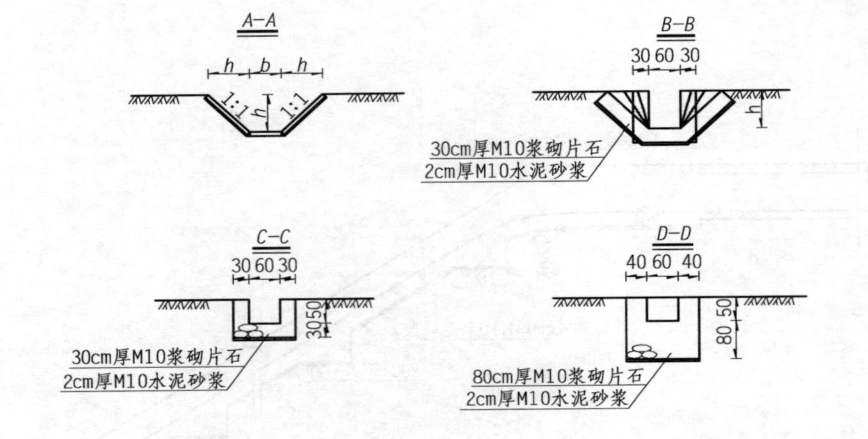

工程数量表

项目	进水口部分 (m^3/处)	防滑平台 (m^3/个)	槽身 (m^3/m)	出水口部分 (m^3/处)
M10浆砌片石	$2.18h+0.81$	$0.6/n$	0.66	0.76
M10水泥砂浆	$0.12h+0.08$	0.03	0.03	0.03
挖土方	$h^2+1.57h+0.39$	$0.6/n+0.03$	0.984	0.924

注:表达式中n为边坡坡率,计算时各参数单位以m计。

注:
1.图中单位均以cm计，h为边沟深。
2.本图适用于路堤边沟出口向自然沟排水。
3.急流槽底每3m设一防滑平台，槽底应粗糙。
4.边沟坡率设置原则见路基标准横断面图、n值见路基排水数量表。

测设单位	工程名称	急流槽设计图	设计	复核	审核	图号	S6-5	日期

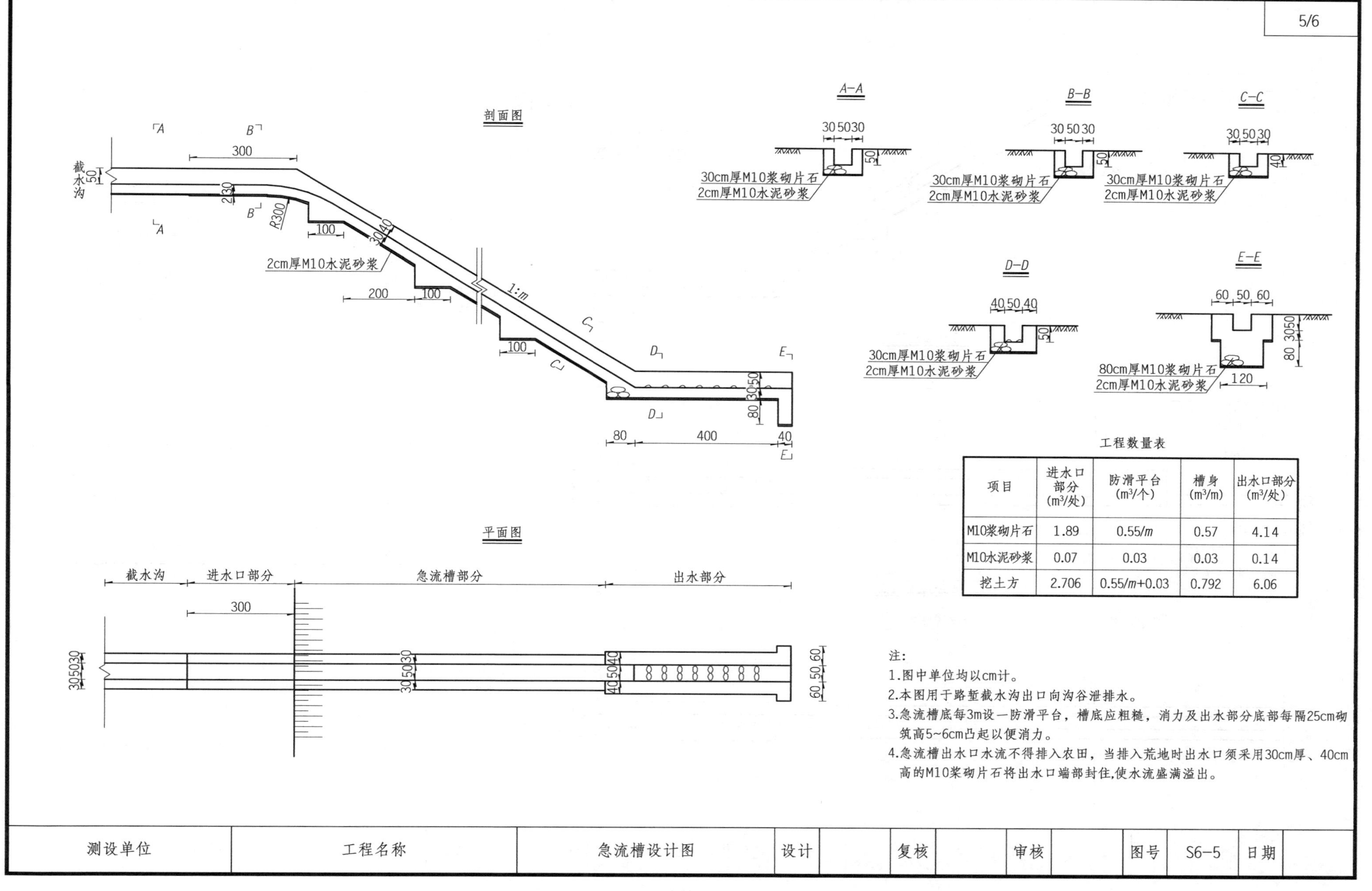

工程数量表

项目	进水口部分 (m^3/处)	防滑平台 (m^3/个)	槽身 (m^3/m)	出水口部分 (m^3/处)
M10浆砌片石	1.89	0.55/*m*	0.57	4.14
M10水泥砂浆	0.07	0.03	0.03	0.14
挖土方	2.706	0.55/*m*+0.03	0.792	6.06

注：
1.图中单位均以cm计。
2.本图用于路堑截水沟出口向沟谷泄排水。
3.急流槽底每3m设一防滑平台，槽底应粗糙，消力及出水部分底部每隔25cm砌筑高5~6cm凸起以便消力。
4.急流槽出水口水流不得排入农田，当排入荒地时出水口须采用30cm厚、40cm高的M10浆砌片石将出水口端部封住,使水流盛满溢出。

测设单位	工程名称	急流槽设计图	设计		复核		审核		图号	S6-5	日期	

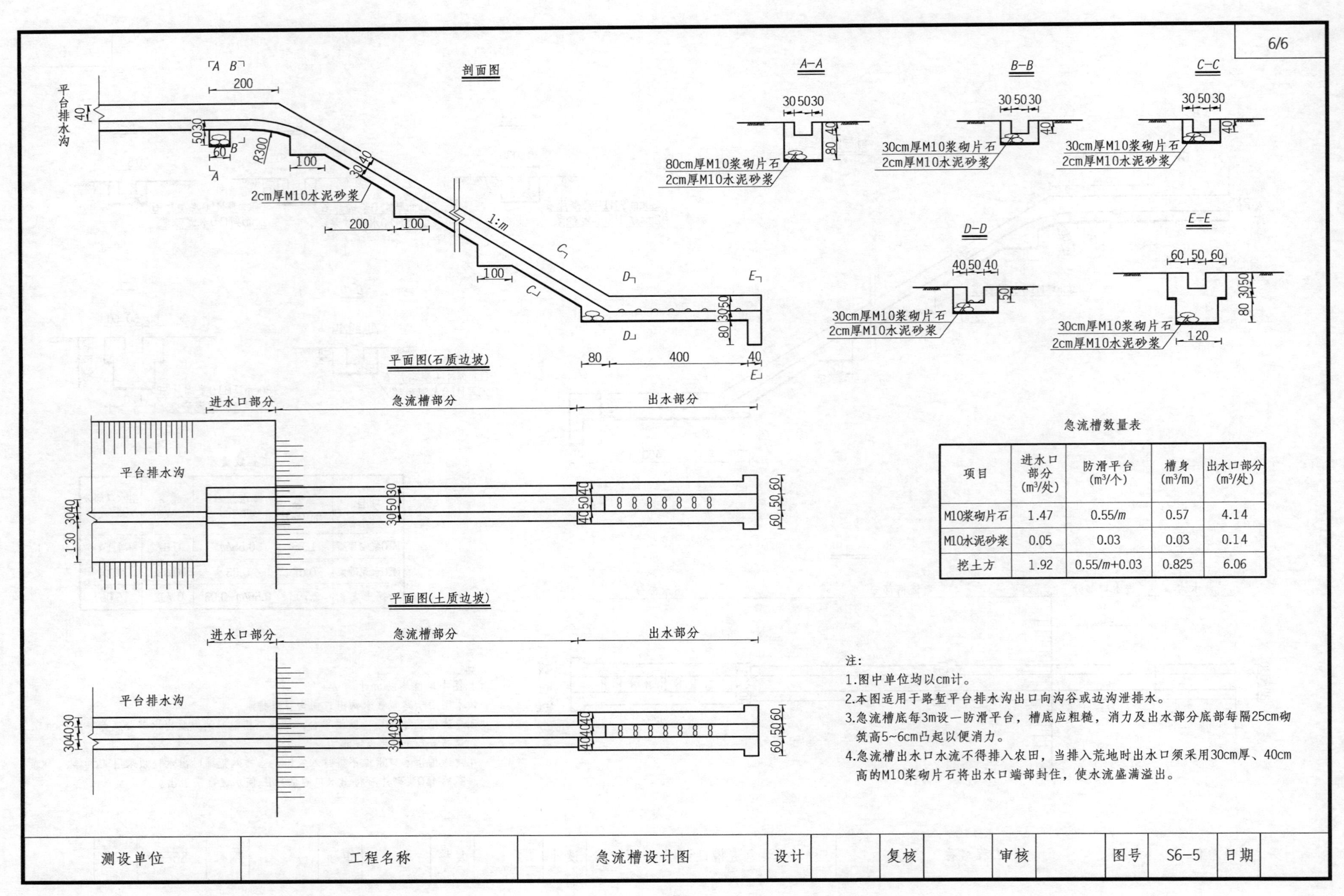

急流槽数量表

项目	进水口部分 (m^3/处)	防滑平台 (m^3/个)	槽身 (m^3/m)	出水口部分 (m^3/处)
M10浆砌片石	1.47	0.55/*m*	0.57	4.14
M10水泥砂浆	0.05	0.03	0.03	0.14
挖土方	1.92	0.55/*m*+0.03	0.825	6.06

注:

1.图中单位均以cm计。

2.本图适用于路堑平台排水沟出口向沟谷或边沟泄排水。

3.急流槽底每3m设一防滑平台，槽底应粗糙，消力及出水部分底部每隔25cm砌筑高5~6cm凸起以便消力。

4.急流槽出水口水流不得排入农田，当排入荒地时出水口须采用30cm厚、40cm高的M10浆砌片石将出水口端部封住，使水流盛满溢出。

测设单位		工程名称		急流槽设计图	设计		复核		审核		图号	S6-5	日期	

超高段路面排水横断面图(一)

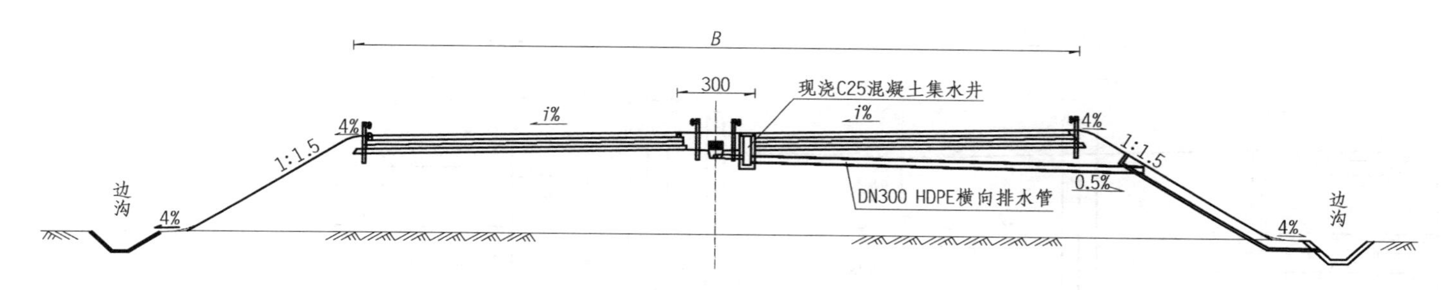

填方路段平面布置图

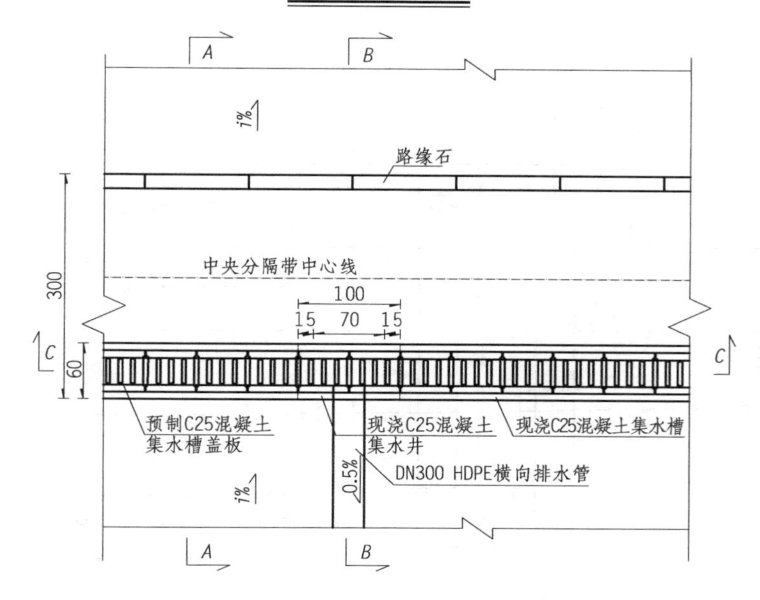

注:

1.本图尺寸单位均以cm计。

2.填方超高路段路面汇水由路拱横坡自然漫流至中央分隔带纵向集水槽内，集水槽内的水沿路线纵坡汇入集水井内，然后通过集水井内的横向排水管接边坡急流槽引入边沟排出。

3.纵向排水槽及集水井放置中央分隔带内。

4.一般填方路段超高排水横向排水管采用顺逆坡方式设置。

测设单位	工程名称	超高排水设计图	设计		复核		审核		图号	S6-6	日期	

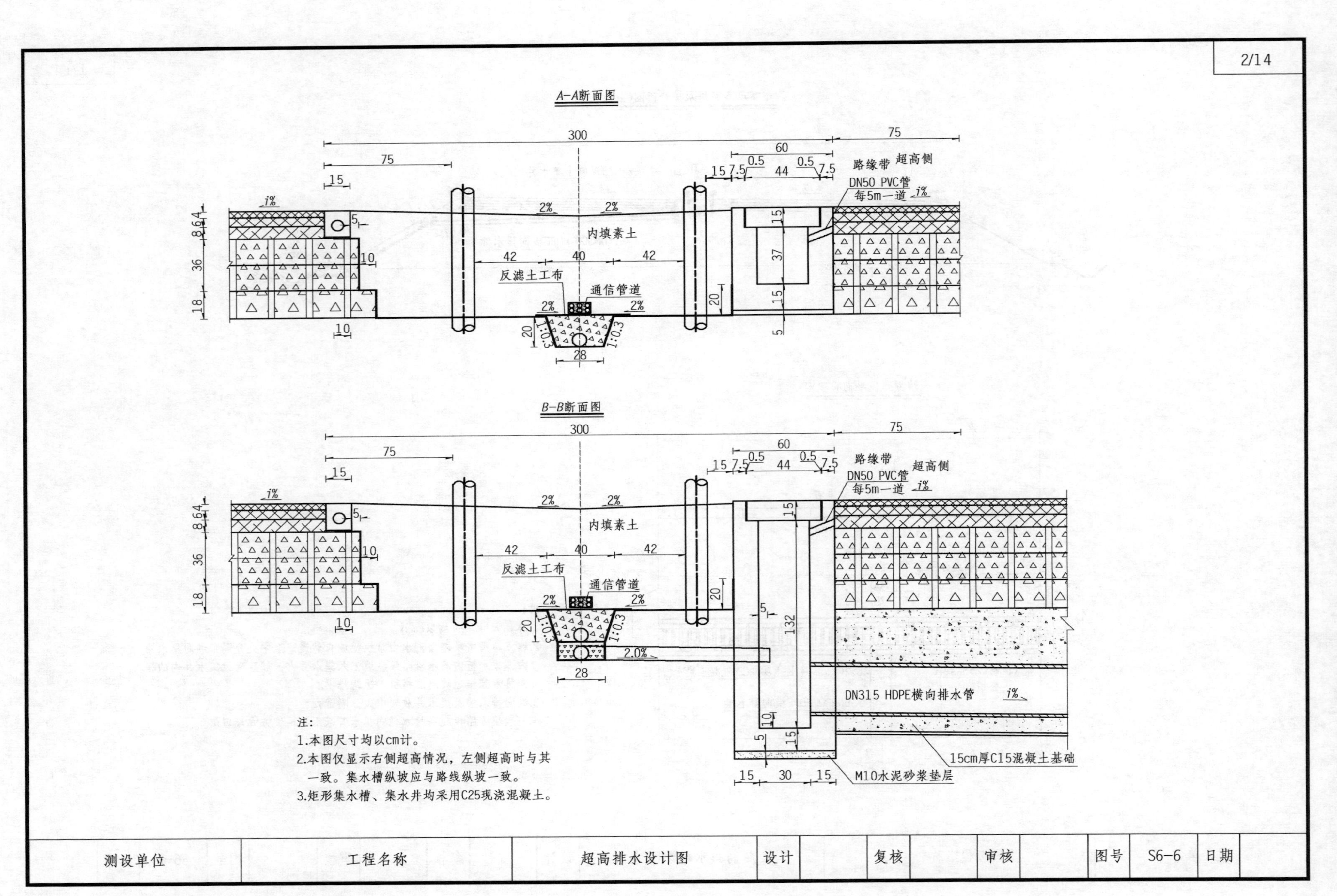

注：

1.本图尺寸均以cm计。

2.本图仅显示右侧超高情况，左侧超高时与其一致。集水槽纵坡应与路线纵坡一致。

3.矩形集水槽、集水井均采用C25现浇混凝土。

测设单位		工程名称		超高排水设计图	设计		复核		审核		图号	S6-6	日期	

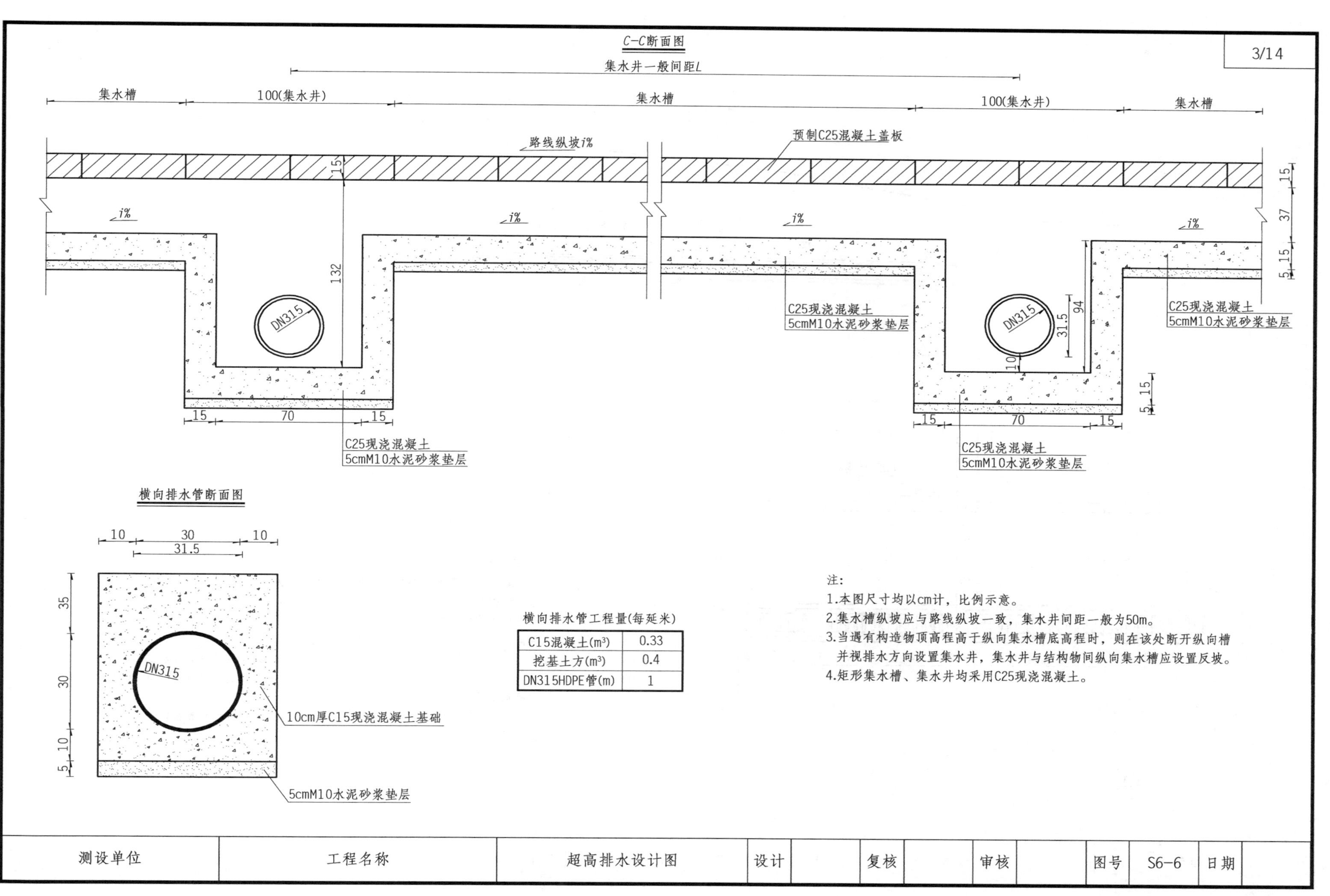

横向排水管工程量(每延米)

C15混凝土(m^3)	0.33
挖基土方(m^3)	0.4
DN315HDPE管(m)	1

注:
1.本图尺寸均以cm计，比例示意。
2.集水槽纵坡应与路线纵坡一致，集水井间距一般为50m。
3.当遇有构造物顶高程高于纵向集水槽底高程时，则在该处断开纵向槽并视排水方向设置集水井，集水井与结构物间纵向集水槽应设置反坡。
4.矩形集水槽、集水井均采用C25现浇混凝土。

测设单位	工程名称	超高排水设计图	设计		复核		审核		图号	S6-6	日期	

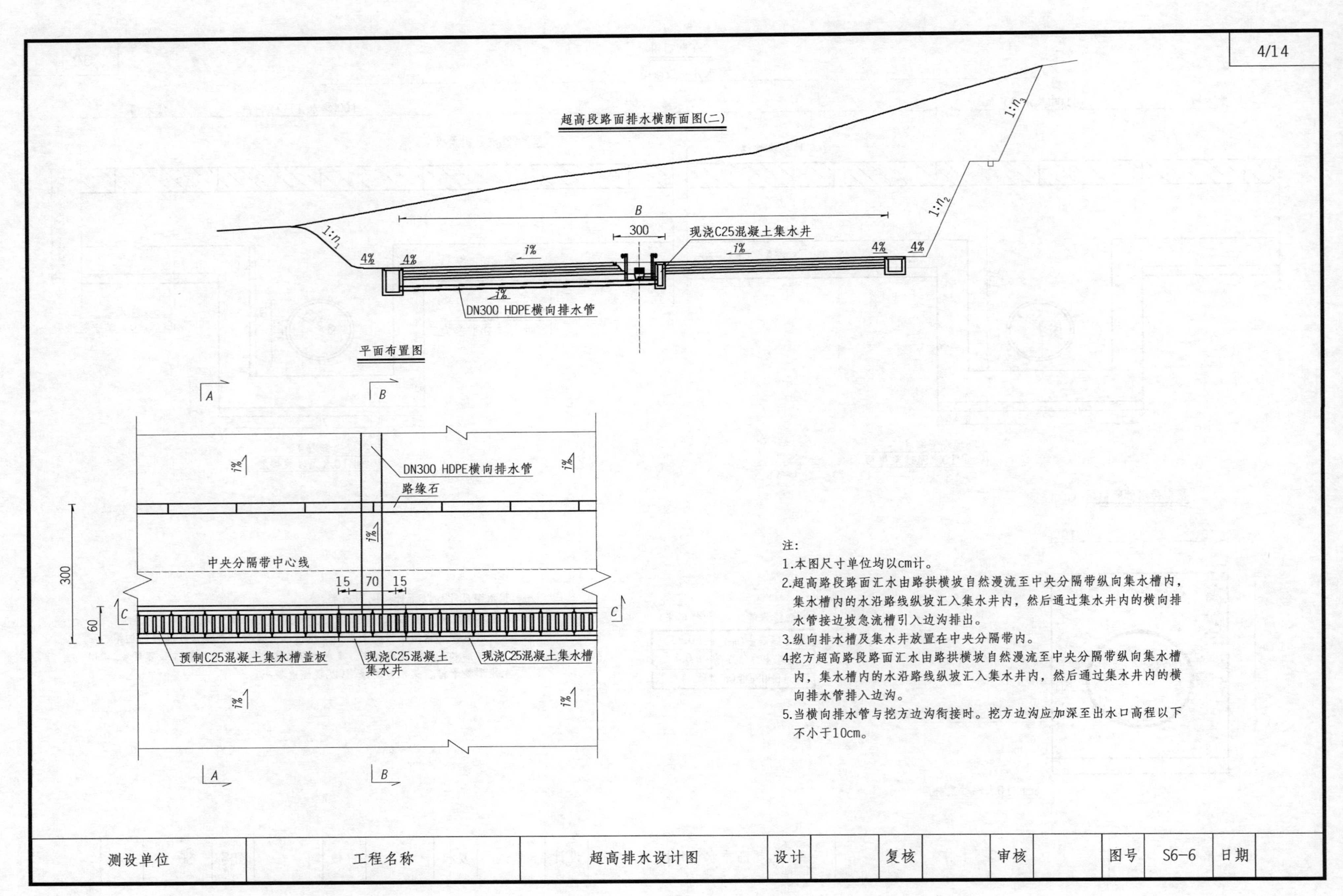
4/14
超高段路面排水横断面图(二)
1:n_3
1:n_2
1:n_1
B
300
现浇C25混凝土集水井
4%
4%
i%
i%
4%
4%
i%
DN300 HDPE横向排水管
平面布置图
A
B
DN300 HDPE横向排水管
路缘石
i%
中央分隔带中心线
300
60
15
70
15
C
C
预制C25混凝土集水槽盖板
现浇C25混凝土集水井
现浇C25混凝土集水槽
A
B
注：
1.本图尺寸单位均以cm计。
2.超高路段路面汇水由路拱横坡自然漫流至中央分隔带纵向集水槽内，集水槽内的水沿路线纵坡汇入集水井内，然后通过集水井内的横向排水管接边坡急流槽引入边沟排出。
3.纵向排水槽及集水井放置在中央分隔带内。
4挖方超高路段路面汇水由路拱横坡自然漫流至中央分隔带纵向集水槽内，集水槽内的水沿路线纵坡汇入集水井内，然后通过集水井内的横向排水管排入边沟。
5.当横向排水管与挖方边沟衔接时。挖方边沟应加深至出水口高程以下不小于10cm。
测设单位
工程名称
超高排水设计图
设计
复核
审核
图号
S6-6
日期

A-A断面图

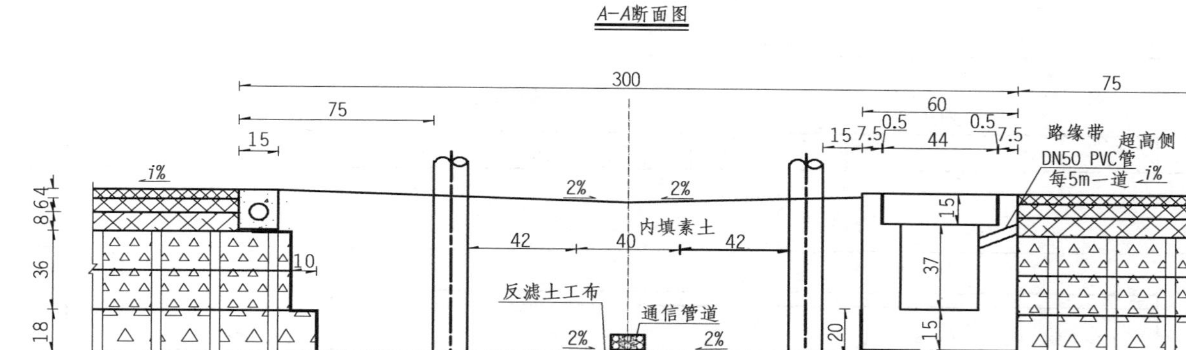

B-B断面图

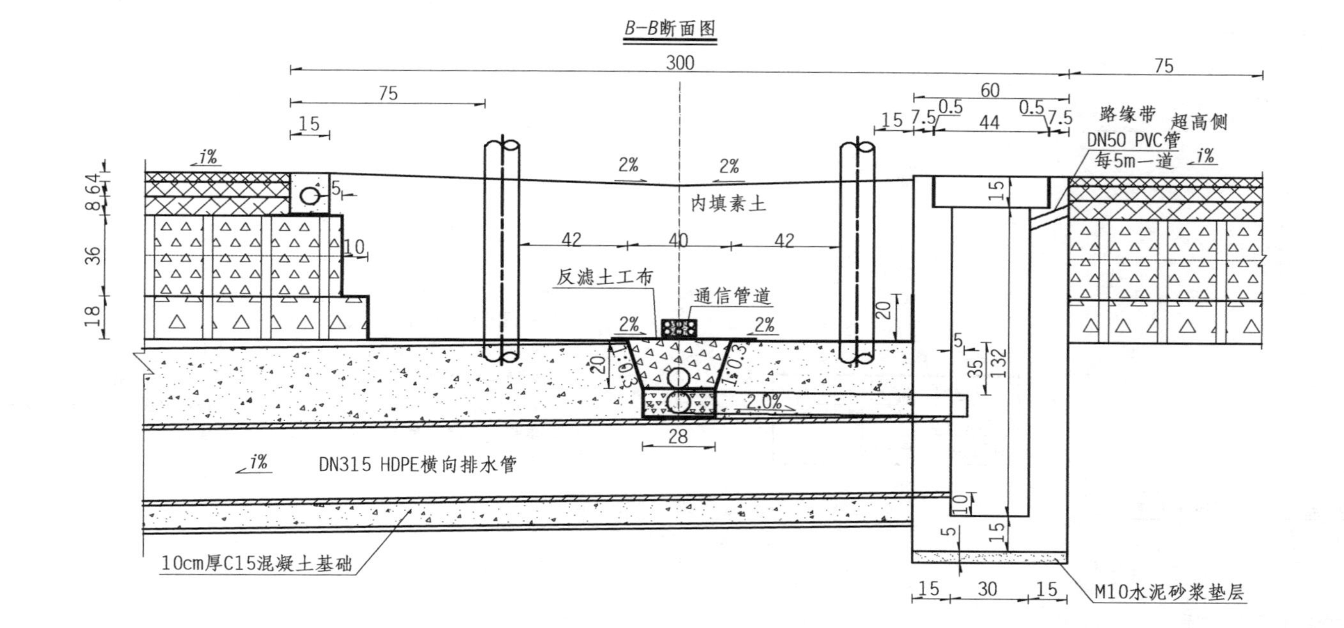

注:

1.本图尺寸均以cm计。

2.本图仅显示右侧超高情况，左侧超高时与其一致。集水槽纵坡应与路线纵坡一致。

3.矩形集水槽、集水井均采用C25现浇混凝土。

测设单位	工程名称	超高排水设计图	设计		复核		审核		图号	S6-6	日期	

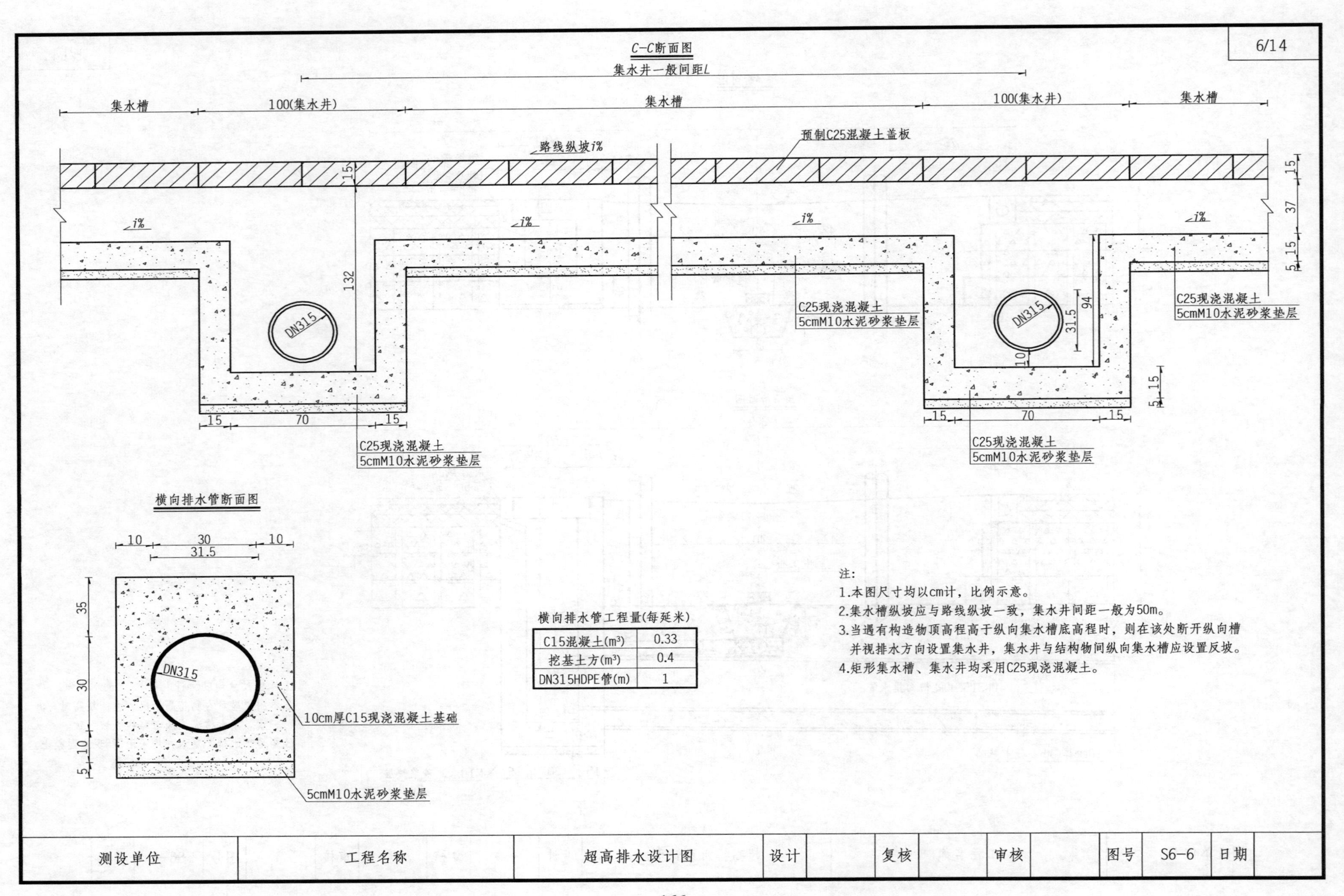

横向排水管工程量(每延米)

C15混凝土(m^3)	0.33
挖基土方(m^3)	0.4
DN315HDPE管(m)	1

注:
1.本图尺寸均以cm计,比例示意。
2.集水槽纵坡应与路线纵坡一致,集水井间距一般为50m。
3.当遇有构造物顶高程高于纵向集水槽底高程时,则在该处断开纵向槽并视排水方向设置集水井,集水井与结构物间纵向集水槽应设置反坡。
4.矩形集水槽、集水井均采用C25现浇混凝土。

测设单位	工程名称	超高排水设计图	设计	复核	审核	图号	S6-6	日期

超高段路面排水横断面图(一)

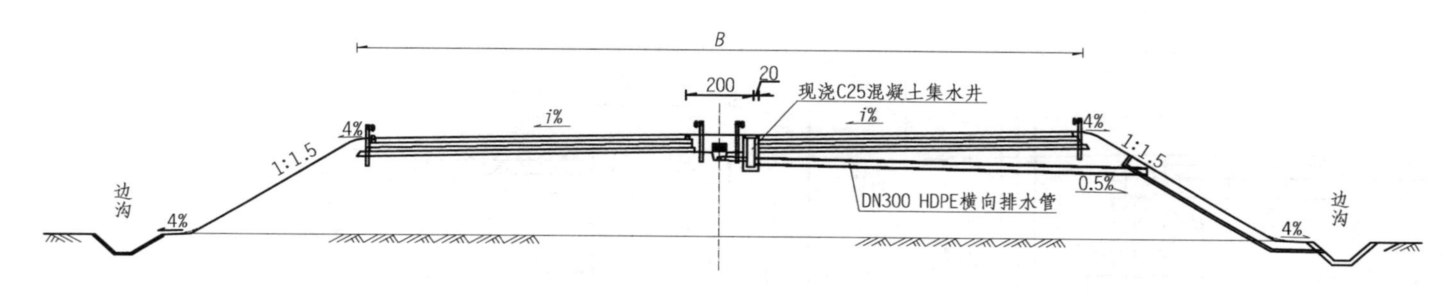

填方路段平面布置图

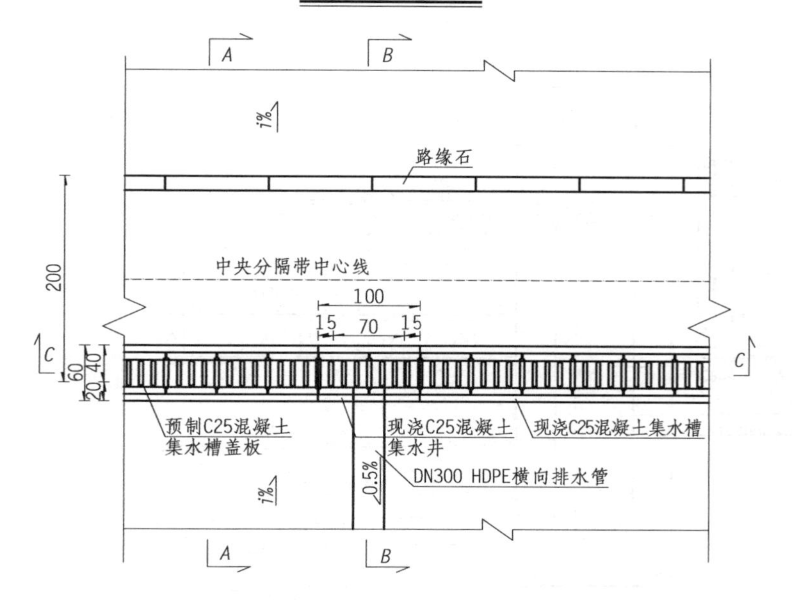

注：
1.本图尺寸单位均以cm计。
2.填方超高路段路面汇水由路拱横坡自然漫流至中央分隔带纵向集水槽内，集水槽内的水沿路线纵坡汇入集水井内，然后通过集水井内的横向排水管接边坡急流槽引入边沟排出。
3.纵向排水槽及集水井放置于中央分隔带内。
4.一般填方路段超高排水横向排水管采用顺逆坡方式设置。

测设单位	工程名称	超高排水设计图	设计		复核		审核		图号	S6-6	日期	

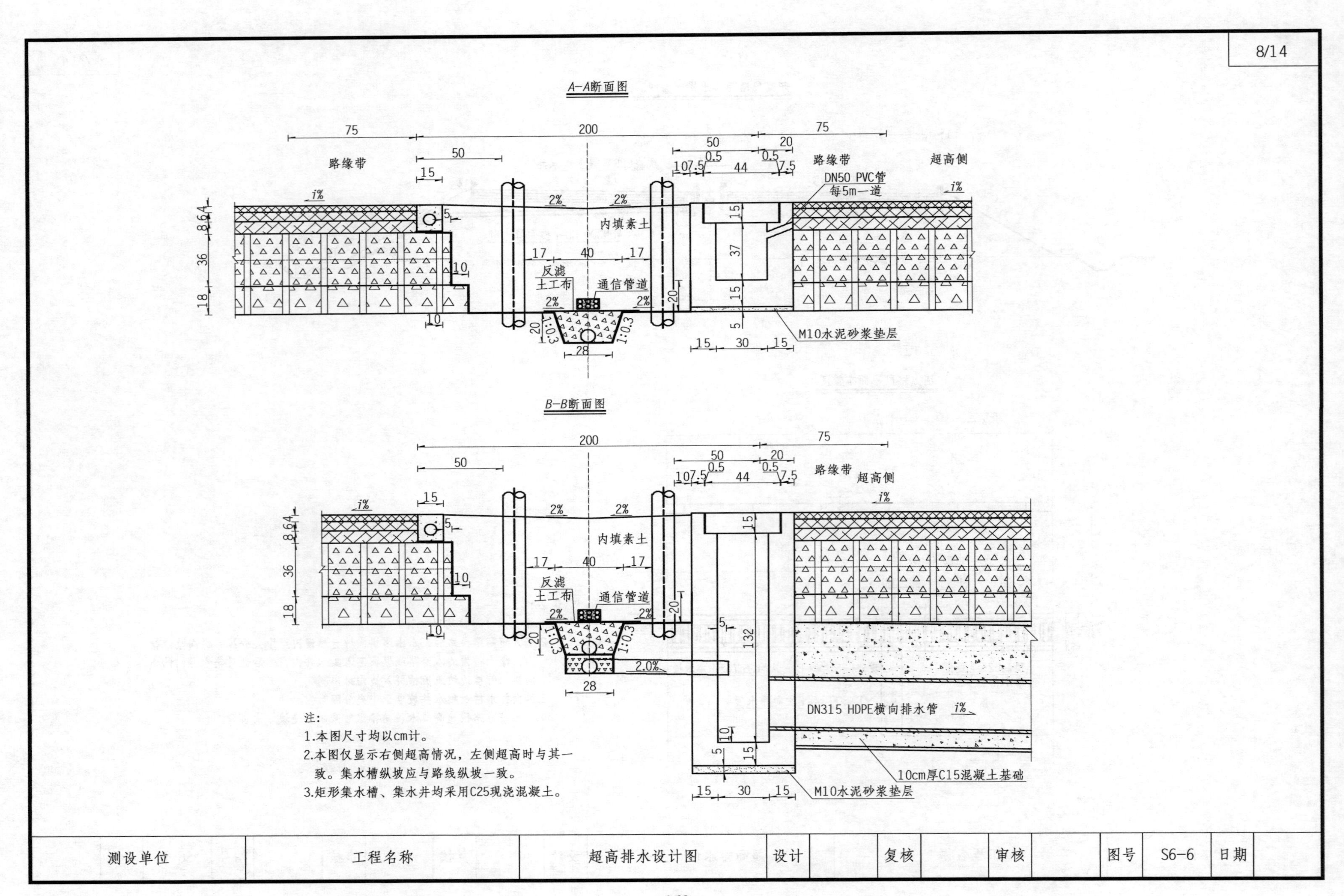

注：

1.本图尺寸均以cm计。

2.本图仅显示右侧超高情况，左侧超高时与其一致。集水槽纵坡应与路线纵坡一致。

3.矩形集水槽、集水井均采用C25现浇混凝土。

测设单位		工程名称		超高排水设计图	设计		复核		审核		图号	S6-6	日期	

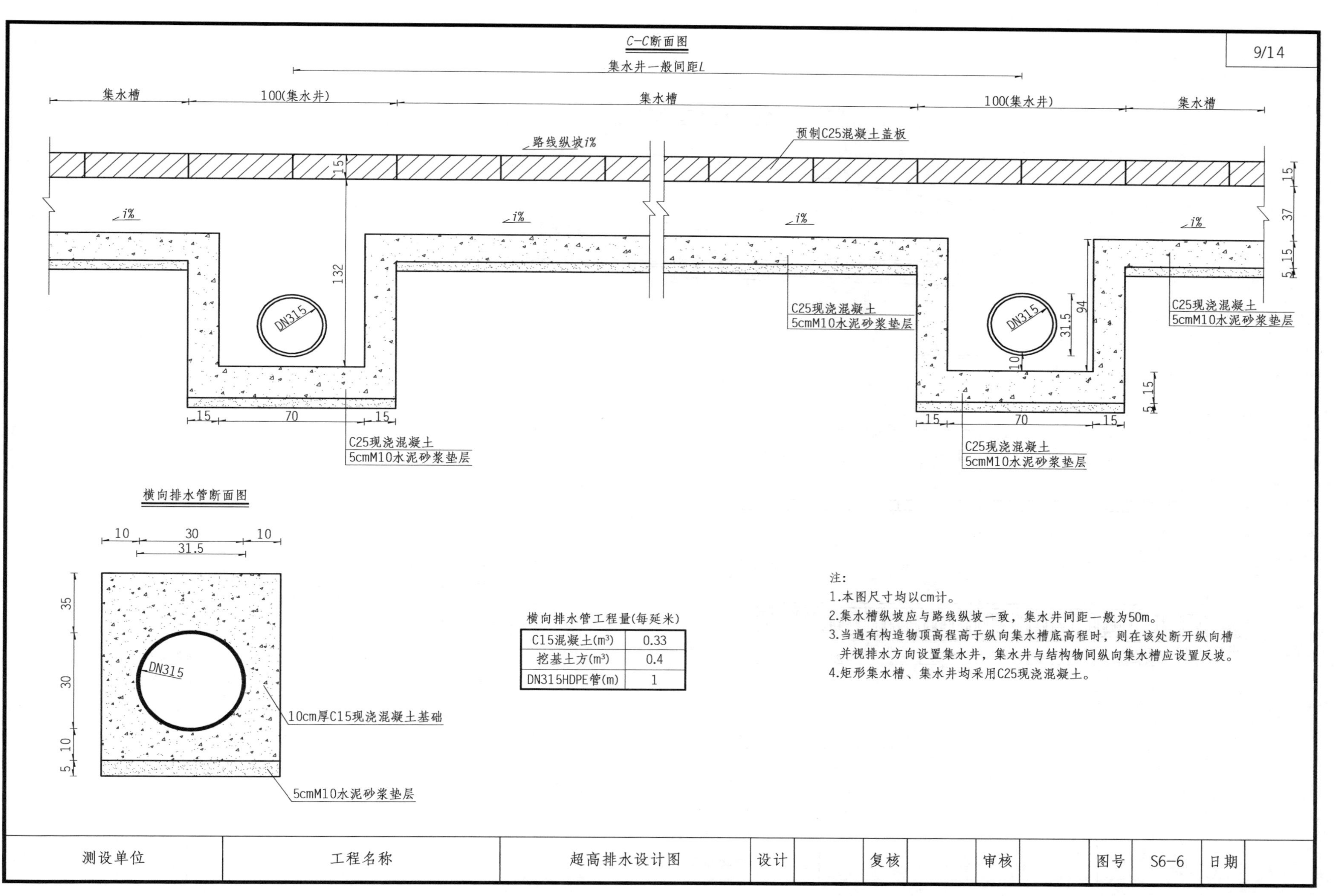

横向排水管工程量(每延米)

C15混凝土(m³)	0.33
挖基土方(m³)	0.4
DN315HDPE管(m)	1

注:
1.本图尺寸均以cm计。
2.集水槽纵坡应与路线纵坡一致，集水井间距一般为50m。
3.当遇有构造物顶高程高于纵向集水槽底高程时，则在该处断开纵向槽并视排水方向设置集水井，集水井与结构物间纵向集水槽应设置反坡。
4.矩形集水槽、集水井均采用C25现浇混凝土。

测设单位	工程名称	超高排水设计图	设计		复核		审核		图号	S6-6	日期	

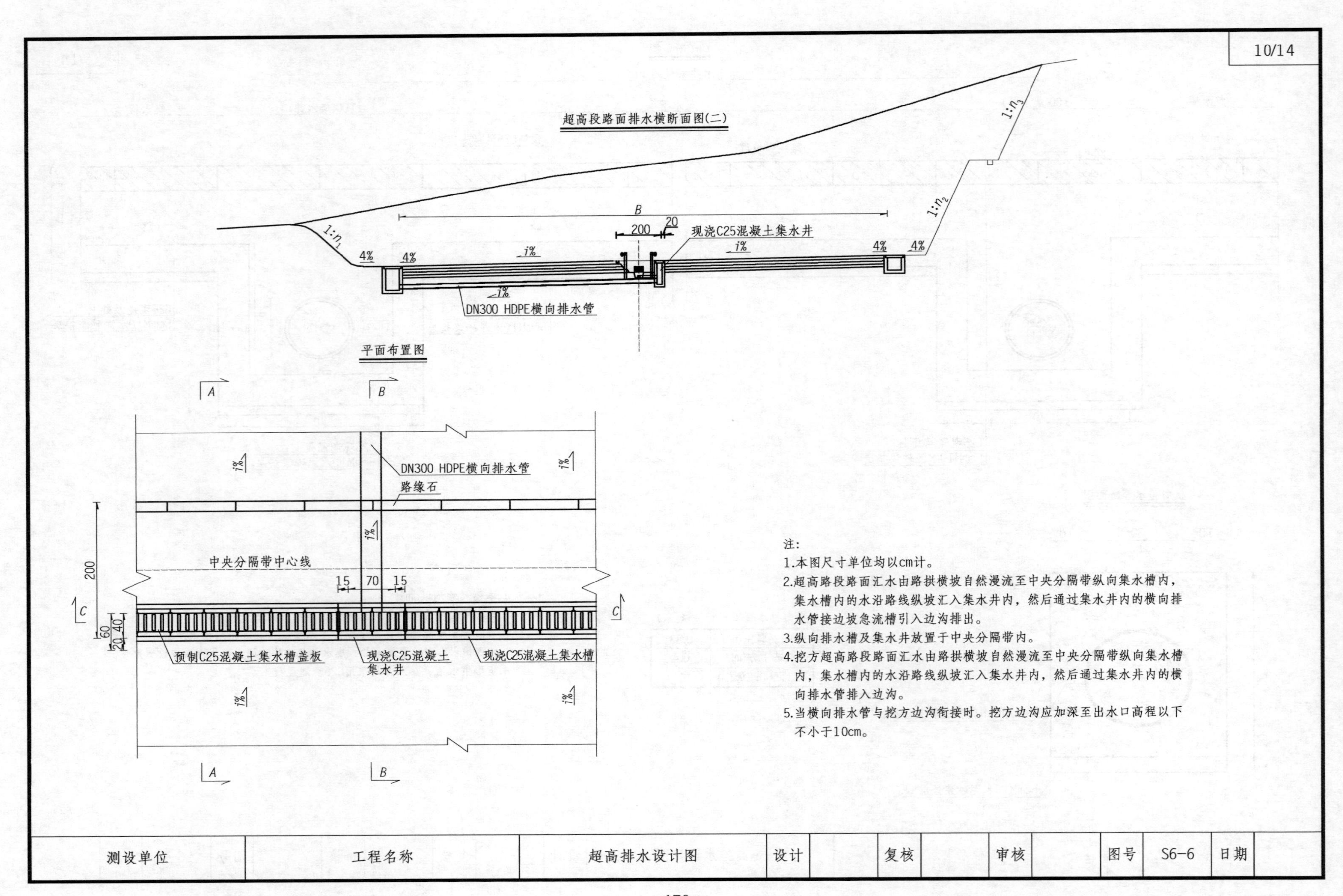
10/14
超高段路面排水横断面图(二)
1:n3
1:n2
1:n1
B
200
20
现浇C25混凝土集水井
4%
4%
i%
i%
4%
4%
i%
DN300 HDPE横向排水管
平面布置图
A
B
DN300 HDPE横向排水管
路缘石
i%
i%
i%
200
中央分隔带中心线
15
70
15
C
C
60
40
20
预制C25混凝土集水槽盖板
现浇C25混凝土集水井
现浇C25混凝土集水槽
i%
i%
A
B
注:
1.本图尺寸单位均以cm计。
2.超高路段路面汇水由路拱横坡自然漫流至中央分隔带纵向集水槽内，集水槽内的水沿路线纵坡汇入集水井内，然后通过集水井内的横向排水管接边坡急流槽引入边沟排出。
3.纵向排水槽及集水井放置于中央分隔带内。
4.挖方超高路段路面汇水由路拱横坡自然漫流至中央分隔带纵向集水槽内，集水槽内的水沿路线纵坡汇入集水井内，然后通过集水井内的横向排水管排入边沟。
5.当横向排水管与挖方边沟衔接时。挖方边沟应加深至出水口高程以下不小于10cm。
测设单位
工程名称
超高排水设计图
设计
复核
审核
图号
S6-6
日期

A—A断面图

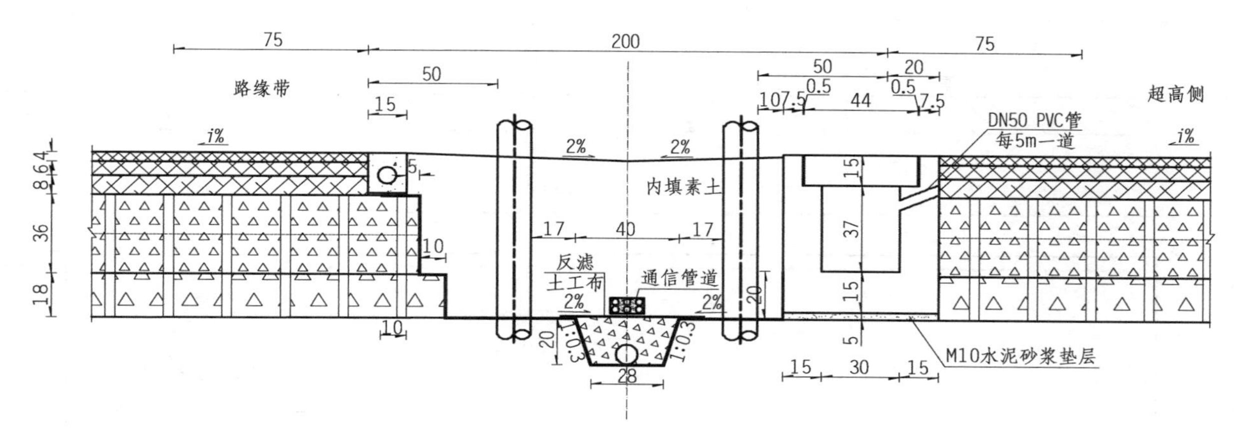

B—B断面图

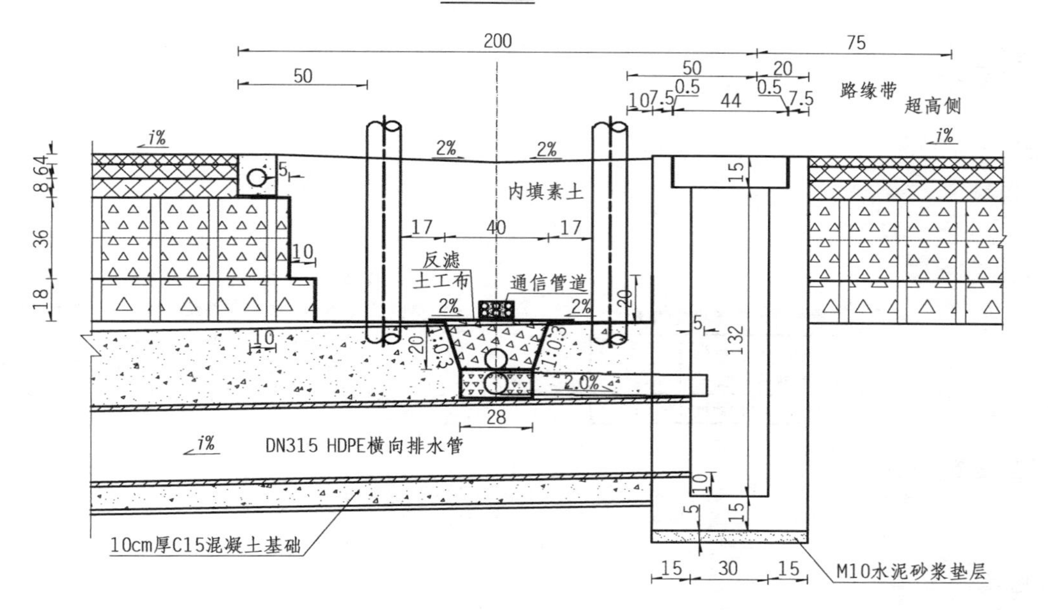

注：
1.本图尺寸均以cm计。
2.本图仅显示右侧超高情况，左侧超高时与其一致。集水槽纵坡应与路线纵坡一致。
3.矩形集水槽、集水井均采用C25现浇混凝土。

测设单位	工程名称	超高排水设计图	设计		复核		审核		图号	S6-6	日期	

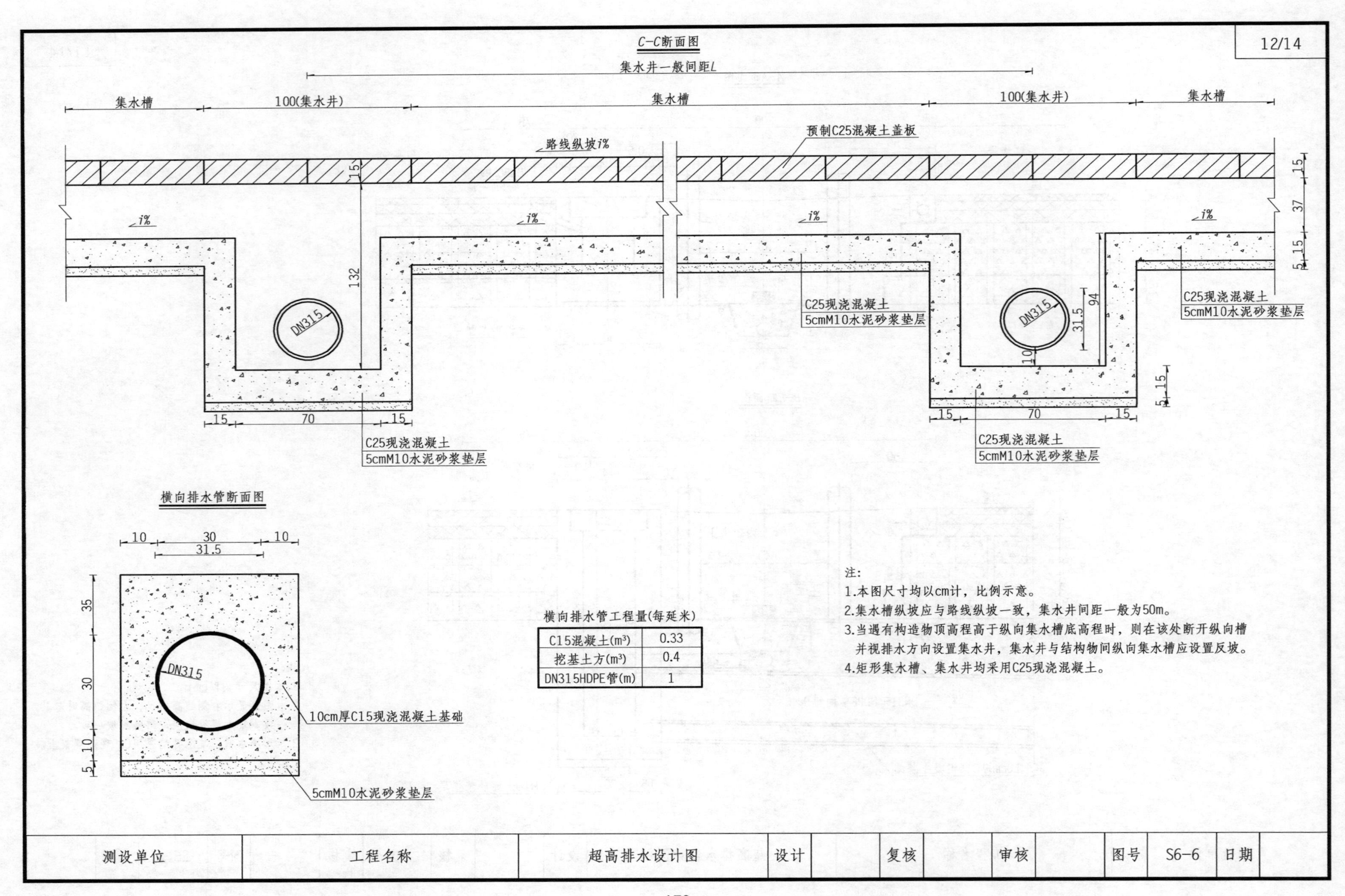

横向排水管工程量(每延米)

项目	数量
C15混凝土(m^3)	0.33
挖基土方(m^3)	0.4
DN315HDPE管(m)	1

注:

1.本图尺寸均以cm计，比例示意。

2.集水槽纵坡应与路线纵坡一致，集水井间距一般为50m。

3.当遇有构造物顶高程高于纵向集水槽底高程时，则在该处断开纵向槽并视排水方向设置集水井，集水井与结构物间纵向集水槽应设置反坡。

4.矩形集水槽、集水井均采用C25现浇混凝土。

测设单位	工程名称	超高排水设计图	设计	复核	审核	图号	S6-6	日期

集水槽立面图

C25现浇混凝土

矩形集水槽盖板配筋图(Ⅱ－Ⅱ)

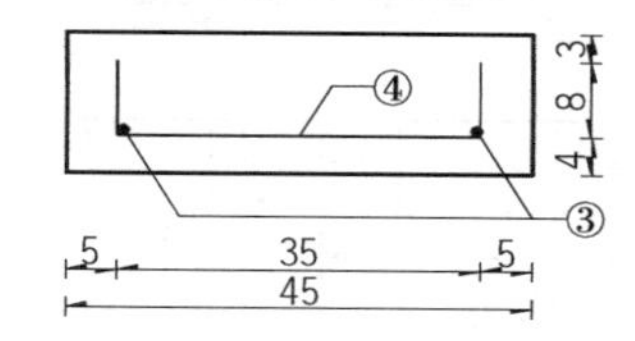

矩形集水槽盖板配筋图(Ⅲ－Ⅲ)

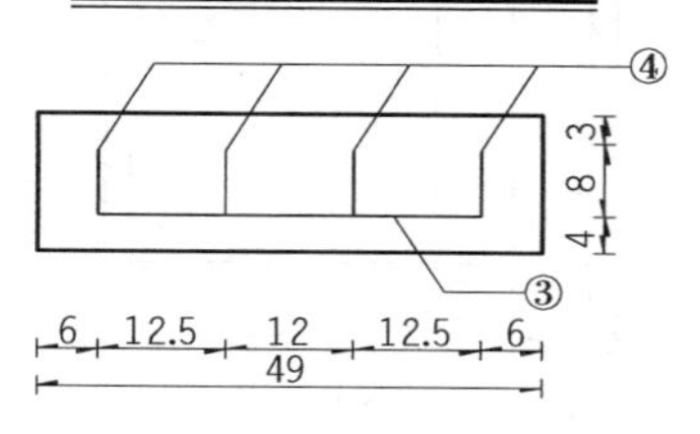

盖板钢筋大样图

1块预制板

2Φ10 ③
37

4Φ14 ④
51
8
8
35

每0.5m矩形集水槽盖板工程数量表

编号	直径(mm)	长度(cm)	根数	总长(m)	总重(kg)
3	Φ10	37	2	0.74	0.46
4	Φ14	51	4	2.04	2.47
小计	Φ14:2.47kg		Φ10:0.46kg		
小计	C25预制混凝土盖板：0.033m³				

集水槽钢筋大样图

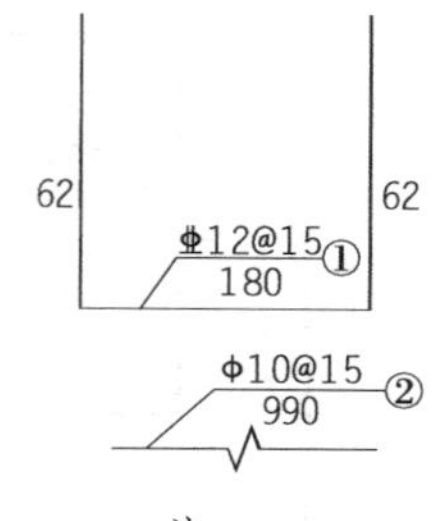

每节集水槽(10m)工程数量表

工程项目	钢筋					C25现浇混凝土(m³)
	直径(mm)	根数	每根长(mm)	单位重(kg/m)	总重(kg)	
集水槽	Φ12	66	180	0.888	105.5	2.25
	Φ10	13	990	0.617	79.4	

矩形集水槽盖板配筋图(平面)

注：

1.本图尺寸均以cm计，本图适用于超高条件下，汇水流向中央分隔带路段。

2.当遇有构造物顶高程高于纵向集水槽底高程时，则在该处断开纵向槽并视排水方向设置集水井，集水井与结构物间纵向集水槽应设置反坡。

3.矩形集水槽、集水井均采用C25现浇混凝土。

4.集水槽每隔10m设一道伸缩缝，缝宽2cm，缝深15cm，缝内填塞沥青麻絮。

5.预制盖板在预制时正面写正字，以防盖板安放时反置。

测设单位	工程名称	超高排水设计图	设计		复核		审核		图号	S6-6	日期	

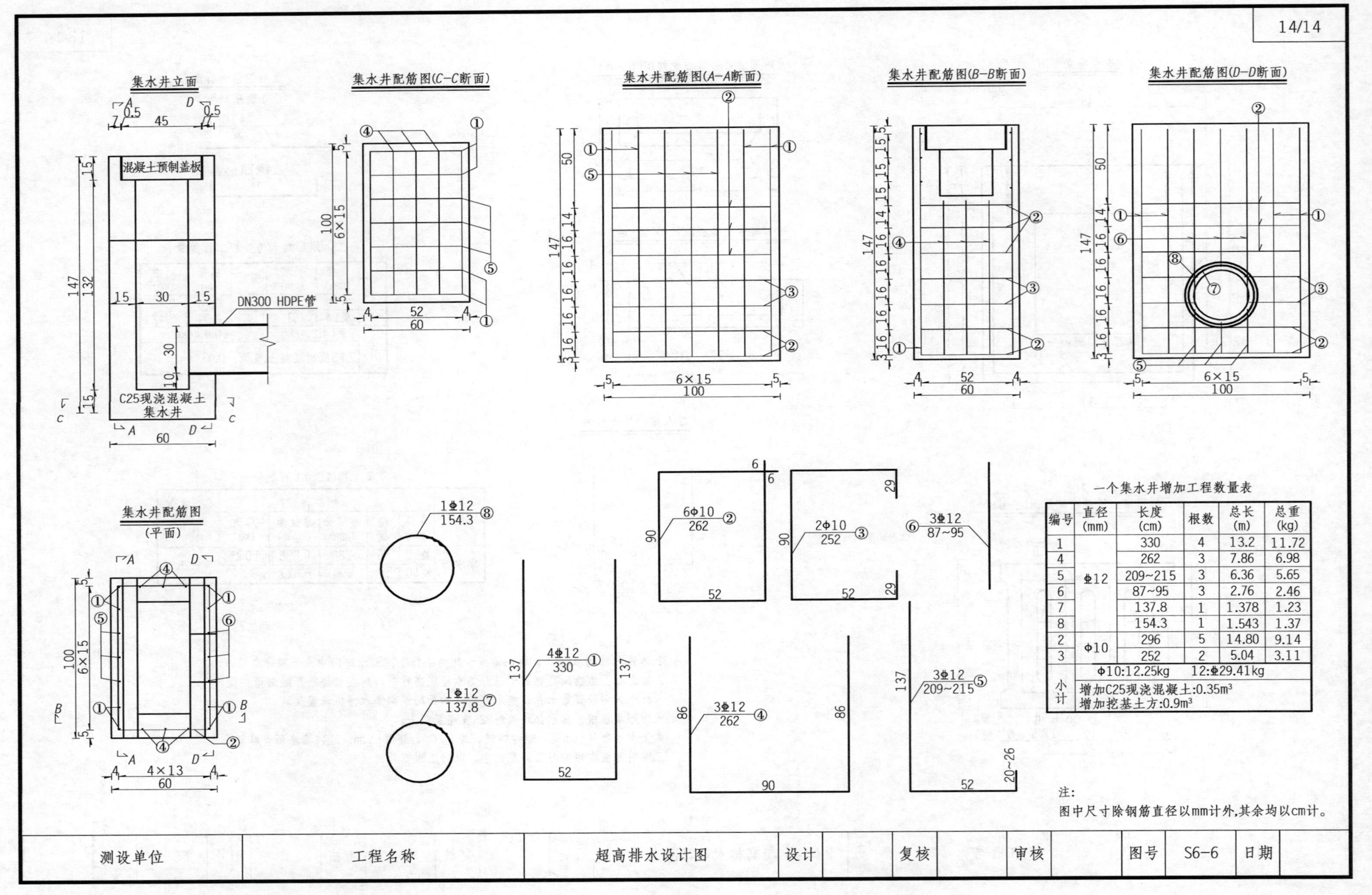

一个集水井增加工程数量表

编号	直径(mm)	长度(cm)	根数	总长(m)	总重(kg)
1	Φ12	330	4	13.2	11.72
4		262	3	7.86	6.98
5		209~215	3	6.36	5.65
6		87~95	3	2.76	2.46
7		137.8	1	1.378	1.23
8		154.3	1	1.543	1.37
2	Φ10	296	5	14.80	9.14
3		252	2	5.04	3.11
小计	Φ10:12.25kg　12:Φ29.41kg				
	增加C25现浇混凝土:0.35m³ 增加挖基土方:0.9m³				

注:

图中尺寸除钢筋直径以mm计外,其余均以cm计。

测设单位		工程名称	超高排水设计图	设计		复核		审核		图号	S6-6	日期	

路基顶管平面图

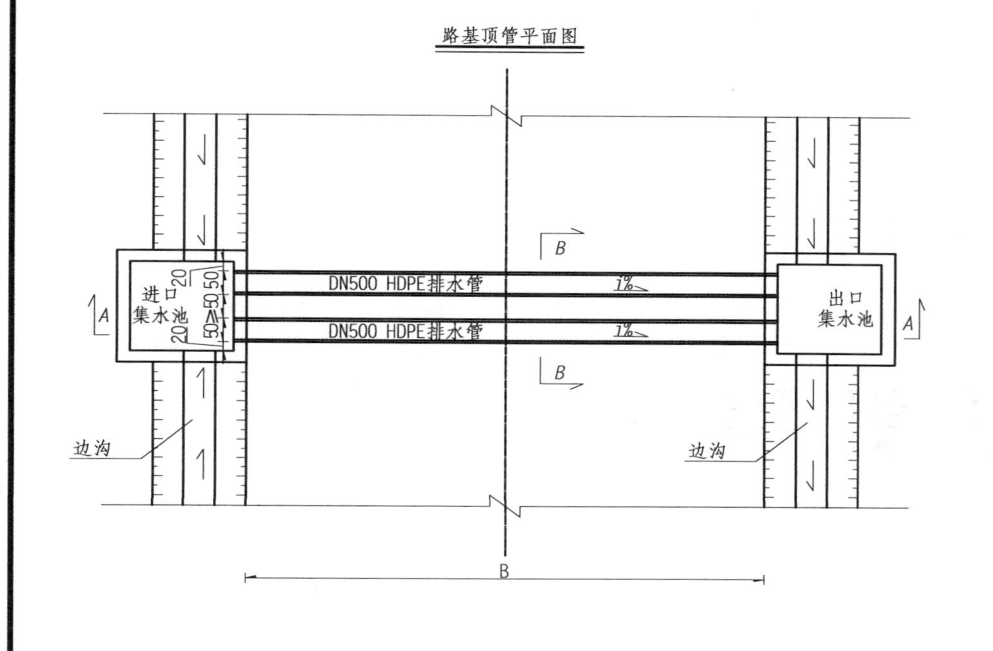

B-B断面图

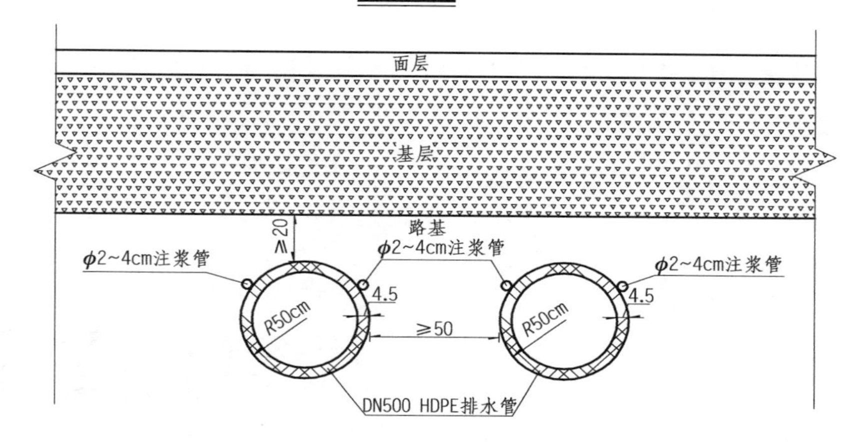

A-A断面图

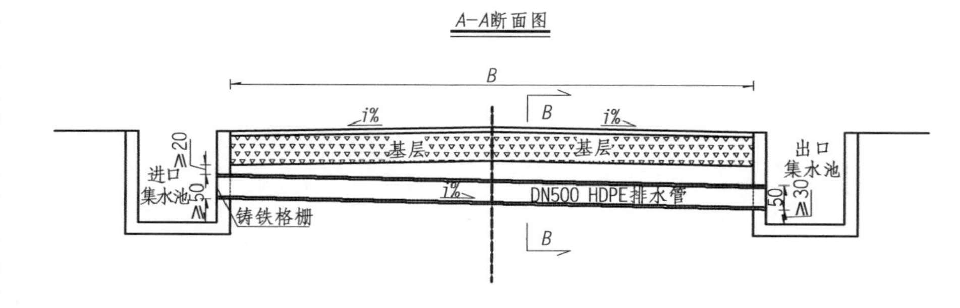

每延米顶管工程数量表

项目	单位	数量
φ550mm钻孔	m	1
DN500 HDPE管	m	1
φ40mm注浆管	m	2
M30水泥注浆	m³	0.04

注：

1.本图尺寸单位均以cm计，其中B为路基宽度，i为排水坡度，两侧集水池、边沟仅为示意，工程量另计。

2.路基顶管采用导向钻孔或定向钻孔成孔后，将HDPE排水管顶入，同时在排水管两侧绑扎注浆管。

3.路基顶管应设置在路面结构层下不小于20cm，顶管完成后，及时进行注浆，达到固定、密实排水管周围土体的目的，以保证路面结构整体稳定。

4.同时设置多根顶管时，相邻顶管间保留不小于50cm的土体。

5.进口侧排水管底高程应高于集水池底不小于50cm，出口侧排水管底高程应高于集水池底不小于30cm。

6.其他未尽事项，按有关规范、规定办理。

测设单位	工程名称	路基顶管设计图	设计		复核		审核		图号	S6-7	日期	

七、交通组织

交通组织临时设施工程数量表

工程名称

序号	内容	标志牌增设										人员	车辆	工期	备注
		版面尺寸			支撑形式	数量	基础材料	版面材料							
		宽	高	面积			立柱	铝合金标志板及滑动槽铝	V类反光膜		上部钢材	保通人员	保通用车	工期天数	
									底膜	字膜					
		m	m	m^2		个/套/处/部	kg	kg	m^2	m^2	kg	位	辆	天	
1	施工距离标志2km														
2	施工距离标志1km														
3	施工长度标志														
4	施工结束标志														
5	禁:限制速度100														
6	禁:限制速度80														
7	限制速度120														
8	警示:车道变少														
9	附设警示灯的路栏														
10	电子导向牌														
11	爆闪灯														
12	“慢”黄闪灯														
13	施工区域防撞桶														
14	锥形标(大)														
15	人员														
16	车辆														
17	工期														

编制：　　　　复核：　　　　审核：　　　　图号:S7-1

图例

类型图例	名称
	道路轮廓线
	中央分隔带
	水马
o o o o o o o	锥形标或其他车道渠化设施专用符号
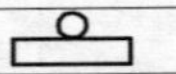	养护安全设施通用符号
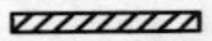	附设警示灯的路栏专用符号
	工作区专用符号
	交通引导人员专用符号

图例

类型图例	名称	备注
 XXXXm	施工距离标志	距离宜取警告区长度
	车道数减少标志	橙底黑图案,样式及尺寸按国家标准执行
	改道标志	橙底黑图案,样式及尺寸按国家标准执行
	导向标志	橙底黑图案,样式及尺寸按国家标准执行
 80	限速标志	按国家标准的样式及尺寸
 80	解除限速标志	按国家标准的样式及尺寸
	附设警示灯的路栏	按国家标准的样式及尺寸
	夜间照明设施	灯光照射半径≥30m
	闪光箭头	长×宽=1.2m×0.4m 蓝黑底,黄色箭头
	警示频闪灯	黄色、蓝色相间闪光,可视距离≥150m
	临时交通控制信号设施	间隔放行使用
	交叉路口标志	黄底黑图案,样式及尺寸按国家标准执行
 让	减速让行标志	白底红边框,样式及尺寸按国家标准执行

测设单位		工程名称		施工临时标志标牌平面布置图	设计		复核		审核		图号	S7-2	日期	

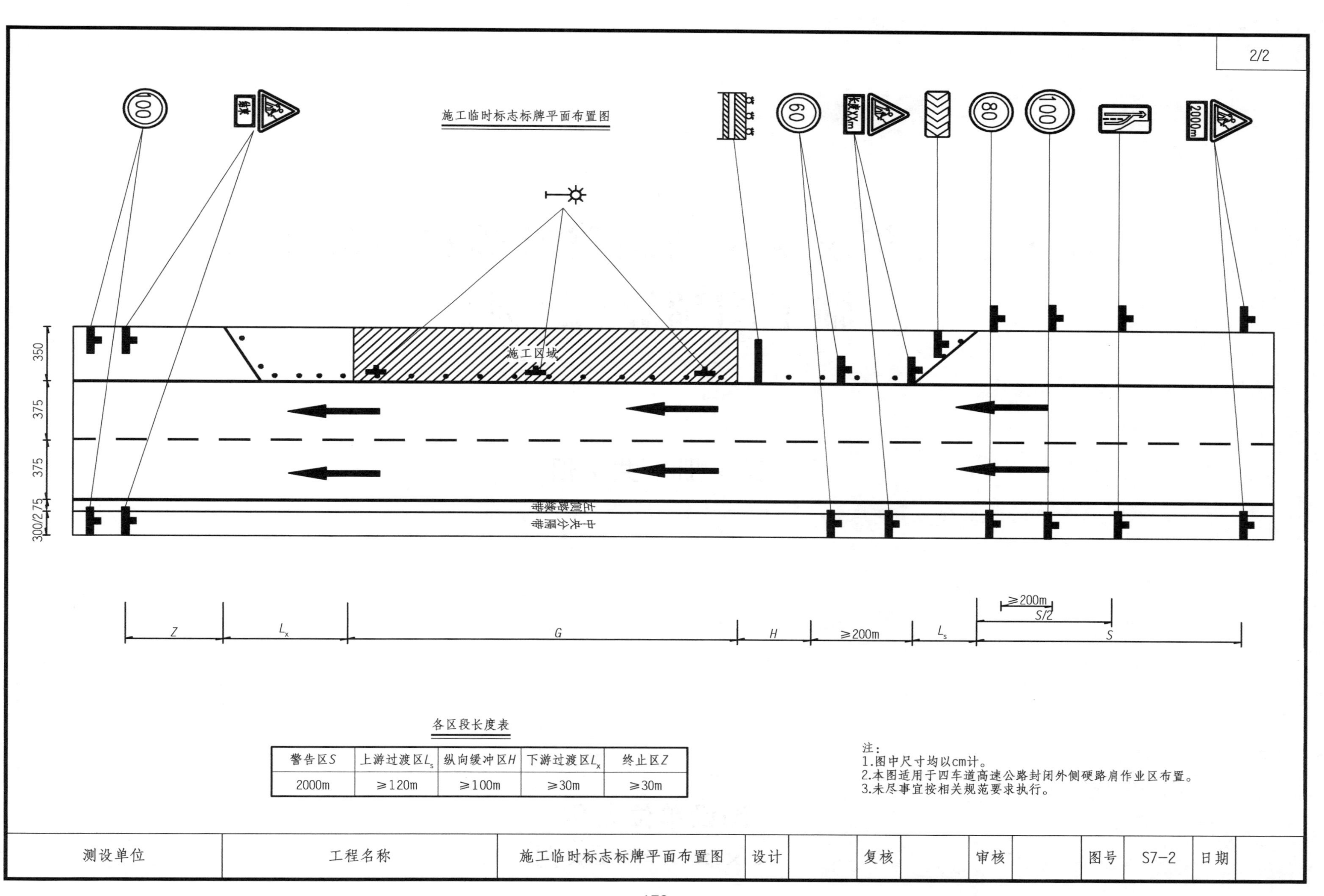

各区段长度表

警告区S	上游过渡区L_s	纵向缓冲区H	下游过渡区L_x	终止区Z
2000m	≥120m	≥100m	≥30m	≥30m

注：
1.图中尺寸均以cm计。
2.本图适用于四车道高速公路封闭外侧硬路肩作业区布置。
3.未尽事宜按相关规范要求执行。

测设单位	工程名称	施工临时标志标牌平面布置图	设计		复核		审核		图号	S7-2	日期	

××××年×××公路路基养护专项工程
施工图预算(示例)

第×册　共×册

测设单位名称

××××年××月

××××年×××公路路基养护专项工程施工图预算(示例)

项目负责人	
公司主管负责人	
总工程师	
总经理	
编制单位	
设计证书编号	
编制日期	

××××年×××公路路基养护专项工程
施工图预算(示例)

第二册　共二册

总目录
第一册　施工图设计
第二册　施工图预算

部门负责人	
总体路线负责人	
安全设施负责人	
路基路面负责人	
桥梁涵洞负责人	
预算负责人	

目录(示例)

工程名称

序号	图表名称	图号	页数	备注	序号	图表名称	图号	页数	备注
	第二册　共二册								
	第二册　施工图预算								
1	施工图预算说明(示例)		1						
2	总预算表(示例)		1						
3	……								

施工图预算说明(示例)

一、主要编制依据

详列施工图预算编制所依据的国家、交通运输部及河南省现行的工程预算定额及编制办法、规定及规程、项目的相关资料。

二、编制范围

本项目为×××养护工程,预算包括本项目处治工程的全部费用、工程建设其他费用、预备费及保通费。

三、人工、材料、机械台班单价及各项费率的确定

明确人工单价,材料价格,机械台班,冬季、雨季、夜间、特殊地区、行车干扰施工增加费,施工标准化与安全文明施工措施费,扬尘防治费,临时设施费,施工辅助费,工地转移费,主副食运费,补贴、利润及税金等费用计取原则。

四、预备费

1. 价差预备费不计。
2. 基本预备费以第一、二、三部分费用之和(扣除固定资产投资方向调节税和建设期贷款利息)为基数按3%计算。

五、保通费

保通费根据保通方案计算。

六、预算总金额

预算总金额为×××万元,其中建筑安装工程费×××万元,占总预算金额的×××%。

总预算表(示例)

工程名称:

编制范围:

第1页　共1页

项	目	节	细目	工程或费用名称	单位	数量	预算金额(元)	技术经济指标	各项费用比例(%)	备注
				第一部分　公路养护工程费	项					
一				水毁工程	项					
二				临时工程	项					
三				养护工程管理费						
四				前期工作费						
…				……						

编制:　　　　　　　　　　　　复核:

参考文献

[1] 中华人民共和国交通运输部. 公路工程建设项目概算预算编制办法:JTG 3830—2018[S]. 北京:人民交通出版社股份有限公司,2018.
[2] 中华人民共和国交通部. 公路工程预算定额(上、下册):JTG/T B06—02—2007[S]. 北京:人民交通出版社,2007.
[3] 中华人民共和国交通运输部. 公路工程概算定额(上、下册):JTG/T 3831—2018[S]. 北京:人民交通出版社股份有限公司,2018.